나를 꽃피우는 치유 심리학

나를 꽃피우는 치유 심리학

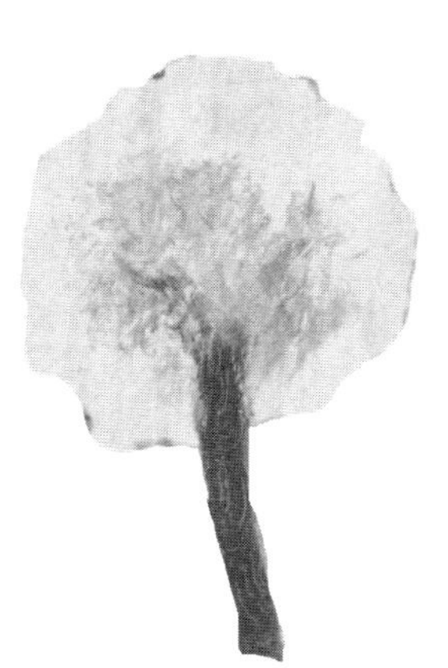

나를 꽃피우는 치유 심리학

이승현 지음

침묵의 향기

차례

※ 일러두기
 이 책에 실린 모든 사람의 이름은 가명입니다.

나의 경험

십여 년 전 어느 날, 내 인생에 큰 변화를 준 사건이 일어났다. 결혼한 지 3년쯤 되던 그날, 아내는 울면서 소리친 후 돌이 겨우 지난 아들을 들쳐 업고 집을 나가버렸다.

결혼 후 몇 번 부부싸움을 하긴 했지만 잘 참고 넘어가던 아내가 이제는 도저히 함께 살 수가 없으니 이혼해달라고 요구했던 것이다. 나는 화가 많이 났다. 나름대로 최선을 다해 열심히 살아가려고 애쓰는 나를 도와주지는 못할망정 불평만 해대는 아내가 철이 없고 무책임하게 느껴졌다.

아내가 집을 나간 뒤, 텅 빈 방에 혼자 앉아 있던 나는 도대체 내 인생에 무엇이 문제인지를 고민하기 시작했다. 가장 가까이 있는 아내조차 행복하게 해주지 못하는 내가 명상을 가르치고 강의를 한다는 것이 우습게 느껴졌고 뭔가 잘못된 것 같았다. 그 당시 나는 기업강의와 심리상담을 하고 있었다.

결혼하고 1년 정도는 아내가 날마다 나의 퇴근시간에 맞추어 동네 어귀까지 마중을 나오는 등 즐겁고 행복한 시간을 보냈다. 하지만 1년이 지나면서 아내는 불평을 하기 시작했고, 내가 늦게 귀가해도 마중은커녕 전화도 하지 않았다. 3년이 될 무렵부터는 퇴근시간이 가까워지면 아내는 나의 전화나 집으로 돌아오는 발자국 소리, 문 여는 소리만 들어도 괜히 입이 마르고 가슴이 심하게 두근거리며 불안하다고 했다.

그 당시 나는 집에 들어가기만 하면 아내에게 심한 잔소리를 했다. 시어머니에게 잘하기를 원했고, 언제나 집안을 깔끔하게 정리해놓고 살림도 계획성 있고 알뜰하게 하기를 강요했다. 처음에는 내 말을 고분고분 잘 따르던 아내가 몸과 마음이 아프고 시들해지면서 의욕을 잃고 무기력해지기 시작했다. 그럴수록 나의 잔소리는 더욱 심해져가고, 상황은 오히려 점점 나빠져갔다.

그렇게 우울과 무기력에 시달리던 아내가 마침내 그날 폭발한 것이다. 아내는 나와 함께 생활하는 것이 숨 막히고 감옥살이하는 것 같다고 했다. 끊임없는 나의 간섭과 통제는 아내를 무능력한 사람으로, 바보로 만들어버린다고 했다. 결혼 전에는 그렇게도 당당하던 아내가 어느새 자신감을 잃고 움츠러든 꽃처럼 시들어가고 있었지만, 나는 그때까지도 도대체 무엇이 문제인지를 알 수가 없었다.

심한 언쟁 끝에 아내가 집을 나가버리자, 그동안 가정에 대한 책임감으로 열심히 살아온 결과가 이것밖에 안되나 싶은 마음에 나는 화가 머리끝까지 치밀어 닥치는 대로 집안의 가재도구들을 집어던지고 부수기 시작했다. 그때는 내 인생의 모든 것이 끝장 난 것만 같았다.

첫날은 분노의 심정으로 많은 술을 마시며 자포자기의 심정으로 지냈다. 둘째 날은 무력한 상태에서 침대에 누워 있기만 했다. 그리고 셋째 날부터 나는 도대체 내 인생에 무엇이 잘못되었는지 고민하기 시작했다.

그 전부터 싸울 때마다 아내가 내뱉은 불만들을 곰곰이 생각해보았다. 아내는 내가 아내와 아이를 나 자신을 위한 부속품이나 부록 정도로만 여길 뿐 진정으로 함께 하는 마음이 없다고 했다. 그리고 모든 것을 나의 뜻대로 통제하려 들면서 스스로 무거운 책임감을 지고서는 아내에게 잘하지 못한다고 불평과 짜증을 낸다고 했다. 또 밖에서는 좋은 사람으로 비칠지 모르지만, 아내와 아이에게는 인정머리 없고, 몹시 계산적이며, 철저히 자기중심적인 이기주의자라고 했다.

나는 아내의 말에 화가 났고 그 말을 인정할 수가 없었다. 오로지 가정을 위한 책임감으로 최선을 다한 나에게 인정은 못해줄망정 비난을 하다니, 하는 심정에 싸움이 잦아졌었다. 하지만 곰곰이 생각해보면 이런 문제는 아내와만 겪는 문제가 아니었다. 실은 그동안 많은 사람들과의 관계에서도 항상 부딪쳐왔던 문제였다.

나는 왜 스스로 무거운 책임감을 짊어지고 있는가? 왜 주위 사람들이 나를 따르지 않는다고 화를 내거나 불평을 하는가? 왜 모든 주변 상황을 통제하려고만 하고 내 뜻에 조금이라도 어긋나는 상황을 인정할 수가 없는 것일까? 책임감을 가지고 누구보다 열심히 일했는데도 왜 항상 사람들의 구설수에 오르내리게 되는가?

나는 그동안 명상과 심리공부를 통해서 나 자신을 잘 알고 있고, 어떻게 사는 것이 행복한 삶인지를 누구보다도 잘 안다고 생각하고 있었다. 하지만 그날 비로소 나는 자신이 얼마나 피상적인 삶의 껍데기만을 사람들에게 보이려 했으며, 다른 사람에게 인정받고 괜찮은 사람이라는 소리를 듣기 위해 몸부림치며 살아왔는지를 느끼기 시작했다. 그러면서 나 자신의 초라함과 두려움을 감추기 위해서 얼마나 힘들게 노력했는지도 보이기 시작했다.

그때까지 나는 스무 살 이전의 기억을 누구에게도 얘기한 적이 없었고 스스로 꺼내본 적도 없었다. 무의식 속에 숨겨두고 그냥 없는 척, 아닌 척 하면서 남에게 당당하고 멋진 모습만을 보이려고 발버둥쳐왔던 것이다.

어릴 적, 나는 심한 알코올중독자였던 아버지가 걸핏하면 술에 취해서 어머니를 때리거나 물건을 부수는 광경을 불안하고 두려운 마음으로 지켜보아야 했다. 어머니는 경제력이 없는 아버지를 대신하여 시장바닥과 공장을 전전하면서 우리들의 생계와 학비를 책임져야 했다. 나는 무너져가는 아버지의 삶을 보면서 무책임하고 자신조차 지키지 못하는 아버지와 같은 삶은 절대로 살지 않으리라 맹세했다. 그리고 고생하는 어머니를 나중에 꼭 호강시켜 드리리라 결심했다.

중고등학교 때에는 등록금이 없어서 학교에 가면 교무실에 자주 불려갔고, 학급에서는 있는 둥 없는 둥 자신감 없고 소외된 아이였다. 그래서 나에겐 그 흔한 중학교와 고등학교 동창친구

하나 없었다.

대학에 진학한 뒤부터 과거는 모두 묻어두고 오직 앞으로만 나아갔다. 주위 사람들에게서 내가 너무 무겁고 진지하며 작은 농담조차 할 줄 모른다는 말을 자주 들었는데, 그것은 아마도 삶을 끊임없이 책임감과 두려움으로부터 지켜내려는 부담감 때문이었을 것이다.

아버지는 내가 대학에 입학한 뒤 돌아가셨다. 무책임하기만 했던 아버지를 원망하고 아버지와 정반대로 살기 위해 노력했던 나에게 아버지의 죽음은 별 의미가 없었다. 할머니는 이런 나를 인정머리 없는 놈이라며 비난했지만, 아버지의 죽음 앞에서도 눈물이 나오지 않았다.

그렇게 지난날을 떠올리는데 갑자기, 어린 시절 시장에 보따리장사 나간 엄마가 돌아오기를 밤늦게까지 기다리며, 어두운 골목 어귀에서 동생과 밤하늘의 별을 하나둘 헤다가 울면서 잠들었던 초라하고 외로운 아이가 가슴속에서 떠올랐다. 희미한 가로등, 한적한 골목길, 살갗을 스치던 차가운 바람, 배고파 칭얼거리는 동생을 달래던 어린 나.

언제나 외로움과 두려움에 떨면서 자신을 받아주기를 바라는 그 어린아이……

갑자기 눈물이 쏟아졌다.

내 안에는 이렇게 초라하고 외로운 '나'가 있었는데, 나는 이런 '나'를 보려고도 하지 않고 언제나 없는 척, 괜찮은 척, 강한 척 포장하려고만 했다. 그토록 오랜 세월 나를 만나지 못하고 밖으로만 달려가면서 외면해왔던 그 아이에게 너무나 미안했다. 내 안의 초라하고 외로운 아이를 찾아주었을 때, 아이는 그동안의 외로움과 서러움을 풀어내는 듯 눈물은 통곡이 되어 한없이 가슴에서 솟아 흘렀다. 얼마나 오랫동안 울었을까. 그날 하루 그렇게 진실한 나를 알게 되었다. 오랫동안 가슴에만 묻어두었던 과거의 수많은 상처와 어둠들이 밑바닥 깊은 곳에서 한꺼번에 솟아나는 것 같았다.

외부적으로는 성취하고 인정받고 책임지며 살아왔지만 언제나 가슴 한구석에 느껴지던 그 공허감과 불안의 실체가 보이는 듯했다. 나는 따뜻한 사랑으로 아내와 사람들을 대하는 대신, 두려움 때문에 침해받지 않으려는 방어본능과 무책임한 아버지의 옛 망령 속에서 나의 인생을 한 번도 제대로 누려보지 못한 것이었다.

그날 상처받고 초라한 내 안의 어린아이의 마음을 그대로 느끼며 어머니와 아버지에게 눈물로 편지를 썼다.

엄마에게

엄마, 나 많이 외로웠어요. 일 나간 엄마는 언제나 나에겐 없었죠. 엄마의 젖가슴을 만져본 적이 있었는지 기억조차 나지 않아요. 날마다 엄마가 일 끝나고 돌아오기만을 동생과 기다렸어요. 하나에서 백까지 숫자를 헤아리기도 하고 노래를 부르며 엄마를 기다리다가 잠든 적이 많았어요. 어느 땐 엄마가 그리워 일하는 곳까지 걸어서 찾아가기도 했지요.

엄마, 난 엄마의 따뜻한 칭찬과 사랑이 필요했어요.

하지만 엄마는 항상 돈이 우선이셨죠.

엄마는 내가 보였나요?

내가 얼마나 외로웠는지 아셨나요?

입학하고 졸업할 때도 난 늘 혼자였어요.

일 하느라 바빴던 것은 알지만 나는 엄마의 따뜻한 사랑이 필요했어요. 나를 위해 고생한다고 말하시는 엄마의 그 레퍼토리와 기대는 언제나 나에겐 무거운 짐이었죠. 난 언제나 엄마를 기쁘게 해주고 인정을 받을 때만 나 자신의 존재 의미를 느꼈던 것 같아요.

엄마, 나를 단 한 번만이라도 있는 그대로 사랑해주세요.

엄마, 사랑해요.

아버지에게

아버지, 아버지의 인생은 바보 같았어요. 어린 내가 보기에도 초라했어요. 알코올중독에 장사한다고 돈만 날리고 집에선 엄마와 우리에게 큰소리만 치셨죠.

난 아버지의 인생이 너무나 싫었어요.

아버지와 같은 아버지가 되지 않으려고 무척 노력했어요.

아버지가 인생을 포기하고 자살을 시도했을 때에도 나는 슬프기보다 차라리 아버지가 없어졌으면 좋겠다고 생각했어요.

나는 아버지의 어떤 흔적도 자국도 가지고 싶지 않았어요.

아버지, 당신이 원망스러워요.

왜 그렇게 당신의 인생을 의미 없이 허비하셨나요?

편지를 쓰고 실컷 울고서 밖으로 나오니, 갑자기 무언지 모르게 삶이 조금 다르게 느껴졌다. 내 인생을 가로막던 두꺼운 막이 한 꺼풀 벗겨지고 몸과 마음이 새털처럼 가벼워지며 시야는 맑아지고 주위가 더욱 선명하게 느껴졌다. 그동안 두려움 때문에 삶의 모든 것을 통제하려고만 했던 태도가 느껴졌고, 스스로 짊어진 책임감이 얼마나 무거웠는지 느껴졌으며, 그로 인해 옆에서 받았을 아내의 답답함이 이해되었다.

부부는 함께 공동으로 삶을 꾸려나가는 동일한 책임자이건만, 모든 것을 혼자 책임지고 있다는 부담감으로 짜증과 불평을 해댄 나 자신이 우습게 느껴졌다. 삶이 가벼워진 듯하고 모든 문제가 선명하게 보이기 시작했다. 다음 날, 친정에 가 있던 아내와 아들을 찾아가서 그동안 내가 잘못한 것과 새롭게 느낀 점을 아내에게 얘기하며 용서를 구했다. 아내는 그런 나를 따뜻하게 맞아주었다.

그때의 경험은 내 인생에 중요한 전환점이 되었다. 내 안에 있는 어린 시절의 상처받은 마음이 무의식중에 현재의 내 삶에 항상 영향을 미치듯이, 모든 사람들의 현재의 고통과 문제에도 과거의 상처받은 마음이 작용하고 있음을 이해하게 되었다. 상처와 어둠은 아무리 없는 척, 괜찮은 척 포장하고 숨기더라도 우리의 내면을 점점 곪고 썩게 만들어 언젠가는 냄새를 풍기며 외부로 표출되게 마련이다.

그날 이후 괜찮고 받아들일 만한 나를 사랑하는 것도 좋지만, 상처받고 외롭고 초라한 자신을 진정한 이해와 사랑으로 받아줄 때 자신 안에 새로운 가능성과 사랑이 꽃피는 것을 상담의 현장에서 수없이 지켜보았다.

이런 나의 경험은 우리 내면에 숨겨진 어린 시절의 상처받은 마음을 치유하며 자신을 온전히 받아들이도록 돕는 프로그램을 개발하고 연구와 상담을 진행하는 데 큰 도움이 되었다. 우리 안의 상처받은 감정이 이해되고 치유되지 않을 때 마음은 우울증이나 불안증, 강박증, 대인기피증, 공황장애 등과 같은 증상으로 표출된다. 무의식에 저장된 상처받은 감정은 인간관계에서도 자기의 마음과 다른 말을 하거나 부정적인 감정을 강하게 표출하게 만들어 부부 간, 직장 동료와 친구들 간의 관계를 꼬이게 하거나 불편하게 만드는 원인이 된다.

상처는 누구나 가지고 있다. 각자 과거의 상처를 이해와 사랑으로 받아들이면, 지난날의 경험과 기억은 현재에서 재해석되어 새로운 미래로 나아갈 수 있다. 반면에, 상처를 숨기거나 보지 않으려는 시도는 자신을 부정하게 만든다. 상처의 부정은 내면의 진실한 느낌과 감정을 외면하고 외부에 이미지나 역할의 가면을 쓴 채 가짜 삶을 살게 한다. 무의식 속에서 오랫동안 살아 움직이는 억압된 상처를 숨기고 보지 않으려는 마음은 현재의 삶을 더욱 오염시키고 고통을 반복하게 만들 뿐이다.

이때의 경험은 자신을 사랑하는 마음이 어떤 것인지 알게 해

주었다. 긍정적이고 밝은 마음을 추구하는 것도 중요하지만, 그
보다는 자신 안에 있는 긍정성과 부정성을 모두 감싸 안는 것이
사랑임을 이해하게 되었다. 진정한 선이란 악과 나뉘어 있는 것
이 아니라 선악 모두를 포함하고 있는 온전함임을 깨닫게 되었
다. 그리고 에고는 두려움 안에서 나누고 분리하지만, 사랑은 나
눔과 분별이 없는 '있는 그대로의 현재'에 존재함을 이해하게 되
었다.

이 책 전체에 흐르는 내용은 사랑에 관한 이야기다. 독자 여러
분이 상처가 만든 두려움의 환상과 자기부정의 최면에서 깨어나
자신의 존재 자체가 사랑이며 행복임을 알게 되기를 소망한다.
책을 만드는 데 먼저 가능성을 보시고 사람들에게 좋은 도움
을 주고자 격려해주신 침묵의 향기 김윤 대표께 먼저 감사드린
다. 그리고 항상 사랑의 마음으로 나의 삶을 이끌어주신 한바다
선생님께 감사드린다. 기쁠 때나 슬플 때나 언제나 옆에서 말없
이 가장 힘이 되어주고 사랑으로 함께 해준 나의 아내에게 이 책
을 선물하고자 한다.
그동안 나를 신뢰하고 상담해주신 모든 분들에게 감사드린다.

1

상담 이야기

심리상담에서는 내담자들이 가진 질병과 증상 자체보다는

그 증상을 나타나게 한 억압된 감정의 응어리가 무엇인지를 이해하는 것이

중요하다. 고통의 응어리는 사랑받고 인정받고자 하는 마음이

채워지지 못해서 생긴 사랑의 부재이다. 감정의 응어리를

내면에 많이 담고 있는 사람일수록 문제를 외부 사람과 주위 환경의 탓으로

돌리는 경향이 많다. 그들은 두려움 때문에 자기 안의 어둠을 보지 않으려고

습관적으로 마음을 외부로 투사한다.

그동안 많은 사람들과 상담을 진행해오면서 특히 기억에 남는 두 사람이 있다. 한 사람은 상훈 씨였는데, 그는 36세의 남성으로 4살 된 딸을 둔 아빠이자 남편이었으며, 모 전자회사의 연구소에서 근무하고 있었다. 그는 고등학교 초반부터 대인공포증과 시선공포증이라는 심리적 고통에 오랫동안 시달려왔으며, 약간의 강박증에 안구건조증과 역류성 식도염이라는 신체적 고통도 겪고 있었다.

다른 한 사람인 지연 씨는 결혼한 지 20년이 되었고, 세 자녀를 둔 42세의 여성이었으며, 모 건설회사에서 10년 이상 설계도면 작업을 해온 전문가였다. 그녀는 젊었을 때부터 스트레스를 받으면 심하게 폭식을 했으며, 계속된 우울과 불안으로 인해 불면증에 시달려왔다. 신체적으로는 신경성 장염과 두통, 어깨 결림, 심장의 두근거림을 느낀다고 했다.

이 두 분이 특히 기억에 남는 까닭은 오랫동안 진행된 심적, 육체적 고통도 심했지만, 상담을 하는 동안 상담자인 나를 진심으로 신뢰하고 따름으로써 생활의 변화뿐만 아니라 의식과 무의식까지 극적으로 변화된, 그들 자신의 표현으로는 삶이 새롭게 태어난 사람들이었기 때문이다.

　상훈 씨는 처음 상담센터를 찾아왔을 때 잔뜩 긴장한 채 상담자인 나를 경계의 눈빛으로 살폈다. 대부분의 내담자들이 상담센터를 처음 방문할 때는 자신의 문제를 해결해줄 상담자가 지닌 최초의 느낌과 편안함을 중시한다. 그러기에 상담자는 항상 몸과 마음이 이완되어 어떠한 내담자를 만나더라도 그들의 문제에 대해서 저항과 분별 없이 상대방의 입장에서 들을 준비가 되어 있어야 한다. 상담자가 지닌 이런 편안함과 편견 없는 태도는 이론적인 지식이나 기법으로 만들어지는 것은 결코 아니다. 그것은 스스로 자기 삶의 의식적, 무의식적 문제를 잘 이해하고 그 문제를 삶의 현장에서 진정으로 해결해본 경험을 통해 갖추어진다. 편안함은 자신이 누구인지 그 실체를 바르게 알게 됨으로써 갖게 되는 자연스런 태도이다.

　상담자는 내담자에게 조언이나 방법을 제시하는 사람이 아니라, 그들의 고통과 문제를 들으면서 그들 스스로 문제와 고통의 실체가 무엇인지를 비추어볼 수 있도록 내담자를 반영해주는 거울의 역할을 한다고 할 수 있다. 상담자가 바른 거울의 역할을 해줄 때 내담자는 거울 자체에 초점을 맞추는 대신, 거울에 반영된 자신의 왜곡된 생각과 무의식적 습관을 통찰하여 스스로 만든 부정적 암시와 고통의 실체를 이해하고 받아들이게 된다.

상훈 씨는 고등학교 이후 시작된 대인공포증과 시선공포증을 해결해보려고 그동안 정신과의 약물치료와 다양한 심리프로그램, 스피치학원, 때로는 명상센터를 찾아서 여러 가지 방법과 노력을 했다. 하지만 그때마다 조금 나아지는 듯했지만, 실제 상황에 부닥치면 똑같은 문제가 번번이 반복되어 많이 실망하고 자신감도 약해져 있었다. 여러 해 동안 신경정신과를 다니며 약은 먹고 있었지만, 직장에서 회의시간의 발표 때나 동료들과 회식자리에 가기만 하면, 긴장과 불안감으로 식은땀이 나고 사람들이 의식되면서 심장이 두근거리고 불편했다. 이상하게도 모두가 자신을 쳐다보는 것 같았고, 긴장하는 자신을 다른 사람들에게 들키지 않으려 하다 보니 자연스레 눈에 힘이 들어가고 쉽게 피로해졌다.

지연 씨는 처음 상담예약을 하고는 예약시간에 두 번이나 연락도 없이 나타나지 않았다. 상담현장에서 이러한 일은 자주 일어나는 현상이다. 내담자들은 자신의 문제를 상담하려고 마음먹기까지 수많은 갈등과 고민을 거쳐야 한다. 그래서 상담자는 그들이 스스로 연락하거나 찾아올 때까지 끈기 있게 기다려주어야 한다. 마음의 문은 외부가 아닌 각자의 내면에 있기에 외부에서 아무리 친한 사람이나 뛰어난 상담자가 "왜 마음의 문을 열지 않느냐?”고 안타까워한다고 해서 그들이 마음의 문을 열 수 있는 것은 아니다. 마음의 문을 열 수 있는 열쇠는 그들의 내면에 있다. 바깥에서 문을 열기를 강요하면 그들은 오히려 더 깊이 마음속으로 들어가 숨어버릴 수도 있다. 그러기에 내담자가 자발적으로 상담센터의 문을 열고 들어올 용기를 갖는 순간, 그들은 문제의 절반을 벌써 해결하고 있다고 할 수 있다. 그들은 스스로 내부의 문을 열려고 시도하고 있으며, 해결의 열쇠를 찾고 있기 때문이다. 하지만 우리나라는 아직 상담문화가 일상화되어 있지 못하여 상담을 받는 사람은 왠지 정신적으로 특별히 문제가 많은 사람들로 인식되고 있는 것도 사실이다. 심리상담은 누군가에게 자신을 온전히 드러내는 과정이기 때문에 대부분의 사람들은 마음의 고통이 심하지 않으면 스스로를 드러내지 않고 회피하는 경우가 많다.

두 번의 예약을 어긴 지연 씨는 처음 방문했을 때 상당히 세련된 옷차림을 하고 있었고 수줍은 듯 미안해했다. 그녀는 불안감으로 잠을 거의 못자고 있었다. 회사에서는 오후가 되면 심한 불안감이 온몸으로 느껴지면서 심장의 압박감과 열기가 머리로 치솟아 힘들다고 했다. 오래 전부터 우울증과 불면증 약을 먹고 있지만, 스트레스 때문에 음식에 집착하면서 소화가 되지 않아 몸도 마음도 많이 힘들다고 했다. 그녀는 인생에 단 한 번만이라도 정말 편안해봤으면 좋겠다고 했다.

이 두 사람은 특별해 보일 수도 있지만, 사실 우리 사회에서 많은 사람들이 느끼는 심리적 고통의 대표적인 모습일 수도 있다. 나는 이 두 사람과 상담한 내용을 풀어놓으면서 인간의 내면에 숨겨진 무의식의 상처와 고통에 대해 얘기해보려고 한다.

이 두 사람과의 상담사례는 대부분 실제이지만, 다른 사례들의 내용도 일부 접목했다. 여기서 소개하는 이야기는 어떤 지식이나 정보를 얻기 위한 것이 아니라, 저마다 자신의 삶을 지금 여기에서 잠깐이나마 돌아볼 수 있는 기회로 삼기 위함이다. 상훈 씨와 지연 씨는 우리 자신의 이야기면서 또한 우리의 가장 가까이 있는 동료와 가족의 이야기일 수도 있다. 지난날 나도 그분들과 같이 상처투성이의 마음을 치유하고자 얼마나 노력했던가. 그러기에 이것은 내 삶의 이야기이기도 하다.

상훈 씨의 이야기

나는 삼남매 중 위로 두 명의 누나를 둔 막내이면서 장남으로 태어났다. 살아오면서 힘들었던 기억을 원장님이 적어오라고 했을 때 어릴 적 기억이 별로 없는 것 같아 막막했다. 하지만 어릴 때를 생각해보면 행복했던 것은 아닌 것 같다.

우리 집은 가난한 편이었다. 어릴 때부터 엄마는 시장에서 생선가게를 하셨다. 한번은 엄마가 시장에서 남은 생선을 집으로 가져가라고 하셨는데, 집으로 오는 중간에 같은 반 여학생을 만난 뒤로 학교 친구들 사이에서 비린내가 난다고 놀림을 받았던 기억이 있다.

택시운전을 하시던 아버지는 책임감이 지나치게 강하시고 화가 많으셨다. 자식을 잘 키우려는 욕심에 내가 아버지의 기대에 미치지 못하거나 작은 실수만 해도 사촌들과 비교하면서 야단을 치거나 때리곤 하셨다. 아버지의 사랑을 이해는 하지만 항상 부담스러웠고, 이후에 대학과 직장, 결혼 등에 관한 선택을 할 때도 내가 자율적으로 결정하지 못하고 늘 아버지의 눈치를 봐야만 했다.

나는 항상 대인관계에서 위축되어 관계가 원만하지 못했던 것 같다. 고등학교 시절 국어시간에 책을 읽어야 하는데 자꾸 목소리가 떨렸다. 왜 이러지, 하면서 떨지 않으려 할수록 식은땀이 나면서 목소리는 더 떨렸다. 친구들의 웃는 소리가 들리고 머리가 하얘지면서 눈앞이 깜깜해졌다. 그 후로 국어선생님은 나에게 책 읽는 것을 시키지 않았다. 정말 울고 싶었다.

어릴 적부터 작은 키에 지저분해 보인다는 남들의 말 한마디에 심하게 상처를 입곤 했다. 외모에 대한 자신감의 결여로 대학 시절 여학생들한테 별로 인기가 없었고, 군 제대 후에는 탈모증에 대한 심한 콤플렉스로 대인관계를 기피하게 되었다. 생활 자체가 항상 다른 사람을 의식하는 긴장과 불안의 연속이었고, 자신감이 없었으며 감정기복이 심했다. 연구원으로서 직장에 근무하지만 상사에 대한 눈치와 동료 간의 소외감 때문에 현재 이직을 심각하게 고민 중이다.

상훈 씨는 정서불안과 집중력 부족, 그리고 사람이 많은 곳에 가면 식은땀이 나고 자신을 쳐다보는 것처럼 의식되는 대인공포증으로 힘들어했다. 그는 이런 자신을 극복해보려고 고등학교 때는 태권도학원과 스피치학원을 다녔으며, 현재에는 강박증과 불안증으로 병원에서 처방한 약물을 복용하고 있지만 항시 죽고 싶은 마음에 시달린다고 했다.

눈에 너무 힘을 주다 보니 안구건조증이 심했고 쉽게 피로감을 느낀다고 했다. 얼마 전 직장에서 회의 중 발표를 하는데 갑자기 앞이 깜깜해지고 식은땀이 흐르면서, 심장박동 소리가 너무 크게 들려서 힘들었다고 한다. 현재는 바둑이나 인터넷 등에 중독이 되어 일상생활과 인간관계를 회피하고 있었다.

지연 씨의 이야기

과거를 되돌아보고 적어보라는 원장님의 말씀을 처음에는 쉽게 생각했는데, 막상 펜을 들고 보니 무엇을 어떻게 써야 할지 막막하고 아무 생각도 나지 않는다. 아무리 생각해도 답답한 마음밖에 없는 것 같다.

어느 여름밤 동네 사람들과 저녁을 먹고 평상에서 놀다가 엄마는 진통이 와서 방으로 들어가 나를 낳으셨다고 한다. 1남 3녀 중에 막내로 태어났다. 엄마는 딸인 나를 임신했다는 사실을 알고는 몇 번이고 낳지 말아야지 하는 결심을 실행에도 옮겨보았지만, 생명의 끈이 질긴 것이었을까? 그렇게 속을 썩이면서 나는 태어났다고 한다. 또 태어나면서부터 많이 아파서 여러 번 죽을 고비를 넘겼다고 한다.

지금까지 내 기억 속엔 어릴 때 행복했던 시절이 거의 없는 것 같다. 엄마와 아빠는 만나기만 하면 싸웠던 것으로 기억된다. 새벽에 시끄러운 소리에 깨보면 말다툼을 하던 부모님은 결국 밥상을 엎고, 때리고, 부수고, 소리치곤 했다.

여섯 살 때이던 7월의 어느 비 오던 여름날, 엄마는 검은 우산을 쓰고서 "잠깐 나갔다 올게."라는 말을 남기고 가버린 후에는 영영 연락이 없었다. 그리고 얼마 후 새엄마가 들어왔다. 새엄마는 따뜻함이 없었다. 나는 살아오면서 어리광을 부려본 적이 없는 것 같다. 그 당시 과일농사를 짓고 있었는데, 일이 바쁠 때는 학교에도 가지 못하게 하였고, 힘들고 몸이 아파도 쉬거나 아프다고 말을 할 수가 없었다. 나는 학교에서 친구들과 어울려 노는 것이 좋았다. 공부도 열심히 하여 성적은 좋았다. 집에 들어가기 싫어 하염없이 고무줄 놀이만 하다가 늦게 들어가 욕을 먹어도 밖에서 친구들과 노는 것이 좋았다. 오빠와 언니와의 관계는 서로가 힘들어서인지 잘 지내지 못했고, 일찍 외지로 나가 기숙사가 있는 직장에서 일하고 학교를 다녀서 가끔씩만 만날 뿐이었다.

목수였던 아빠는 새엄마와도 자주 싸웠고 술과 담배, 여자를 좋아했던 것 같다. 어느 날부터인가 나는 늘 불안한 마음으로 학교를 다녀야 했다. 아빠와 자주 싸우는 새엄마의 마음에 들기 위해 청소도 열심히 하고 빨래도 해놓았지만, 밖에서 돌아온 새엄마는 언제나 화를 내고 욕하고 때리곤 했다. 그럴 때면 밤에 몰래 부엌이나 밖으로 나가 혼자 울면서 나를 남겨두고 도망간 엄마를 많이 원망하곤 했다.

그렇게 시간을 보내면서 나 또한 언니나 오빠처럼 일찍 집을 떠나서 돈도 벌고 내 마음대로 놀고 싶다는 강한 충동이 일어났다. 중학교를 졸업하고 고등학교 합격통지서를 받던 날, 부모님은 나를 학교에 보내지 않으려고 했다. 나는 많이 울었다. 그래서 마음 맞는 친구들과 회사 기숙사에서 생활하면서 공부하는 직장을 구했다. 그 후 집엔 명절 때나 친구들이 간다고 할 때 빼곤 거의 가질 않았다.

결혼을 좀 일찍 했다. 스물한 살에 결혼했는데, 남편은 보험회사에 다녔고 나를 따뜻하고 편안하게 대해준 다정한 사람이었다. 결혼 후 나는 남편이 과거에 사귄 여자에 대해서 의심을 많이 했고 의부증으로 남편에 대한 집착이 심했지만, 딸 둘에 아들 하나를 두고 나름대로 문제없이 잘 살았다. 중간에 공부를 새롭게 시작하여 30대 이후 지금까지 직장생활을 해왔다. 하지만 3년 전 남편이 다른 여자와 외도한 것을 알고부터는 우울증이 심해지면서 불면증에 시달렸다. 아직 이혼은 하지 않았지만 서로 다른 지방에 떨어져 생활하고 있다.

나도 1년 전부터 한 남자를 사귀고 있는데 그는 4살 연하로 미혼이다. 그 남자는 나를 사랑하는지 결혼하자고 하지만, 최근에 나는 아이들을 생각하면서 이젠 이 남자와 헤어지려고 마음을 먹었는데, 그럴수록 불안감이 부쩍 심해지는 것 같다.

슬프다. 내 인생은 왜 이렇게 힘들까? 글을 쓰는 동안 어릴 적 가슴에 묻어두었던 아픔들이 몸부림치는 것 같다. 눈물이 난다.

요즘은 온통 잡생각과 불안, 초조함으로 어딜 가도 가시방석이다. 나는 내가 정말 싫다. 일에 대한 의욕도 없고, 하고 싶은 것도 없다. 머리는 아프고 가슴은 폭발할 것만 같다. 이젠 누군가에게 도움을 받고 싶다. 바꾸고 싶다. 어떻게 해야 행복을 느끼며 살 수 있는 것일까?

과연 내 인생은 달라질 수 있을까? 언제쯤 이 현실에서 벗어날 수 있을지. 점점 부정적으로 변하는 내 모습……. 희망도 잃어가고 막막하다.

감정의 응어리

우울증으로 힘들었던 지연 씨나 대인기피증으로 고생한 상훈 씨와 같이 상담센터를 찾는 사람들은 마음의 불편함과 함께 신체 감각이 느끼는 고통에서도 벗어나기를 원한다. 하지만 사람들은 내면 깊이 얼어붙은 감정의 응어리들은 알지 못한 채, 단순히 외부에서 느끼는 불안감과 답답함, 불편함과 가슴의 통증, 무기력, 우울만을 해결하려고 하는 경우가 많다. 이런 자신에 대한 무지는 스스로 고통을 반복하게 할 뿐이다.

사람들이 느끼는 마음의 고통 밑바닥에는 누구에게도 털어놓을 수 없어서 가슴 깊숙이 묻어둘 수밖에 없었던 상처받은 슬픔의 응어리들이 얼어붙은 채 숨어 있는 경우가 많다. 이런 감정의 응어리들은 신체적으로 생명력을 정체시켜 심장의 두근거림이나 소화불량, 두통을 동반한 불면을 초래한다. 정신적으로는 자신을 부정하게 만들어 우울과 강박, 불안과 피해의식 등을 습관적으로 만들어내는 원인이 되는 경우가 많다.

사람들은 어릴 적 겪었던 고통의 경험들을 다시는 느끼지 않기 위해서 정신적, 감정적으로 힘들었던 느낌들을 무의식이나 신경계 속으로 숨기거나 육체의 감각 안으로 밀어 넣은 뒤, 그것들이 드러나지 않도록 외부에 방어막과 긴장으로 둘러싸버리는 경향이 많다. 이런 습관적 행동은 신경증의 원인이 되거나 육체적 긴장을 만들어 질병을 유발하기도 한다. 그리고 과거의 고통을 느끼지 않으려는 이들의 행동은 관심을 내면이 아닌 외부로 돌려서 TV, 술, 도박, 쇼핑 등에 중독되거나 일에 몰두하여 물질적 성공을 추구하기도 한다. 하지만 혼자 조용히 있을 때면 가슴 밑바닥에서 공허감과 허전함이 밀려오는 것을 느끼는 경우가 많다.

억압된 감정의 응어리는 언젠가는 의식의 표면으로 올라와 신체적, 심리적인 증상으로 표출될 수밖에 없다. 지연 씨는 사춘기 이후 끊임없이 내면의 무의식에서 올라오는 부정적인 감정과 불안을 이겨내려고 발버둥쳤지만, 자신을 좋아할 수 없었기에 몇 번이나 우울증 때문에 자살을 시도하려 마음먹었다고 한다. 그녀는 상담 중에 "이 세상에서 가장 싫어하는 사람이 있는데, 그것은 바로 나예요."라고 했다.

상훈 씨는 사람을 만날 때마다 느꼈던 긴장과 불편을 해소해보려고 온갖 외적 시도들을 다 해보았지만 삶의 실전에 돌아오면 번번이 깨어지는 자신을 무기력하게 지켜봐야만 했다.

지연 씨나 상훈 씨뿐만 아니라 많은 사람들이 어린 시절 겪었던 고통의 응어리들로 인해 부정적인 자기암시와 최면으로 자신들의 인생과 가능성에 한계를 만드는 경우가 많다. 이런 내면의

신념체계는 자신은 절대 사랑받을 수 없으며 아무도 자신을 좋
아하지 않을 것이라고 생각하게 만든다. 이들은 사랑을 신뢰하
지 못하고 자기중심적인 태도를 갖게 되거나, 자기의 감정은 무
시한 채 다른 사람이 자신을 어떻게 생각하는지에만 초점을 맞
추어 살아가기도 한다.

이런 응어리지고 억눌린 감정은 사랑하는 사람과의 이별이나
죽음 등 갑작스러운 충격이나 질병으로 인해 의식의 방어막이
약해지게 되면 서서히 외부로 표출된다. 이때 오랫동안 억눌렸
던 고통의 응어리는 스스로를 사랑받을 자격이 없는 더러움에
오염된 영혼이라고 믿게 만들고, 분노나 슬픔의 감정으로 튀어
나온다.

과거의 응어리진 상처는 치유되기까지 습관적으로 고통을 반
복하며, 아무리 오랜 시간이 흐르더라도 기억 속에서 다시 떠올
리면 그 경험은 과거가 아닌 현재로 느껴진다. 그러기에 감정의
응어리는 현실의 행복과 기쁨을 좀먹는 준비된 폭탄이며, 보고
싶지 않은 두려움일 수밖에 없다. 심리치유 과정에서 제일 먼저
해야 할 중요한 일은 심리적 고통의 밑바닥에 얼어붙은 응어리
진 감정들이 다시금 흐를 수 있도록 기억 속 과거의 경험으로 되
돌아가서 그때의 슬픔을 녹여내는 일이다.

상담을 하면서 지연 씨는 "잠깐 나갔다 올게."라고 말하며 떠
나간 엄마를 마루에 걸터앉아서 기다리고 있는 불쌍하고 불안해
하는 어린아이를 기억 속에서 끄집어냈다.

그녀는 그날 이후로 감정의 문을 닫아버린 것 같았다. 그녀는 불안과 슬픔의 감정을 느끼지 않기 위해 기쁨의 감정까지 차단해야 했다. 슬픔을 느끼지 않으려고 감정을 차단하면 기쁨의 감정도 느낄 수 없다. 슬픔과 기쁨은 똑같은 감정의 흐름이기 때문이다.

그녀에게 이완된 상태에서 조용히 눈을 감고, 그때의 불쌍하고 불안해하는 그 아이의 감정을 느껴보게 했다. 기억 속 그 아이는 그날 돌아서는 엄마의 뒷모습을 보며 왠지 다시는 엄마를 못 볼 것만 같았다. 심장은 불안감으로 터질 것 같았지만 아이는 엄마를 붙잡을 수가 없었다. "엄마, 나도 엄마랑 함께 가고 싶어."라고 말하고 싶었지만, 말할 수가 없었다. 마루에 앉아서 내리는 비를 보며 아이는 하염없이 엄마를 기다리며 울었다.

가슴에 묻어둔 그 외롭고 초라하고 불쌍한 아이를 만나자 그녀의 눈에서는 눈물이 샘솟듯이 흘렀다. 30년 동안 억눌린 슬픔이 한꺼번에 터져나오듯 그날 하루 그녀는 그 아이를 위해서 진심으로 울어주었다. 한이 되어 소리치는 응어리진 아이의 절규가 하도 슬퍼서 나는 그녀가 혼자 울도록 자리를 피해주었다.

상훈 씨는 상담이 진행되면서 내가 그에게 던진 "당신의 삶은 단 한 번도 자신에게 진실하지 못한 빈껍데기의 인생이었습니다."라는 말에 충격을 받은 듯했다. 그는 나름대로 삶에 책임감을 가지고 열심히 살았다고 했다. 그런 그에게 진실하지도 못하고 껍데기뿐인 가짜 인생이라는 평가는 받아들이기 힘든 것이었다. 자기 삶에 대한 기억을 적어서 1주일 후에 오라고 했다. 그는 자신의 삶을 돌아보면서, 어릴 적부터 아버지에게 주눅 들고, 다른 사람들과의 관계에서 욕먹지 않으려고 자신의 감정을 한 번도 진실하게 표현해본 적이 없음을 느꼈다.

그는 언제나 말 잘 듣는 착한 아이였고 모범생이었다. 친구들이나 주위 사람들이 '괜찮다'고 하여도 상대가 자신을 어떻게 볼 것인지를 끊임없이 걱정했고 자신감이 없었던 지난 삶을 돌이켜보면서 그는 자신의 인생이 측은하고 불쌍하게 느껴졌다고 했다. 그는 어쩌면 진짜 자신은 없고 다른 사람들을 의식하면서 눈치만 보며 사는 빈껍데기 인생인지도 모른다고 했다.

가슴 안에서 너무나 작게 꺼져가는 불꽃처럼 힘없는 자신이 불쌍하다고 했다. 자신에 대해 얘기하는 그의 두 눈에는 눈물이 흘렀다. 이제는 진정 남이 아닌 자신을 위해서 살고 싶다고 했다. 그리고 한 번만이라도 불안과 긴장이 아닌 편안함을 느끼고 싶다며 목 놓아 울었다. 심장은 진실만이 통하는 통로이다. 자신을 향한 진심어린 참회의 뜨거운 눈물은 응어리진 가슴의 상처를 녹여낸다. 뜨거운 눈물은 진실을 향한 시작이며, 자기를 이해하고 받아들이는 따뜻한 사랑의 시작이다.

심리상담에서는 내담자들이 가진 질병과 증상 자체보다는 그 증상을 나타나게 한 억압된 감정의 응어리가 무엇인지를 이해하는 것이 중요하다. 고통의 응어리는 사랑받고 인정받고자 하는 마음이 채워지지 못해서 생긴 사랑의 부재이다. 이해받지 못한 내면의 고통이 자신을 가슴으로부터 분리시키듯이, 외부에서도 자신을 모든 것들로부터 분리시킨다. 이런 분리는 두려움의 기초가 되며, 모든 부정적 감정의 밑바닥에 깔려 있는 어둠으로 작용한다. 감정의 응어리를 내면에 많이 담고 있는 사람일수록 문제를 외부 사람과 주위 환경의 탓으로 돌리는 경향이 많다. 그들은 두려움 때문에 자기 안의 어둠을 보지 않으려고 습관적으로 마음을 외부로 투사한다.

내면의 고통을 회피하려는 마음은 원래 자신이 가진 긍정적인 사랑의 힘과 창조성에 부정적 암시를 새겨 삶을 더 큰 고통과 무력감에 빠지게 만드는 원인이 된다. 나 역시 지난날 이러한 고통과 응어리들을 없는 척 하거나 보지 않으려는 마음으로 긍정적인 심리서적들을 읽거나 좋은 말들로 나 자신을 포장하거나 완벽함으로 채우려고 했다.

하지만 이러한 방어패턴은 우울, 불안, 강박, 대인기피 등의 증상으로 외부에 표출될 수밖에 없다. 방어패턴 아래에는 실제적 고통의 응어리인 분노와 외로움, 슬픔과 두려움이 함께 자리잡고 있음을 영혼은 소리치면서 보여주려 한다.

사실 우울, 강박, 불안이라는 단어는 관념적이며 실제와 동떨어진 개념일 뿐이다. 의사들이 고통의 증상에 대해 우울증이나 대인공포증이라는 진단을 내릴 때, 그런 진단은 사람들을 더욱 강력한 자기최면에 빠뜨릴 수도 있다. 왜냐하면 그들은 의사가 내린 증상에 집착하여, 문제를 내면에서 보는 것이 아니라 외부에서 증상 자체를 없애는 방법을 찾으려 매달리게 되기 때문이다. 증상을 해결할 방법을 찾아서 인터넷이나 전문가의 얘기나 서적을 뒤적일수록 증상은 더욱 내면에서 공고히 확립되어갈 뿐이다.

증상이란 외부에 나타난 모양일 뿐이며, 실제 문제는 방어체계 아래 담겨 있는 고통의 응어리들이다. 그러기에 무의식 속에 억눌려 표출되고자 하는 상처의 응어리를 내부에서 찾아 이해하도록 도와주는 과정이 심리상담의 치유과정이다.

현재의 고통은 대부분 과거의 상처받은 감정 그 자체 때문이라기보다는 상처를 보지 않으려 하거나 숨기려는 방어패턴이 만든 부정적 감정들과 자기최면 때문이다. 상처의 부정은 고통을 상상으로 키우고 다시는 그때의 경험을 느끼지 않으려 상처의 주위에 벽을 쌓게 만든다.

치유의 과정은 이런 습관적 방어체계 밑에 놓여 있는 감정의 응어리에 진심으로 도달할 수 있느냐에 달려 있다. 하지만 고통을 가진 사람일수록 문제에 직면하기를 두려워하고 보지 않으려고 한다. 상훈 씨는 아버지로 인해 억눌렸던 위축되고 초라한 자신을 보지 않으려고 무의식의 바깥에 좋은 직장과 인정, 완벽한 일 처리, 책임감으로 자신을 포장했다. 지연 씨는 부모로부터 버림받고 외로웠던 상처받은 감정을 남편에 대한 집착, 우울과 불안이라는 형태로 바꾸어 과거의 고통스러운 감정을 보지 않으려 했다.

심리적 고통과 증상은 진정한 자신의 모습으로 돌아가기 위한 영혼의 선물이자 신의 사랑일 수도 있다. 고통의 의미를 진정으로 이해하려고 노력하는 사람은 고통의 응어리 안에 빛나는 자기사랑과 삶의 진실을 만나게 된다.

하지만 고통의 응어리에 벽을 쌓고 보지 않으려는 사람들은 자신의 감정을 차단하고, 다른 사람들이 자신을 거부할까봐 겁을 먹고, 자신을 배신한 채 세상을 부정하거나 세상이 받아들일 만한 모습으로 가면을 쓰면서 살 수 밖에 없다. 그들은 이렇게 해야만 세상에 대한 두려움으로부터 자신을 안전하게 지킬 수 있다고 여긴다. 그들의 마음은 언제나 자신의 내면이 아닌 바깥으로만 향하게 된다.

고통과 분노의 감정을 숨기고 억제할수록 얼어붙은 응어리는 무의식적으로 튀어나오게 마련이다. 지연 씨는 자신을 버린 엄마에 대한 미움과 그리움을 너무나 오랜 세월 숨긴 채 살았다. 결혼한 지금은 새엄마와도 왕래하며 잘 지내는 것 같지만, 마음 한구석에는 과거의 상처받은 그림자가 알 수 없는 분노가 되어 항상 관계를 불편하게 만들고 있었다. 그녀는 다시는 버림받지 않으려는 마음으로 남편에게 많이 집착했다. 하지만 결국 의부증으로 힘들어하다가 남편의 외도로 떨어져 살게 되었다. 또다시 사귄 남자에 대해서도 이성적으로는 끝내야 함을 알지만, 헤어진다고 생각하면 주변에 아무도 없이 혼자라는 불안감과 어린 시절 치유되지 못한 버림받음의 감정이 한꺼번에 무의식을 뚫고 올라와 삶을 뒤죽박죽으로 만들어버리곤 했다.

상훈 씨는 직장에서 대인관계를 잘해보려고 노력할수록 심해져가는 긴장과 떨림 때문에 집에 와서는 바둑이나 인터넷에 빠져 시간의 대부분을 보내며 외부와 고립된 삶을 살고 있었다. 아내와 딸에게 잘해주어야 한다고 생각은 하지만, 아침에 일어나 직장에 가는 것 자체가 고역이니 그들에게 잘해줄 수가 없었다. 집을 나서는 순간 모든 사람이 자신을 보는 것 같고 뒤에서 수군거리는 것 같아 견디기 힘들었다. 이렇게 된 것이 아버지 때문인 것 같아 몇 년 전부터는 본가에도 잘 가지 않았다.

감정의 응어리는 어린 시절 약하고 방어능력이 없는 무방비 상태에서 너무 큰 상처를 만나면 감정이 그것을 소화시키지 못해서 신체의 한 부분에 얼음과 같이 얼어붙어 생긴다. 지연 씨와 상훈 씨는 내면에서 오랜 세월 자신을 기다리고 있던 상처받은 아이를 진심으로 만났다. 그리고 그 아이를 위해서 울어주었다. 얼어붙은 응어리를 녹여내기 시작한 것은 그들이 흘린 뜨거운 눈물이었다. 그들은 자기 내면의 어둠을 이해하고 받아들이기 시작했다.

자신을 받아들이는 마음은 긍정적인 자기뿐만 아니라 내 안의 상처받은 부정적인 모습도 자기임을 받아들이는 것이다. 그러기에 우리는 자신의 가장 연약하고 초라하며 무기력한 모습을 기꺼이 받아들이기 전까지는 진정으로 온전하고 능력 있는 자신이 될 수 없다. 강점은 약점을 받아들일 때 나오는 것이며, 약점을 부정하고 숨기려는 마음은 나약함을 키울 뿐이다.

밝은 마음이란 어둠이 없거나 어둠을 극복한 상태가 아니라,

어둠과 밝음이 하나임을 수용하는 마음이다. 자연은 빛과 어둠이 균형과 조화를 이루고 있지만, 인간의 왜곡된 마음은 언제나 분리하고 나눔으로써 사물을 있는 그대로 수용하지 못하게 만들고, 어둡고 부정적인 부분들을 무의식 안에 있는 감정의 응어리 속에 숨기게 만든다.

내면의 어둠과 고통을 보지 않으려 하고, 두려워하여 눈을 감는다고 해서 그것이 없어지지는 않는다. 고통의 응어리는 분리된 사랑이다. 그 고통을 진심으로 이해하고 따뜻한 관심으로 끊임없이 바라볼 때 응어리는 봄날의 얼음처럼 녹아서 자신과 하나가 된다.

우리의 마음 안에는 누구나 과거의 상처로 인한 감정의 응어리가 있다. 그런데 그런 감정의 응어리를 진심으로 만나고 인정할 수 있는 용기를 가진 사람은 삶의 진실을 알게 된다. 반면, 그런 응어리를 부정하고 보지 않으려는 사람은 응어리 외부에 그럴 듯하게 포장된 자신의 이미지를 만들 수밖에 없을 것이다.

우리는 감정의 응어리가 내면에 쳐놓은 방어막을 걷어내거나 보호막을 제거하는 일을 몹시 힘들어하고 싫어한다. 그래서 자신이 살아오면서 경험한 어둠의 상처와 고통을 남에게 보여주지 않으려 하고 숨기려고만 한다. 자신이 겪은 과거의 고통과 상처는 특별하기 때문에 다른 사람은 절대 이해하지 못할 것이라고 생각하기 때문이다. 고통의 응어리는 진정한 자신으로 되돌아가지 못하고 있음을 알려주는, 영혼이 만든 사랑의 표현이다. 고통을 진정으로 이해하고 수용할 때 우리는 가식 없는 자기사랑을

알게 되고, 자기 내면에 존재하는 자신이 누구인지를 알 수 있게
된다.

우울증

마음의 힘듦과 고통은 대부분 우울로 시작된다. 우울증이란 심리
적인 의기소침과 의욕상실 및 감정이 완전히 무감각해지는 느낌
들을 말한다. 이런 우울한 기분은 신체적으로 피로와 수면장애,
식욕부진, 두통, 가슴의 답답함이나 심장의 통증, 신체의 긴장,
여성의 생리불순 및 다양한 부수증상을 동반하게 만든다. 하지만
무엇보다 우울증은 심리적으로 강한 죄책감과 자책감으로 내면
에 심한 갈등과 무력감을 일으키게 한다.

　우울은 대부분 의식과 무의식에서 스스로를 억누르거나 저하
시키는 마음에서 비롯된다. 이런 억누름과 저하는 삶의 책임감
으로부터 회피하여 도망치려 하거나, 생존을 위한 본능적 공격
성향을 억압하는 경우에 주로 일어난다. 공격성은 삶 속에서 자
신을 보호하려는 적극적인 행동이며 자기를 표현하는 하나의 형
태이다. 하지만 사회화에 물든 우리의 마음은 생존을 위해 다른
사람에게 인정받고자 내면의 공격적이고 파괴적인 충동을 감추
거나 없는 척 한다. 심하게 억압된 분노와 공격성은 결국 자신을
향하게 되고, 이것이 우울증으로 나타난다.

　삶은 순간순간 선택과 그 선택에 대한 책임의 연속이다. 그런
데 우울은 삶에 책임지려 하지 않거나 스스로 선택하지 못하고,

이러지도 저러지도 못하면서 선택의 중간에 서서 자신을 자책하는 마음의 상태이다. 우울한 상태에서는 생각은 가야 한다고 여기지만 몸과 행동이 따라주지 않기 때문에 마음은 끊임없는 갈등의 구조에 빠지고, 의욕은 저하되거나 꺾여버린다.

　지연 씨의 삶은 우울의 연속이었다. 그녀는 어릴 적 생존하기 위해서 엄마와의 생이별을 슬퍼하거나 분노할 수 없었다. 준비되지 않은 마음으로 새엄마를 받아들여야 했으며, 인정과 칭찬을 위해 그녀의 감정은 숨긴 채 타인의 눈치를 살펴야만 했다. 그녀는 마음이 딴 곳에 가 있는 것 같다는 지적을 자주 받았다. 어딜 가나 불안하고 초조하여 가시방석에 앉아 있는 것 같은 긴장된 생활의 연속이었다. 하지만 우울의 고통은 그녀의 숨겨진 내면을 너무나 정직하게 보여준다. 그것은 그녀 스스로 이럴 수도 저럴 수도 없는 무력감과 자기부정을 표현하고 있었다.

　그녀는 나를 만나기 전에 이미 신경정신과 치료와 인지심리상담을 오랜 기간 받았다. 인지심리상담은 스스로 만든 부정적 자기암시와, 사실에 대한 비관적이고 왜곡된 인식을 이해하는 데 큰 도움이 된 것 같았다. 하지만 마음속에 숨겨진 깊은 감정의 응어리는 해소되거나 풀리지 않았다.

　상담이 깊이 진행되면서 그녀는 내면에 그토록 오랜 세월 붙들고 있던 상처가 자신의 진정한 본질과는 아무 상관이 없이 과거 경험의 기억 속에만 있음을 알았다. 그녀는 현재의 순간에서 과거의 기억과 경험을 끄집어내어 습관적으로 부정적인 해석을 하고 있는 자신을 보았다.

상처는 상처일 뿐 진정한 자신은 아니다. 그녀는 상처받은 과거의 사실을 없는 척 하거나 회피하지 않고, 자신의 인생에 일어난 그때의 경험과 상황을 사실 그대로의 사건으로 받아들였다. 그리고 자신을 부정적으로 해석하는 대신, 상처를 견뎌온 자신의 삶을 따뜻하고 지지하는 마음으로 긍정적으로 재해석하기 시작했다. 그러면서 행복과 불행은 실제 일어난 사건이나 상황 때문이라기보다는 그것을 해석하는 자신의 생각 때문일 수 있음을 이해하게 되었다.

잠재의식은 이성보다는 감정으로 움직이는 경우가 많다. 상처받은 마음은 잠재의식에 감정의 응어리를 만들어 감정의 통로를 막아버린다. 슬픔과 분노의 감정을 느끼지 못하는 사람은 기쁨과 행복의 감정도 느낄 수 없다. 좋은 감정, 싫은 감정은 나뉘어 있지 않으며 그냥 하나의 감정일 뿐이다. 그녀가 내면의 부정적인 감정을 차단했을 때 삶은 우울과 불안의 연속이었다. 하지만 단지 자신의 부정적인 감정을 인정하고 표현했을 뿐인데 그녀는 가벼워지고 편안해지기 시작했다.

우울은 강력한 자기최면일 수 있다. 우울증이라고 진단받는 순간, 그들은 평생 벗어날 수 없는 암시와 최면에 빠질 수도 있다. 그들은 우울증에서 벗어나려고 발버둥치지만, 그럴수록 더욱 깊은 우울의 수렁으로 빠져들어가는 자신을 보게 될지도 모른다. 우울이라는 감정을 붙들고 해결하려는 시도는 어리석을 수 있다. 우울증은 단지 자신의 영혼이 얼마나 힘들며, 자신이 얼마나 잘못된 선택과 해석을 하고 있는지를 나타내는 신호일 뿐이다. 우울의 밑바탕에 있는 상처받은 마음과 고통을 이해하는 것이 치유의 시작이다. 우울하다는 것은 내가 나 자신의 감정과 삶을 배신하고 있다는 신호이거나 표현일 수도 있다.

불안

최근에 상담센터를 찾는 사람들이 가장 많이 호소하는 문제는 우울과 불안이다. 우울이 자신의 마음을 억누르고 생명력을 저하시키는 것이라면, 불안은 이루고자 하는 욕망은 많은데 자기 뜻대로 되지 않아 느끼는 내적 긴장과 불만이라고 할 수 있다. 그리고 불안은 외부의 변화하는 상황에 대해서 스스로 변하지 않으려는 저항감 때문에 주로 발생한다. 불안을 느끼는 사람들은 변화를 두려워하고 안전을 유지하려는 관성을 갖는 경우가 많다. 우울이 과거의 부정적인 생각과 감정에 집착하여 마음을 위축시킨다면, 불안은 미래의 불확실성을 두려워하여 몸과 마음을 긴장시킨다.

현대인들은 빠르게 변하는 현실에 자신을 맞추어 생존을 유지하고자 하지만, 현실의 변화와 자신의 생존능력 사이에는 시간이 지날수록 간격이 커져간다. 이 간격만큼 불안은 커질 수밖에 없다. 불안은 마음을 들뜨게 하며, 자신이 처한 현실을 생각으로 통제하거나 조절하려고 시도하게 한다. 하지만 생각이 많아질수록 마음은 쉬지 못하고 스트레스는 커질 수밖에 없다.

현대인이라면 누구나 불안을 조금씩은 가지고 있다. 약간의 불안은 변화에 저항하고 변화를 거부하려는 마음을 알아차리게 함으로써 내적 성장에 도움을 주기도 한다. 하지만 불안한 마음을 인정하지 못하고 저항하거나 회피하면서 생각만으로 불안을 통제하려 하거나 없애려는 시도는 강박증을 발생시키는 요인이 되기도 한다. 이런 시도는 불안에 대해 눈 가리고 아웅 하는 격이 될 수밖에 없다.

불안과 긴장된 삶의 연속이었던 상훈 씨는 대인관계에서 힘이 들었고, 때때로 올라오는 내면의 불안을 접할 때면 어떻게 해야 할지 몰라 더욱 힘들었다. 어릴 적부터 아버지 앞에만 서면 왠지 가슴이 뛰고 부담스러웠다. 아버지에게 욕먹지 않기 위해 아버지 눈치를 살펴야 했고, 아버지가 원하는 것은 자신의 의도와는 상관없이 해야만 했다. 대기업에 취직한 것도 그는 원하지 않았지만 아버지의 뜻이었고 바람이었기에 거절할 수가 없었다. 그는 스스로 무언가를 결정할 수 없었다. 그래서 스트레스가 심해지면 화가 올라와서 자신도 모르게 아버지나 아내에게 상처 주는 말을 최근에 자주 했다. 화를 진정시키려고 하면 이상하게도 몸에 열이 나면서 눈물이 났다.

직장에서는 회의시간에 발표하거나 상사 앞에 서게 되면 가슴이 두근거리고 손과 몸에 식은땀이 나면서 주위가 모두 흐려지는 경험을 자주 했다. 여럿이 모인 회식자리에서는 긴장에서 벗어나려고 되도록 빨리 술을 마셔 취하려고 했다. 그는 불안을 해결해보려고 스피치학원에 다니면서 발표연습도 하고 사람 많은 지하철에서 자기를 표현하는 연습도 해보았다. 하지만 그런 연습을 할 때는 약간 효과가 있는 것 같았지만, 현실의 상황에 부딪치게 되면 번번이 마음먹은 대로 되지 않고 원래의 상태를 반복했다.

불안을 가진 사람들을 만나 상담하면서 느낀 점은 불안이 신체적으로 심장에서 느끼는 반응의 표현이라는 것이다. 신체적으로 심장은 몸의 여러 장기 중에서 자신을 가장 잘 나타내는 장기이다. 심장의 박동은 또 다른 자신을 표현하는 영혼의 소리라고 할 수 있다. 불안이 일어날 때 심장은 조이고 위축된다. 이것은 스스로를 한정하고 축소시켜 변화를 거부하는 저항감의 표현이다. 심장은 진실이 흘러나오는 통로이다. 자신을 속이는 마음은 심장에서 흘러나오는 생명력의 통로를 막아버리고 자신을 위축시킨다.

자신에게 떳떳하고 양심에 걸림이 없을 때 가슴은 펴지고 내면의 생명력은 살아난다. 진실한 감정을 배반하고 겉과 속이 다르게 생각과 감정을 표현할 때, 심장은 위축되고 생명의 흐름은 약화되면서 신체적으로 심장의 화기(火氣)가 위로 솟구치며 몸이나 손바닥에 식은땀이 흐르게 된다. 이런 현상은 심장의 화기를 가슴에서 아래로 흐르지 못하게 하고 머리 위쪽으로 상기되게 하여 두통을 일으키거나 어깨와 목을 긴장시킨다.

심리적으로 불안은 현실의 변화에 함께 흐르지 못하고 변화를 두려워하거나 기존의 틀을 지키려 하기 때문에 생긴다. 불안한 마음은 스스로 한 생각을 움켜쥐고서 놓지 않으려 한다. 불안을 가진 사람들은 삶을 사실로서 '있는 그대로' 보거나 수용하지 못하고 자신의 욕망이나 관념의 잣대, 가치 기준에 맞추려고 시도한다.

하지만 삶은 자신의 뜻대로 될 수가 없다. 불가능한 것을 통제하려는 시도는 언제나 실패할 수밖에 없다. 불안은 외부에 있는 어떤 것이 아니라 그들의 내면에 있는 부정적 암시의 최면이다.

상훈 씨는 상담을 진행하면서 불안을 회피하거나 저항하지 않고 불안이 일어날 때 그 불안을 있는 그대로 느껴보려고 시도했다. 그렇게 마음을 먹는 것 자체만으로도 그는 불안감이 반 이상 작아지는 것 같다고 했다. 불안한 이유는 현실 자체 때문이 아니라 안전하고자 하는 마음 때문임을 그는 알게 되었다. 안전하고자 하는 마음을 놓아버리는 순간, 현실은 그냥 현실일 뿐이다. "안전하고자 하는 그 집착이 고통이었다."고 그는 얘기했다.

불면증

편안한 숙면은 식사나 성생활처럼 인간의 기본적인 욕구이다. 우리는 인생의 3분의 1 이상의 시간을 수면에 할애한다. 그래서 수면의 방해는 몹시 불쾌하고 심각한 위협이 된다. 잠은 의식의 깊은 이완이며 휴식이다. 잠을 잘 자지 못하면 의식이 편히 쉴 수 없기에 신경과 근육의 피로가 풀리지 않아 다음 날의 일상생활에 심각한 지장을 주게 된다.

최근에 우리 사회는 수면장애가 부쩍 늘고 있으며 수면제의 소비도 그만큼 증가하고 있다. 잠은 우리가 의식의 통제에서 놓여날 때 일어나는 의식의 휴식과도 같다. 잠을 잔다는 것은 우리의 마음을 바쁘게 하는 생각과 의도를 내려놓고 생명의 흐름에 자신을 맡기는 신뢰를 말한다.

잠자는 것은 노력이나 의지, 강제나 의욕으로 되는 것이 아니다. 오히려 잠을 자려는 어떠한 시도나 노력도 잠드는 것을 더욱 방해만 할 뿐이다. 잠은 허용과 기다림이며, 순응과 신뢰다. 불면증으로 고통받는 사람들은 대부분 삶을 신뢰하지 못하고, 불안한 마음으로 생각 안에서 삶을 계획하고 통제하려는 경향이 강하다. 그리고 그 때문에 사고와 통제를 벗어난 내면의 무의식을 두려워한다. 이들은 남들에게 자신을 내맡기지 못하고 불안과 긴장으로 자신의 마음을 움켜쥐고 놓지 않으려 한다.

58세의 승철 씨는 과거 20대에 심각한 불면증으로 고생하다가 치유되었는데, 3년 전 어머니가 돌아가신 이후에 불면증이 재발되었다. 그는 운영하던 회사도 그만두고 불면증을 해결하고자 온갖 노력을 다했다. 불면증을 잘 치료한다고 소문난 병원이란 병원은 다 다녀보았다. 하지만 대학병원, 불면클리닉, 신경정신과, 한의원, 민간요법 등 3년간의 노력은 오히려 잠에 대한 집착만 더욱 키웠을 뿐이었다.

상담센터에 찾아온 그는 한순간만이라도 편안하고 깊게 푹 자 보는 것이 소원이라고 했다. 그리고 최면상담을 통한 치유법이 자신에게는 마지막 희망이라는 심정으로 찾아왔다고 했다. 그의 불면은 무의식의 불안과 긴장된 삶의 방식을 표현하고 있었고, 삶을 신뢰하고 내맡기며 살라는 영혼의 요구였다.

그는 5명의 누님과 1명의 여동생을 둔 독자였다. 어릴 적 어머 니의 사랑과 기대를 한 몸에 받았지만, 아버지는 술을 좋아하고 자주 외도를 했다. 그가 중학교 1학년 때 아버지가 또다시 외도 를 하였고, 어머니는 그런 사실을 알면서도 개의치 않았지만 아 버지는 오히려 술을 마시고 집에 와서 어머니를 구박하고 더욱 난리를 쳤다. 그때 그는 아버지가 죽도록 미웠으며, 불안에 싸여 부엌에서 어머니를 생각하며 혼자 울었다고 한다.

그에게 처음 불면이 시작된 것은 20대 초반이었다. 사창가에 갔다가 성병이 옮아서 비뇨기과를 찾아갔는데, 의사는 소변에 적혈구가 섞여 나오며 신장과 방광, 요도에 이상이 있다고 했다. 그래서 두 달간 의사의 처방을 따랐지만 낫지 않자, 그는 결혼해 도 아이를 낳지 못하는 것은 아닐까 하고 몹시 걱정했다고 한다. 결국 큰 병원으로 갔는데, 약을 주면서 물을 많이 먹으면 된다고 했다. 그 후 몸은 좋아졌지만 그때부터 심한 불면에 시달리기 시 작했다.

그때는 왜 그런지 몰랐었는데, 상담이 진행되면서 그는 그 당 시 의사의 오진에 대한 분노와 불안 때문이었음을 알게 되었다. 당시에는 종교에 귀의하여 불면증을 해결하였지만, 3년 전 어머니가 돌아가시면서 다시 불면증이 시작되었다. 죽음에 대한 불안과 그동안 살아온 날들에 대한 허무감으로 잠이 오지 않았다. 기도원에서 울부짖기도 하고 여러 노력도 했지만 시간이 지날수록 오히려 잠은 더욱 오지 않았다.

상담이 진행되면서 그는 어머니의 죽음에 대한 죄책감에 시달리고 있음이 드러났다. 한평생 아버지에게 구박받고 자식을 위해 희생하며 사신 어머니의 사랑을 가장 많이 받았던 그였다. 하지만 말년에 어머니의 몸이 불편해지자, 돌아가시기 2년 전부터는 왜 빨리 돌아가시지 않나 하며 어머니를 미워하였고, 자신만 의지하는 어머니를 귀찮아했던 자신을 용서할 수가 없었다. 그리고 3년 전에 불면증이 다시 시작되었을 때 의사의 잘못된 처방으로 심한 알레르기와 고열로 고통을 받으면서, 과거 20대의 경험이 무의식에서 되살아나며 의사에 대한 불신과 분노가 그의 가슴에 자리 잡게 되었다.

어머니를 귀찮아한 자신을 용서하는 과정을 거치면서, 그리고 의사들도 일부러 그런 것이 아니라 나름대로 최선을 다했음을 받아들이면서 승철 씨의 분노와 불안, 죄의식은 가라앉기 시작했다. 불면이라는 고통의 증상 뒤에는 우리의 영혼이 현재의 자신에게 들려주고 싶은 얘기들이 있다. 그는 불면을 계기로 자기 삶을 다시 성찰하면서 삶에 대한 새로운 태도를 갖게 되었다.

마음의 고통과 질병의 치유는 삶의 태도와 의식의 변화를 요구한다. 외적으로 단순히 증상에만 집중하여 그 증상을 제거하기만 바란다면, 질병이 전해주는 진정한 영혼의 소리를 놓치게 되고 인생의 중요한 변화의 기회를 잃게 된다. 불면은 하나의 증상이지만, 그 증상의 뒷면에는 우리의 영혼이 표현하고자 하는 진정한 슬픔과 분노, 때로는 죄의식과 불안이 놓여 있다. 신경증과 정신적 고통은 우리를 정직하게 만든다. 신경증은 삶에서 스스로 보지 않으려 하는 수많은 집착들을 다시금 균형과 조화의 삶으로 만들려는 진실의 외침이다. 증상은 나름의 의미와 정당성을 가지고 있다. 우리는 내면 무의식의 외침을 두려워하기에 평소에는 보지 않으려 하다가 증상을 겪을 때만 그 소리를 듣게 된다.

승철 씨는 불면을 통해 의사에 대한 불신이 불안이 되었고 어머니에 대한 죄의식이 죄책감으로 내면에 자리 잡고 있음을 보았다. 스스로 불안과 죄책감을 붙잡고 놓지 않으려는 마음이 집착이 되어 불면증의 원인이 됨을 알았다. 고통은 외부의 누가 주는 것이 아니라 외부 상황에 대한 자신의 해석과 생각이 만든 환상임을 그는 이해하게 되었다.

자신감

상담을 진행하기 전에 작성하는 사전 심리체크 리스트의 여러 항목 중에서 내담자들이 대부분 빠지지 않고 체크하는 감정은 자신감의 결여이다. 요즘은 자신감을 높이기 위해 상담을 신청하는 젊은이들도 부쩍 많아지고 있다. 지연 씨와 상훈 씨도 심각한 자신감의 상실 때문에 힘들어했다.

　모든 감정이 주관적이듯이 저마다 생각하는 자신감도 사람마다 천차만별일 수 있다. 그래서 나는 상담할 때 먼저 그들이 얻고자 하는 자신감이 어떤 것인지를 묻곤 한다. 우울과 불안을 겪는 지연 씨가 얻고자 하는 자신감은 감정의 기복이 없고 평온하며 다른 사람에게 집착하지 않는 마음이었다. 이에 반해 상훈 씨는 다른 사람 앞에서 떳떳하게 표현하고, 모든 사람이 인정하는 능력을 지니고 혼자서 무엇을 이루어내는 것을 자신감이라고 대답했다.

　내담자들에게 왜 그들이 자신감이 없는지 물으면 그들은 자신의 단점을 순식간에 수없이 많이 얘기하지만, 그들에게 장점을 세 가지만 말해보라고 하여도 많이 난감해하면서 오랜 시간 생각해보고 대답하곤 한다.

　자신감이란 자신을 믿는 마음이다. 자신을 믿는다는 것은 자신을 좋아하고 사랑한다는 것이다. 그러기에 자신감은 외부적인 조건의 성취로 얻을 수 있는 것이 아니라, 스스로 자신을 어떻게 생각하는가에 달려 있다.

　지연 씨에게 "자신을 얼마나 좋아하는지 1에서 100까지를 기준으로 했을 때 해당되는 숫자를 말해보세요."라고 요청했다. 그녀는 "이 세상에서 제일 싫어하는 사람이 있는데 그건 바로 나 자신이에요. 내가 이 세상에서 없어졌으면 좋겠어요."라고 대답했다. 상훈 씨는 "20도 되지 않습니다."라고 대답했다.

　자신을 받아들이고 좋아하는 만큼이 그 사람의 자신감의 정도이다. 자신감을 가진 당당함이란 외적으로 활달하고 리더십 있고 능력을 인정받는 것일 수도 있다. 그리고 소심함이란 내성적이며 사람들과 잘 어울리지 못하고 주위로부터 능력을 인정받지 못하는 것일 수 있다. 하지만 이런 것은 모두 외적인 것이기에 외적으로는 활달하고 능력 있는 사람도 내적으로는 열등감을 느끼고 더욱 완벽하려고 할 수 있으며, 남들이 보기에는 별로 잘나지 못한 사람이라도 자신을 괜찮게 여기며 행복해할 수도 있다.

자신감을 가진 당당함이란 것이 스스로 내면의 소심함을 숨기지 않는 마음이라면, 자신감 없는 소심함은 스스로 내면의 열등감을 숨기고 외적으로 당당해지고자 하는 마음이 아닐까 한다.

상담이 깊게 진행되면서 지연 씨는 무척 망설이다가, 어릴 적 약한 자신을 옆집 아저씨와 친척 오빠가 성추행한 사실을 힘들게 털어놓았다. 부모가 관심과 애정이 없었기에 힘없고 두려웠던 아이는 어느 누구에게도 하소연할 수 없었다. 그토록 오랜 세월 가슴에 묻어둔 성적 수치심을 그녀는 비로소 용기를 가지고 끄집어냈다. 그것은 그 아이의 잘못이 아님에도 불구하고 마음속의 아이는 자신이 잘못했고 흠이 많다고 여기며 죄의식을 간직한 채 괴로운 세월을 살아왔다.

그녀 내면의 아이는 항상 누군가가 자신을 진심으로 위로해주고 받아주기를 원해왔다. 그래서 상처받고 외로운 아이는 사랑받고 싶고 위로받고 싶었기에 누군가가 자신에게 조금만 관심을 가져주고 친절하게 대해주면 쉽게 집착하고 그 사람을 놓지 않으려고 매달렸다. 하지만 그럴수록 관계에서 그녀의 상처는 쌓여만 갔다.

많이 변하고는 있지만 아직까지 남성 위주의 가부장적인 우리 사회는 외부적으로 잘 드러나지는 않지만 여성들이 겪는 성적인 수치심이나 성희롱, 성폭행이 다른 어떤 형태의 상처보다도 피해자에게 심각한 정신적 상처가 되어 삶 전체를 혼란과 고통에 빠뜨리게 함을 잘 인식하지 못하는 것 같다. 특히 피해여성이 나이가 어릴수록 그리고 가해자가 가까운 사람일수록 성적인 상처의 경험은 그녀들로 하여금 자기 자신을 있는 그대로 받아들이거나 사랑할 수 없게 만든다. 그녀들은 하나같이 자신들이 더럽혀졌다는 잘못된 생각에 깊은 수치심을 가지며, 자신을 용서하지 못한다. 그리고 자신들은 사랑받을 가치가 없다는 암시와 최면에 빠지는 경우가 많다. 지연 씨는 어릴 때의 경험이 자신의 잘못이 아니었고 엄연히 범죄의 피해자였음에도 불구하고, 많은 성적 피해여성들처럼 오랜 세월 부끄러움과 수치심을 간직하며 살았고, 그런 자신에 대해 하찮고 사랑받을 자격이 없다고 생각했다.

상처의 경험이 잘 이해되고 치유되지 못하면, 내면 깊숙이 자신을 싫어하게 되며, 자신을 부정하고 마치 자신이 아닌 다른 사람인 척 위장하려 하거나, 완벽이나 통제로 자기 영혼에 난 구멍을 보상하려 한다.

지연 씨에게 눈을 감고 편안한 마음을 갖도록 안내한 뒤, 그녀가 어린 시절 상처받았던 그 아이를 찾을 수 있도록 가슴의 문을 향해 내면으로 그녀를 유도했다. 하지만 어디에서도 그 아이를 찾을 수 없었다. 좀 더 이완된 상태에서 무의식으로 깊이 유도되었을 때 그녀는 어떤 집을 떠올렸다. 그 집 안으로 문을 열고 들어가 아이가 어디에 있는지 찾게 했지만 집 안 어디에도 아이는 보이지 않는다고 했다. 아이를 찾아 다시금 그 집의 지하로 내려갔다. 지하의 어두운 구석에 검은 천으로 덮여 있는 어떤 물건이 있었다. 천을 걷어낸 지연 씨는 철창 안에서 재갈을 물린 채 입에 테이프를 붙이고 쪼그려 앉아 있는 여자 아이를 보았다. 불쌍한 아이를 발견한 그녀는 오열했다. 잠시 자리를 비켜주었다. 그녀는 내면의 상처 입은 아이를 붙들고 "미안하다, 미안하다."며 한참 동안 울부짖었다.

그토록 오랜 세월 자기를 부정하고 우울할 수밖에 없었던 진실을 그녀는 비로소 보았다. 아닌 척, 없는 척, 보지 않으려고, 말하지 않으려고 가슴 밑바닥에 감추어두었던 그 아이가 바로 진실한 자신이었던 것이다. "어떤 것도 너의 잘못이 아니야. 어른들의 잘못이고 너는 잘못한 것이 없어."라고 그녀는 외쳤다. 가슴의 아이는 서러움과 슬픔에 울면서도 성인이 되어 자신을 찾아준 지연 씨 자신에게 고마워했다.

그런 과정을 거치며 자신과 진정으로 화해하고 용서하게 된 그녀의 얼굴표정은 몰라보게 밝아졌다. 머리를 짧게 잘랐으며 옷매무새도 날렵해졌다. 그녀는 이제 자신을 용서하고 더 이상 괴롭히지 않겠다고 다짐했다. 아이들과 직장 동료들이 좋아 보인다고 했다. 오후만 되면 찾아오던 외로움과 불안이 이제는 두렵지 않다고 했다. 사귀던 남자친구와는 며칠 전에 헤어졌다고 한다. 자신이 새로운 사람이 된 것 같다고 했다.

그녀는 자신감을 찾았다. 그리고 자신감은 바깥의 조건에 달려 있는 것이 아니라 내면의 부정성이 만든 어둠의 장막이 걷히는 순간 저절로 드러나는 자연스러운 것임을 알았다. 그녀가 상처받은 내면의 어둠을 용기 있게 표현하고, 그런 자신을 숨기지 않고 받아들인 그 마음이 치유였으며 자신감의 회복이었다.

상훈 씨는 자신감을 가져보려고 일찍부터 웅변과 운동, 스피치학원 등을 다니면서 노력하였지만, 현실에서는 언제나 소심하고 당당하지 못했으며 항상 긴장감으로 위축된 자신으로 되돌아가는 모습에 절망했었다.

말더듬이나 대인공포증, 강박증은 주로 불안과 긴장에서 많이 일어난다. 현대를 사는 오늘날의 우리나라 사람들이 가진 심리적 특징은 다음과 같다. 첫째, 욕망이 너무 커서 잡생각이 많다는 것이다. 그래서 마음은 쉬지를 못하고, 작은 스트레스에도 쉽게 영향을 받으며, 밤에 잠을 이루지 못하는 사람들이 많다. 둘째, 사회의 빠른 변화에 따라가지 못하고 남과 비교하기 때문에 생기는 불안감이 많다. 셋째, 마음이 항상 긴장으로 들떠 있어 목과 어깨의 통증이 만성화되어 있다. 넷째, 운동의 부족으로 하체가 약해지면서 생명력이 약화되고 있다. 다섯째, 컴퓨터와 휴대전화 등에서 나오는 전자파에 많이 노출되어 몸 안의 호르몬

기능이 약해지면서 생체에너지가 건조해지고 화기가 많아져 쉽게 상기(上氣)가 일어난다.

상훈 씨는 아버지가 원하는 삶에 맞추어 인정받기를 원했고, 미래에 대한 걱정으로 잡생각이 많아 밤에 잠을 잘 이루지 못했다. 또한 어릴 적부터 지속된 만성불안은 몸을 계속 긴장시켜 목과 어깨의 통증이 심했다. 그리고 생명력이 약해지면서 일에 대한 의욕과 끈기가 부족하고, 심장의 화기가 머리로 치솟아 안구건조증과 시선공포증으로 쉽게 피로해졌다. 현실을 소화하지 못하는 불안은 위장에서 음식을 소화시키지 못하고 다시금 되새기는 역류성 식도염을 야기했다. 우리의 몸은 마음의 체계를 따른다.

상훈 씨는 자신을 좋아할 수도 받아들일 수도 없었다. 상담과정에서 그는 어릴 적 상처받은 자신을 진정으로 이해하거나 수용하지 못하고 끝없이 다른 사람에게 잘 보이고 그들이 어떻게 생각할까 걱정하던 내면의 눈치 보는 아이를 만났다.

이때가 치유의 전환점이 되었다. 어느 일요일 오후에 그는 집의 거실에서 눈치 보던 어린 시절의 자신을 인식하면서 창밖의 푸른 하늘을 보고 있었다. 그때 갑자기 마음속의 유리창에 금이 가면서 창밖으로 자유롭게 나아가는 자신을 보았다. 자신이 만든 두려움의 껍질이 깨지는 것을 보았다. 누구도 자신을 불편하게 만드는 사람은 없었다. 모든 것이 스스로 붙잡고 집착한 생각임을 보았다. 실제 일어난 사실에 대한 자신의 습관화된 부정적 반응이 문제였을 뿐 실제로는 아무 문제가 없음을 알게 되었다. 그는 눈에 힘이 들어가는 시선공포나 사람을 만날 때 긴장하던 대인공포도 모두가 마음이 만든 허상임을 한순간 보았다고 했다. 진실을 알고 이해하면 거짓은 저절로 사라진다. 빛이 일어나면 어둠은 저절로 없어지듯이, 그는 자신에게 원래 아무런 문제가 없음을 알았다.

자신감은 자신을 이해하고 아는 마음이다. 자신을 알지 못한 채 바깥에서 그토록 오랜 세월 자신감을 극복해보고자 했던 그는 이제 지금의 자신을 있는 그대로 너무나 사랑한다고 했다. 얼마 전 부인과 딸을 동반하여 함께 상담센터를 방문한 그는 그동안 꿈 속에서 살다가 비로소 깨어난 것 같다고 말했다. "이제 다른 사람을 의식하면서 긴장하지 않느냐?"고 물었을 때 그는 "내 행동과 감정에 대해서 다른 사람이 어떻게 생각하는가는 그들의 문제이지 내가 책임질 수 있는 것이 아니지요."라고 대답했다.

자신감은 외부가 아닌 자신의 내부로 들어가는 용기 있는 사람만이 얻을 수 있다. 진정한 자신감은 상처의 어둠을 통과한 의식의 뒤쪽에 살아 있다.

최면에 빠진 사람들

지난 20여 년을 나는 심리상담가와 명상지도자로서 상담과 강의를 하면서 사람들이 가진 수많은 종류의 심리적, 정신적 고통의 최면을 깨우려고 노력해왔다. 사람들은 마음의 고통과 문제가 무의식의 상처로 인한 습관화된 결심과 다짐임을 알지 못한 채 외부에서 해결책을 찾으려는 경향이 많다.

우울과 불안이 원래 자신의 것이 아닌 상처받은 마음이 만든 부정적 자기최면임을 알게 된 지연 씨 같은 많은 사람들이 지난 날 자신을 가장 미워하던 마음의 최면에서 깨어났다. 고통이 무의식의 최면과 암시임을 깨달은 그들은 이제 자신을 있는 그대로 사랑한다고 했다. 그리고 대인기피와 강박에 시달려왔던 상훈 씨 같은 사람들은 심리상담을 통해 스스로 만든 자기한계와 부정성의 껍데기를 벗어버렸고 변화된 새로운 삶에 감사해했다.

몇 년 전부터 우리 사회는 경제적 성장과 함께 웰빙의 바람이 불면서 많은 사람들이 행복한 삶을 위한 새로운 시도와 자신의 성장을 위해 노력하고 있다. 그러나 물질적 풍요와 건강, 여가에 대한 만족감은 어느 정도 누리고 있지만, 내면의 마음은 여전히 상대적 비교감과 박탈감, 빈곤감을 느끼는 것으로 보인다.

미국과 유럽 사회는 80년대 초반부터 물질적 풍요만으로는 내면의 공허감을 해결하기 힘들다고 느끼면서, 진정한 웰빙이란 물질적인 풍요보다는 마음의 평화와 자유에 기초함을 인식하게 되었다. 이런 추세에 맞추어 서구에서는 인간의 내면에 대한 이해와 성찰의 과정으로 심리학과 정신분석학이 일반화되었다. 심리학은 그동안 종교에 의지하고 맡겼던 삶에 대한 진실과 인생에 대한 문제들을 스스로 내면으로 들고 와서 자신의 책임 하에 해결해보려는 시도로 발전하고 있다. 이러한 서구 사회의 시도는 무의식의 표면에서 평화와 자유로 가는 길목을 차단했던 과거 상처에 대한 치유의 시도로 이어졌다.

하지만 우리 사회는 그동안 내면의 상처 치유를 위한 사회적 공감대를 만들려는 시도가 잘 이루어지지 않은 것 같다. 과거의 상처를 치유하려는 시도는 단순히 과거의 고통에 대한 집착이 아니며, 오랜 세월 습관화된 부정적 과거해석 대신 과거를 새로운 눈으로 재해석함으로써 현재와 미래를 행복하게 창조하려는 시도이다.

행복이란 마음이 느끼는 주관적인 감정이다. 따라서 무의식의 마음을 잘 이해하고 치유하지 않은 채 단순히 상처가 없는 척 묻어두거나 외면한다면, 외부에 비친 행복은 가식적이고 일시적일 수밖에 없다. 내면의 상처가 곪아 있는 자리에 진정한 웰빙이란 있을 수 없다.

세상에는 물질과 지위와 인정을 위해서 열심히 달려왔지만 행복하지 못한 채 몸과 마음의 문제로 힘들어하는 지연 씨와 상훈 씨 같은 사람들이 많이 있다. 그들의 내면은 고통과 지옥이지만, 외부는 가면을 쓴 채 웃고 있는 모습으로 보일지도 모른다. 행복과 자유는 자신을 치유하고 자기를 잘 아는 사람이 누리는 마음의 선물이다.

우리는 어릴 적부터 주변 환경과 사회가 만들어놓은 암시와 최면에 빠져 자신을 잃어버리고 있는지도 모른다. 자신의 마음을 모르기에 무의식의 근본적 문제와 상처는 알지 못한 채 외부에 드러난 증상에 빠져서 헤매고 있을지도 모른다. 외부에 드러난 우울증, 강박증, 불안증, 대인공포증, 공황장애, 불면증 등은 내부 무의식의 고통이 외부로 표현된 것일 뿐이다. 그러기에 외부의 증상에 초점을 맞추어 문제를 해결하려고 시도하는 것은 너무나 관념적이다. 우울과 강박, 불안은 고통에 대한 이름일 뿐, 실체는 무의식의 진정한 상처와 고통이 무엇인지를 알아달라는 영혼의 외침일 수 있다.

자신을 깊이 알수록 우리는 더욱 편안하고 자유로울 수 있다. 무의식에서 습관적으로 반복되는 생각이나 감정의 패턴은 우리의 의식을 최면과 암시로 물들여 삶에 깊은 악영향을 미친다. 스스로가 빠진 자기암시의 최면을 알지 못하면 우리는 무의식의 부정적 습관에 휩싸일 수밖에 없다. 심리상담은 최면에서 깨어나게 하는 과정의 연속이다. 잠들지 않고 깨어 있는 마음으로 끊임없이 자기를 성찰하고 이해하려는 사람만이 진정한 삶의 행복을 소유할 자격을 얻게 될 것이다.

2

상처받은 내면의 아이

어린 시절 내면의 상처받은 마음이 치유되지 못하면,

성인이 되어서도 그 아이는 인격의 일부가 되어 자신은 물론이고

주위 사람들까지 힘들게 만들기도 한다. 상처받은 아이는

누군가가 자신을 알아봐주고 진정으로 따뜻함과

사랑으로 받아주기를 가슴속에서 항상 기다리고 있다.

의식의 체계

심리적 문제를 바라볼 때 먼저 고통과 증상을 어떻게 규정할 것인지에 따라 치료와 상담의 방법이 많이 달라진다. 고통과 증상을 단순히 두뇌의 생리학적인 반응 및 호르몬의 부족이나 과다에 의해 일어나는 물리적 문제로 보게 되면, 치료는 호르몬과 두뇌 신경계의 조절을 위해 약물투여에 의한 치료로 나아갈 것이다.

하지만 인간의 주관적이고 심적인 고통을 영혼의 문제와 의식의 문제로 보게 되면, 그 치료방법도 고통과 문제를 일으킬 수밖에 없는 인간의 내외적인 의식적 사고와 인식의 체계에 맞추어 치료가 진행될 것이다. 심리학적인 상담은 인간을 먼저 의식을 가진 복잡하면서도 독특한 존재로 보게 한다. 그러기에 내담자들의 문제를 다루다보면, 표면에 드러난 고통은 빙산의 일각일 뿐이며 그 밑에는 존재 전체의 알 수 없는 수많은 문제들이 드러나는 경우가 많다.

　인간을 의식이라는 관점에서 바라볼 때, 의식은 크게 표면의식과 무의식으로 나눌 수 있다. 때때로 표면의식은 단순히 의식이라고도 한다. 의식이란 인간이 경험하고 있는 모든 심리적 현상의 총체이며, 사람이라면 누구나 스스로 생각하고 느끼는 주관적 체험의 전체라고 할 수 있다. 반면에 무의식은 일반적으로 각성되지 않은 심적 상태, 즉 자신의 행위나 주변에 대하여 지각과 인식이 없는 상태를 말한다.

　의식을 무의식과 분리하여 별개로 본 심리학자 융은 상처받은 마음이 자신을 보호하기 위해서 일으키는 외부적 흐름(역할, 이미지, 습관)을 의식의 페르소나(가면)라고 했다. 그리고 내면에 숨겨진 상처받은 외롭고 초라한 자신을 인정하고 싶지 않은 마음을 가리켜 그림자(무의식)라고 했다.

　인간은 하나의 의식에 기준의 틀을 세워 기준 안으로 받아들일 만한 것은 자기 정체성으로 유지하려 하고, 안으로 받아들이지 못하는 기준 바깥의 모든 것은 억압하는 경우가 많다. 이때 억압된 마음은 불안과 긴장을 일으키는 어둠(무의식)이 된다. 그리고 의식과 무의식의 사이에 그은 선은 자기 정체성의 경계이자 방어막이 된다.

　내면에 상처가 크고 깊을수록 진실한 자신을 숨기거나 위장하려 할 것이다. 우리는 내면에 문을 닫고 숨어 있는 진실한 자신을 만나야만 한다. 진정한 자유와 치유는 그토록 오랜 세월 외면했던 내면의 어둠을 인정하고 만날 때 비로소 일어난다.

프로이트는 심리적 경험의 영역을 의식과 무의식으로 나누고, 무의식을 다시 전의식(前意識)과 본래의 무의식으로 나누었다. 의식의 영역은 현재의식, 표면의식이라 하며, 현재의식의 밑바닥에는 감정의 응어리나 부정적 경험의 기억이 저장된 전의식(前意識) 또는 잠재의식이 있다. 프로이트에 따르면, 무의식의 심적 내용은 억압된 관념과 본능(특히 성적 본능)으로 이루어진다고 한다. 무의식은 말 그대로 의식할 수 없거나 의식 자체가 없는 것을 말하며, 무의식이라 표현할 때는 대부분 잠재의식을 포괄하여 사용하기도 한다.

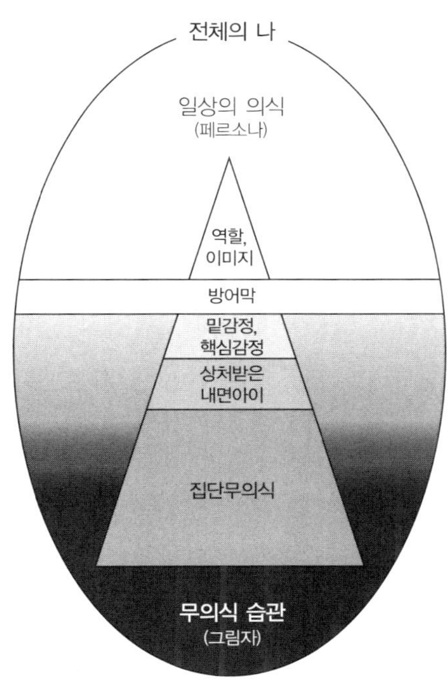

그림 1 :: **의식의 체계**

인식의 영역인 현재의식은 외부로 자신을 보여주거나 인정받으려는 활동의 외부적 주체로서 외부의식이라 부르기도 한다. 외부의식은 주로 생존하기 위해서 사회화로 만든 이미지나 역할로 이루어진다. 융은 이를 페르소나, 즉 보여주는 자기로서 외부에 비친 가면이라 불렀다.

인간의 의식은 스스로가 자각하든 자각하지 못하든 전체의식이 하나로 작용하고 있다. 그러기에 각자가 자각하는 영역에 따라서 외부의 표면의식 수준에 머물 수도 있고, 때로는 깊은 무의식의 영역까지도 인식할 수 있다.

의식의 방어막

사람들은 자신을 보호하기 위해서 무의식에 쌓인 부정적 패턴들을 보지 않으려고 현재의식과 잠재의식 사이에 방어막을 설치한다. 이 방어막은 자신이 위협받는 상황에서 무의식적으로 자신을 속이거나 상황을 다르게 해석하여 감정적 상처와 고통으로부터 자신을 보호하려는 생존과 관련이 있다. 우리는 역할과 이미지로 유지해온 현실의 안정을 깨뜨리고 싶어 하지 않는다. 그래서 무의식에서 올라오는 상처나 내면의 진실이 의식의 표면 위로 올라오지 못하게 방어한다.

이런 방어막은 실제 일어난 사건들을 부정하거나 억압하며, 그것이 자신의 문제가 아닌 다른 사람의 것이라고 투사하기도 한다. 때로는 문제가 일어날 때 초점을 다른 곳으로 전환할 수도 있으며, 일어난 일을 실제보다 축소시키기도 한다. 방어막의 역할은 고통스러운 감정을 느낄 때 그 문제를 회피하거나 없는 척 방어하여 그 감정들로부터 무감각해지기 위한 방법들이다. 때때로 방어막은 급격한 외부상황의 변화와 준비되지 않은 내면의 마음 사이에서 겪게 되는 심각한 갈등에 적응할 수 있는 여지를 만들어주기도 한다.

하지만 방어막은 갈등 자체를 변화시키는 것이 아니라 자신을 속이고 문제의 초점만을 바꾸는 방법을 주로 사용한다. 그래서 방어막이 약해지거나 환경과 상황이 힘들어지면, 무의식에 억압된 어둠과 고통이 한꺼번에 올라와서 신경증이나 정신적 문제를 일으킬 수밖에 없다. 방어막에 의해 억압된 감정이나 상처는 순화되지 못하고 인식되지 않은 채 갑자기 표출되기 때문에 자신과 주위를 당황하게 만들거나 관계를 어렵게 만들기도 한다.

방어막이 두꺼울수록 내면의 고통과 상처의 진실로부터 멀어질 수밖에 없다. 결국 방어막은 내면의 긴장과 고통을 우회하게 만들지만 그 자체를 해결하는 것은 아니므로 무의식에 다양한 신경증과 중독 현상을 일으키는 요인이 되기도 한다.

방어막의 종류

- **부정** 고통이 느껴지거나 감정이 상처받는 상황에서 스스로 그런 일을 부인하거나 받아들이지 않으려는 마음.
- **억압** 고통과 상처의 힘든 감정 자체를 억제하여 스스로 감정을 마비시키거나 느끼지 않으려는 마음.

- **분열** 고통과 힘든 상황에 대한 감정은 남아 있지만 기억이 봉해
  져서, 현실에서는 마치 본인의 것이 아닌 비현실적인 것처
  럼 느끼거나 다중인격처럼 분리되는 마음.
- **전환** 고통과 상처를 느낄 때 그때의 감정을 수용하기 힘들어 좀
  더 견딜 만하고 보다 잘 받아들여지는 감정으로 바꾸는 것.
  두려움 대신 분노를 표현하거나 분노보다는 슬픔으로 바꾸
  기도 한다.
- **투사** 고통과 상처로 인한 내면의 감정이 억압되지 않을 때, 그
  감정을 자신의 것이 아니라 상대가 일으키는 것이라고 외
  부를 탓하는 마음.
- **자기비난** 고통과 상처로 인한 적의를 남에게 차마 행동으로 표현
  하지 못하고 자신에게 돌려 자신을 학대로 몰고가는 마음.
- **완벽** 자기 내면의 고통과 상처를 숨기고 밖으로 괜찮은 사람으
  로 보여주려는, 외부를 향한 마음.
- **통제** 자기의 약한 모습이나 내면의 상처를 숨기고 더 이상 상처
  받지 않으려고 경계하며 주위를 조종하려는 마음.
- **남 탓하기** 남을 비난하거나 비판함으로써 고통의 책임을 남에게
  전가시켜 책임에서 벗어나려는 마음.
- **합리화** 상황을 그럴듯하게 꾸며서 사실과 다르게 인식하여 스스
  로 상처받지 않으려고 정당화시키는 마음.

방어막은 우리로 하여금 진정한 자신으로서의 삶을 살지 못하
게 하거나 가식적이고 거짓된 삶을 살게 한다. 진실한 삶과 자신

으로 돌아가고자 하는 사람은 스스로 내면에 어떤 방어막을 가지고 있으며, 그것이 자신을 어떻게 합리화시키고 있는지 이해할 필요가 있다. 방어막은 어린 시절 감당할 수 없었던 상처와 고통으로부터 자신을 지켜주기도 하지만 습관화됨으로써 현재 삶에 필요하지 않을 때에도 무의식중에 튀어나와 관계를 어렵게 만들기도 한다.

마음의 상처

의식의 방어막 밑에는 억압된 수많은 상처와 고통의 경험들이 얼어붙은 감정의 응어리로 들러붙어 있거나, 기억의 형태를 가지고 다시금 의식의 표면으로 떠오르기를 기다리고 있다.

우리가 오래된 두려움과 슬픔의 과거 감정에서 벗어나 새로운 자신으로 나아가려면, 억압된 고통과 상처가 무엇이든지 숨기거나 없는 척 하지 말고 만나야만 한다. 왜냐하면 상처는 비록 과거의 경험과 기억 속에 존재하지만, 현재의 순간에 그것을 다시금 끄집어내거나 떠올리게 되면 그 기억과 경험은 변화되지 못한 채 그대로 존재하고 있기 때문이다.

상담과 심리적 치유는 의식의 방어막 아래에 숨겨져 있는 응어리진 감정과 고통의 경험들을 외부로 표현하고 노출시키는 것으로 시작할 수 있다. 우리는 과거 부모나 외부 사람들에 의해 신체적, 정서적, 성적으로 상처받았던 마음을 다시금 확인해야 한다. 그리고 그 당시 표현하지 못한 분노나 슬픔의 감정들을 상처받은 아이의 심정으로 표현할 수 있어야 한다. 과거의 학대받거나 버림받은 감정과 상처를 다시금 기억 속에서 낱낱이 이끌어내고, 더 이상 합리화하거나 회피하지 않아야 한다.

치유는 내담자가 가진 과거의 기억과 경험에 저장된 상처의 부정적 암시들을 끄집어내어 억압된 감정을 다시금 흐르게 하는 과정이다. 이때 심장에 응어리진 생명에너지가 녹으면서 내담자는 자신의 상처를 재해석하고 수용하게 된다.

신체적 학대로 인한 상처

부모나 주위 사람에 의한 학대나 학교에서의 체벌, 또래 친구 간의 신체적 폭력은 폭력을 당하는 피해자의 자존감에 깊은 상처를 입히고 그의 대인관계를 어렵게 만든다. 신체적 폭력과 학대는 관계에서 신뢰와 믿음을 깨뜨리는 가장 중요한 요인이 되기도 한다. 신체적 학대를 경험한 피해자는 자신이 중요하고 특별하며 사랑받을 가치가 있는 독특한 존재임을 믿지 못한다. 신체적 폭력은 처음에는 두려움이나 단순한 공포심을 느끼게 하지만, 폭력이 계속되면 나중에는 스스로 자신을 세울 수 있는 힘까지 잃게 만든다. 반복된 폭력의 경험은 자신을 하찮게 여기거나 무능력하게 만드는 부정적 암시를 존재에 각인시킬 뿐 아니라, 내면에 억눌린 분노를 생산함으로써 정신적 혼란을 가중시키기도 한다.

중학교 수학교사인 36세의 동수 씨는 학교에서 아이들을 지도할 대 한 번 분노가 표출되면 스스로 제어할 수가 없었다. 그래서 심리상담과 최면을 통해서 그 원인을 알고 싶어 했다. 그는 평소에 항상 미소 짓는 온화한 얼굴로 주위 선생님들이나 학생들에게 인기가 많았다. 하지만 어쩌다가 화가 한 번 폭발할 때면 감정조절이 안 될 정도로 심하게 학생들을 야단치거나 체벌을 가했다. 종교생활이나 기도로 분노의 감정을 다스려보려고 노력도 많이 했지만, 화가 올라올 때는 감정을 통제하기가 힘들었고, 화를 표출하고 난 뒤에는 늘 후회하고 자신을 비난하는 삶이 반복되어 괴롭다고 했다.

상담과정에서 그의 성격과 주위환경, 살아온 과정에 대해 얘기를 나누었다. 중학교 이전에는 아버지의 술버릇과 엄마를 향한 아버지의 일방적인 폭력으로 힘들기도 했지만, 중학교 이후에는 아버지가 술도 줄이고 가족 간에 잘 지내왔다고 했다. 그는 어릴 때부터 학교에서 모범생이었고 공부도 잘했으며 남을 많이 배려하고 삶의 모든 분야에서 최선을 다하는 성격이었다.

그가 가진 현재의식의 기억 속에서는 그가 왜 분노를 조절하지 못하는지 이유를 알 수가 없었다. 그래서 무의식의 깊은 곳에 자신이 기억하지 못하거나 보지 않으려는 다른 원인이 있지는 않을까 하여 최면으로 상담을 진행했다. 깊게 이완시킨 후 의식을 가라앉혀 몇 가지 기억을 더듬어나갔다.

　고등학교, 중학교, 초등학교 때의 경험 등 몇 가지를 찾아보았지만 특별한 기억은 없었다. 조금 더 깊게 이완이 되었을 때 인생의 가장 힘든 경험의 문으로 들어가게 하자 그는 5살의 어린 시절 어느 추운 겨울날 저녁으로 되돌아갔다.

　"술에 많이 취해서 들어오는 아버지의 발자국 소리가 문밖에서 들리자 아이는 불안하여 자는 척 했어요. 아버지는 부업을 하던 엄마와 말다툼을 하더니 갑자기 소리치며 엄마를 때리기 시작했어요. 아이는 일어나 울면서, 무섭지만 아버지를 말리려 했어요. 하지만 화가 난 아버지는 옆에 있던 야구방망이로 아이를 때렸죠. 아이는 기절했고 엄마는 울었어요." 최면에 잠겨 있던 그는 눈물을 흘리며 소리쳤다. "내가 나중에 어른이 되면 당신을 가만두지 않을 거야!" 내가 그에게 이제 그만 아버지를 용서할 수는 없는지 묻자, 깊은 무의식 속에서 그는 큰 소리로 소리쳤다. "다른 사람은 다 용서해도 그 사람만은 절대로 용서할 수 없어요!"

　최면에서 깨어난 그는 아버지에 대한 분노의 감정이 내면에 그토록 오랜 세월 계속 있었다는 사실에 놀라워했다. 중학교 이후 그토록 따뜻하고 자상하게 자신을 대해준 아버지였지만 쉽게 다가가지 못하고 항상 무언가 어색했던 마음이 이제는 이해된다고 했다. 그동안 아버지를 향해 억눌러왔던 내면의 분노에 대한 죄의식을 내려놓으면서 그는 많이 가벼워졌다. 상담 후에는 학생들에게도 자신의 상처를 물려주지 않기 위해서 노력했다.

　어른들은 때때로 자신의 힘든 감정과 치유되지 못한 상처를 아이들이나 약하고 만만한 사람들에게 전가하는 경우가 많다. "너희들이 잘되라고 때린다.", "자식들을 사랑하기 때문에 야단치고 벌을 준다."고 부모나 어른들은 얘기한다. 하지만 아이들은 아이일 뿐 어른이 아니다. 사랑은 이해에서 출발하기에 눈높이를 상대에게 맞추는 것에서 시작해야 한다. 자신의 상처와 내면의 문제를 보지 못하는 사람들은 상대와 외부 세계가 잘못되어 있다고 보기 때문에 자신의 분노와 행동을 상대 탓으로 돌리는 경향이 많다.

학대와 폭력은 우리로 하여금 삶의 주체가 아닌, 상대를 위한 들러리의 삶을 살게 만든다. 신체적 학대는 자기의 감정은 숨겨둔 채 상대의 기분과 눈치를 보면서 삶의 초점을 자신이 아닌 상대에게 맞추게 하여 항상 긴장과 불안이 반복되는 삶을 살게 한다. 동수 씨는 무의식 속에서 아버지를 용서할 수 없었다. 하지만 사회가 심어준 도덕과 가치의 기준은 아버지를 향한 그의 내재된 분노를 나쁜 것으로 판단하게 하여 억압할 수밖에 없게 만들었다.

분노는 좋은 것도 나쁜 것도 아니다. 분노는 때때로 감정이 침해당하거나 공격당할 때 자신을 보호하고 방어하려는 표현이다. 분노는 단지 하나의 감정일 뿐이다. 감정을 이해하고 정직하게 외부로 표현할 때 감정은 저절로 해소된다. 하지만 감정에 가치의 해석을 붙여 억압하거나 저항할 때, 감정은 무의식의 내부로 숨을 수밖에 없다.

분노의 밑에는 항상 두려움이 존재하고 있다. 동수 씨는 분노에 대한 죄의식을 가볍게 인식하면서 분노를 억압하지 않고 그 때그때 표현하는 연습을 했다. "꽃으로도 상대를 때리지 마라."는 말이 있다. 사랑의 매는 때리는 입장에서는 사랑일 수 있지만, 맞는 상대에게는 상처로 남을 수 있다. 그러기에 어떤 폭력도 사랑으로 합리화되거나 정당화되어서는 안 될 것이다.

정서적 상처

우리의 일상생활 속에 정서적 학대는 알게 모르게 너무나 보편화되어 있다. 부모나 주위 어른들은 자신도 모르게 무의식적으로 아이들에게 큰소리치거나 화내면서 다른 아이들과 비교하고, 아이들의 의견은 무시한 채 일방적으로 자신의 뜻대로 아이들이 따르지 않는다고 야단치고 비난한다. 하지만 이런 반복행동은 아이들의 자존감에 심각한 상처를 입힌다. 정서적 학대는 결국 아이들로 하여금 자신이 쓸모없고 결점투성이라고 여기게 하여 자신을 받아들이기 어렵게 만든다.

　정서적 상처는 가정뿐만 아니라 학교와 주변에서, 그리고 TV나 매스컴의 영향으로 더욱 확대되고 있으며 너무나 쉽게 그리고 자주 일어난다. 정서적 상처는 상당히 주관적이기 때문에 스스로 상처받지 않고 상대에게 상처주지 않으려면 자신이 하는 말과 행동을 자세히 인식할 필요가 있다. 부모와 주변 사람들이 상처를 주려고 의도하지 않더라도 자신을 바로 알지 못하면 상처의 감정에 쉽게 휩쓸려 자신의 삶은 힘들게 된다.

　23세의 대학생인 수연 씨는 대인공포증과 우울증으로 상담센터를 방문했다. 상담센터를 찾아온 날, 그녀는 군복 바지에 허름한 잠바를 걸치고 모자를 깊이 눌러 쓰고 있었다. 그녀는 항상 사람들이 의식되었고 주위에 자신이 어떻게 비칠까 걱정하여 자신을 노출시키지 않으려고 관계를 대부분 회피하고 있었다.

　그리고 사람 만나는 것이 두렵고 불편하여 스스로를 소외시키는 생활에 익숙해져 있었다. 혹시 아는 사람을 만날까 불안해하는 마음은 의욕과 자신감을 몹시 약화시켰고, 최근 들어서는 우울한 감정이 부쩍 심해졌다고 했다. 고1 때부터 신경과에서 우울증 약을 복용했지만, 약을 꾸준히 먹지 않아서 그런지 반복적인 우울감과 불안감에 시달려왔다고 한다. 몇 번의 상담이 진행된 후 최면상담 과정에서 그녀는 3살 때의 기억으로 되돌아갔다.

　장녀였던 수연 씨는 첫딸이라고 아버지에게 많은 사랑을 받았고 행복한 가정에서 자랐다. 그녀가 3살이던 어느 날 친척들과 모여서 제사를 지내게 되었다. 귀여움을 독차지하던 그녀는 자신도 아빠와 함께 제사를 지내겠다며 제삿상 앞에서 절을 하려고 했다. 그때 친척 어른 중 한 명이 "너는 안 돼!"라고 하면서 제지했다. 그녀는 울고 떼를 쓰면서 아버지에게 달려가서 "아빠, 나도 제사 지낼 거야!"라고 소리쳤다. 하지만 언제나 그녀에게 관대했던 아빠도 웬일인지 그날만은 그녀의 요구를 무시하면서 제사를 지내지 못하게 했다. 그리고 그때 아빠가 던진 한마디는 언제나 그녀의 가슴 깊은 곳에서 최면과 암시가 되어 울려나왔다. "너는 여자이기 때문에 안 돼!", "여자는 제사를 지낼 수 없어."

그녀는 심하게 울었고, 여자로서의 자신이 무언가 결함이 있거나 열등한 존재일지도 모른다는 생각을 가지게 되었다. 그 후 또래 사촌남자들에게 무엇이든지 지지 않으려고 하였고, 외모나 옷차림이 여자로 보이는 것을 싫어했다. 그때 심어진 마음속의 편견은 그녀로 하여금 자신이 여자임을 부끄러워하고 받아들이지 못하게 했다. 사춘기 전까지는 당당하게 여자가 아닌 한 사람으로서 공부나 모든 면에서 인정을 받았지만, 중학교 이후 시작된 사춘기와 함께 점점 여자인 것에 불편함과 어색함을 느끼면서 자기의 정체성에 혼란을 느끼기 시작했다. 교우관계는 점점 위축되었고, 스스로는 어디에도 섞이기 힘든 아웃사이더가 되었다. 자신을 사회와 집단에서 분리하여 주로 혼자 있을 때 편안함을 느꼈다.

최면상담 후 그녀는 여자로서의 자신의 정체성에 대해 긍정적으로 숙고해보려고 노력했다. 그리고 상담이 진행되던 어느 날, 그녀는 예쁜 치마를 입고 긴 머리를 아름답게 내리고 상담센터를 방문했다. 그동안 그녀는 여자로서의 자신이 아닌 한 인간으로서, 능력으로서 자신을 보여주려고 했다. 그렇게 능력과 역할로 평가받으려 노력하였지만 이제는 변할 수없는 여자임을 인정하게 되었다고 했다. 그리고 여자로서의 자신을 받아들이고 좋아하기로 마음먹었다고 했다. 그런 그녀는 보기에도 많이 가볍고 밝아 보였다.

그동안 우리 사회는 여성으로서의 자신에 대한 기준이 사회의 가치와 달라서 상처받는 경우가 많았다. 아이를 있는 그대로 봐주지 못하고 비교하거나 차별할 때 그들의 내적 자존감은 심각하게 상처받을 수도 있다. 아이들은 부모나 어른들의 인정과 사랑을 먹고 자라는 존재이기 때문이다.

정서적 상처는 대부분 배려와 소통의 부족이 그 원인인 경우가 많다. 자신의 감정과 기준에 따라서 일방적으로 상대에게 마음을 쓰게 되면, 아무리 좋은 의도로 그렇게 했더라도 상대는 상처받을 수 있음을 이해할 필요가 있다. 관계란 감정의 나눔이요, 그 감정은 언어로 표현된다. 상대와 함께 하는 마음은 상대의 눈높이에서 상대와 공감하고 자신의 생각과 감정을 정직하게 나누어가는 과정이 되어야 한다.

성즈인 상처

상처의 여러 모양 중에서도 외부적으로 잘 드러나지는 않지만 성적인 수치심이나 성희롱, 성폭행의 경험과 기억은 다른 어떤 형태의 상처보다도 피해자에게 심각한 정신적 고통을 주며 삶을 혼란에 빠뜨리게 한다.

성적인 상처의 경험은 잘 이해되거나 치유되지 못하면, 스스로를 받아들이거나 사랑할 수 없게 만들고, 자존감을 가지거나 자신이 중요한 존재라고 느끼기 힘들게 만든다. 그들은 자신을 수치스럽게 여기고 부끄러워한다. 자신이 더럽혀졌다는 수치심은 자신의 감정이나 생각을 노출하지 못하게 하며, 다른 사람이 보기에 괜찮은 사람으로 위장하려 할 것이다. 이런 마음은 스스로를 모든 면에서 완벽하게 바꾸려 하거나 자기를 통제함으로써 영혼에 난 구멍 혹은 상처를 보상하려 하기도 한다.

　성적 상처의 피해자들이 주로 겪는 일로는 근친상간, 강간, 성희롱, 관음증, 노출증, 음란물에의 노출 등등 여러 가지일 수 있다. 그들은 과거의 끔찍한 경험들을 내면에 숨긴 채 부끄러움이나 수치심, 죄의식으로 자신의 성을 억압하거나 묶어버리기도 한다. 결국 성의 억압은 자기 생명을 억압하게 하고, 관계를 긴장하게 만들며, 늘 불안해하며 주위를 경계하게 만든다.

　모 케이블 TV의 리얼 스토리 '묘' 제작진이 성폭행을 경험한 여성에 대한 최면 심리치료를 요청해온 적이 있었다. 제작진이 내담자를 데리고 경기도에서 내려왔다.

　26살의 여대생인 소영 씨는 현재 아르바이트를 하면서 자신의 힘으로 생계를 꾸리며 대학에 다닌다고 했다. 그녀는 청바지 차림에 약간 긴장한 듯한 표정으로 상담실로 들어왔다. 먼저 그녀에 대해 1시간가량 대략적인 상담이 진행되었다. 어머니는 그녀가 어릴 적부터 공장에 다녔으며 아버지는 일용직 노동자로 술을 좋아했다고 한다. 그녀는 경제적 문제로 부부싸움이 끊이지 않는 가정의 딸 셋 중 맏이였다. 술에 취해 엄마를 때리거나 가재도구를 부수며 소리치는 아버지는 그녀에게 언제나 무섭고 두려운 존재였다.

　고등학교 2학년이던 어느 날, 아버지가 공사장에 일 나갔다가

비가 내려 집에 일찍 들어왔는데, 그날따라 어머니는 야근을 하느라 집에 없었다. 심하게 술에 취한 아버지는 밤에 거실에서 자고 있던 그녀를 성폭행했다. 그녀는 반항했지만 어쩔 수가 없었다. 부끄러움과 수치심에 휩싸인 그녀는 집으로 돌아온 어머니에게 울면서 자초지종을 얘기했다. 하지만 어머니는 아버지에게 어떤 조치도 취하지 않은 채 그녀의 옷차림과 스스로 조심하지 못한 행동만을 탓했다. 그녀는 그때 "내 편은 아무도 없구나."라고 생각했다.

그 후 그녀는 가출하여 지방에서 다방과 술집을 전전하면서 세상에 대해 분노하고 자신의 처지를 원망했다고 한다. 10년이 지난 지금까지도 집에는 거의 가본 적이 없었고 가끔씩 명절에 엄마에게 안부전화 정도만 하고 있었다. 그녀는 세상의 모든 남자를 믿지 못했고 아직 남자친구를 사귀어본 적도 없었다. 그녀는 차라리 여자를 좋아한다고 했다. 지금도 밤에 잠을 잘 때는 허리끈이 있는 청바지나 단추바지를 꽉 껴입고 잠을 자야 안심이 된다고 했다. 그녀는 자신의 살아온 얘기를 마치 남의 얘기를 하듯이 제작진과 나에게 담담히 들려주었다.

최면상담에 들어갔다. 그녀의 기억 중에서 가장 힘들었던 고2 때의 기억으로 되돌아갔다. 아버지를 떠올리며 그날의 기억 속으로 들어갔을 때 갑자기 그녀는 "아빠, 안 돼!", "아빠, 제발 그러지 마세요!"라고 소리치면서 대화를 나눌 때와 달리 눈물과 두려움으로 감정이 폭발했다. 갑작스런 흥분의 분위기에 제작진도 놀랐다.

그동안 살면서 없는 척, 보지 않으려 했던 과거의 고통이 그녀의 무의식에서 그대로 현재의식으로 떠올랐다. 가슴속에 묻어둔 고통과 수치심, 두려움의 감정들은 기억 속에서 다시 떠올리면 현재에서 일어난 사건과 똑같은 고통으로 느껴진다.

소리치며 울고 있는 그녀에게 이제 그만 과거의 고통을 놓아버리고 자유롭게 살고 싶으냐고 물었다. 그녀는 그렇다고 대답했다. 하지만 "그러면 아빠를 이제 용서할 수 있겠어요?"라고 물었을 때, 그녀는 분노에 찬 눈물을 흘리면서 "도저히 아빠를 용서할 수 없어요. 어떻게 딸에게 그럴 수가 있어요! 아빠 때문에 내 인생은 그 사건 이후로 끝났어요."라고 했다. 최면상담이 끝나고 그녀는 한동안 계속 흐느꼈다. 제작진과 주위 모든 사람들은 말없이 그녀의 지난날 상처받은 감정을 함께 슬퍼했다.

우울증과 대인기피증으로 상담센터를 찾은 대학생 미진 씨는 중학교 이후로 삶이 항상 힘들었다. 맞벌이를 하시던 부모님은 어릴 적부터 그녀에게 관심이 있는 것 같지 않았다. 그녀는 대학 입학 후 교내에서 상담도 해보고 우울증 약도 복용했지만, 부정적인 생각들 때문에 괴로웠고 사람들을 만나는 것이 힘들었다.

상담이 진행되면서 그녀는 자신이 7살 때 경험한 성추행을 어렵사리 털어놓았다. 그날 아파트 놀이터에서 늦게까지 놀고 있는데 어떤 아저씨가 과자를 사주면서 따라오라고 했다. 어린 그녀가 따라간 곳은 아파트 건물의 모퉁이 구석진 곳이었다. 아저

씨는 그곳에서 그녀를 성추행했다. 그녀는 처음에는 그 경험이 무엇인지도 몰랐지만 왠지 부모님이나 주위 사람들에게 얘기하면 안 될 것 같다고 생각했다.

초등학교 때까지 잘 지내던 그녀는 사춘기가 시작되면서 그때의 경험이 무의식에서 떠오르기 시작했다. 그것이 자신의 잘못인 것 같고 자신이 왠지 성을 밝히는 헤픈 여자인 것 같다는 생각을 하게 되었다. 자신이 싫어졌고, 자신의 인생이 끝난 것 같았고, 아무도 자신을 좋아하지 않을 것이라고 생각했다.

상담을 통해서 그녀는 그때 자신은 단지 힘없는 어린아이였고, 아무 잘못이 없으며, 순전히 범죄의 피해자였음을 받아들이게 되었다. 수치심을 키우는 성적 상처는 아직 우리 사회에서 쉽게 용기를 가지고 끄집어내기가 쉽지 않다. 하지만 그녀는 부끄럽고 힘들어도 그때의 경험과 기억을 용기 있게 끄집어냈기에 새로운 자신으로 출발할 수 있었다.

우리는 수많은 상처의 경험을 가지고 살아간다. 상처가 없는 사람은 없을 것이다. 상처는 우리의 심장과 가슴에 보이지 않는 커다란 구멍을 만든다. 구멍난 가슴을 메우지 않으면, 자신 안의 생명력은 그곳으로 계속 새어나갈 수밖에 없다. 그것은 알 수 없는 허전함과 공허감으로 소리친다. 상처는 아무리 오랜 시간 억제하고 눌러놓을지라도 기억에 다시 떠오르게 되면 현실이 될 수밖에 없다. 심리치유는 삶에서 스스로 어떤 상처를 가지고 있었는지 이해해가는 과정일 것이다.

상처받은 내면의 아이

상담센터를 방문하는 내담자들과 상담하면서, 외부로 드러난 마음의 고통과 문제의 모양은 달라도 그들의 내면에는 과거의 상처받은 마음의 응어리들로 얼룩져 있는 것을 보게 된다. 상담을 진행할수록 내면 깊은 곳에 그 누구에게도 털어놓지 못한 상처받은 마음과 외롭고 초라한 자신을 숨기고 드러내지 않기 위해서 가식적이고 포장된 삶을 살 수밖에 없었던 슬픔과 아픔을 보게 된다.

상처받은 마음은 사랑받기 위해서, 인정받기 위해서, 때로는 생존하기 위해서 진실한 감정이나 욕구의 문은 닫아버리고, 부모나 타인을 향해 역할이 만든 이미지에 함몰되어 가면을 쓴 거짓된 자신으로서 살아가게 한다.

어릴 적 부모나 주위로부터 받은 학대나 무시, 비교나 방치 등의 상처가 심할수록 우리는 마음의 문을 더욱 굳게 닫아버린다. 상처받은 마음은 무의식의 내부에 불안과 분노, 외로움과 슬픔의 감정을 억압하고 그것을 느끼지 않기 위해서 방어막의 문 뒤로 숨어버린다.

많은 사람들은 내적 고통과 부조화를 현실 속에서 긍정적이고 좋은 생각으로 해결해보려고 수많은 정보와 책 등을 참고하며 노력하고 있다. 하지만 우리는 무의식에 있는 상처받은 아이의 응어리진 감정을 이해하지 못할 뿐만 아니라 우리가 그것을 내면에서 어떤 식으로 포장하고 방어하는지를 모르기에 감정적인 문제들은 실전에서 고통으로 반복될 수밖에 없다.

우울과 강박, 불안 등 심리적 고통을 가진 주변 사람들을 보게 될 때, 우리는 왜 그들이 마음의 문을 열고 더욱 긍정적이고 즐거운 마음으로 현실을 살려고 하지 않는지 이해할 수 없다며 안타까워한다. 인생을 즐겁고 행복하게 잘살고 싶은 마음은 그들도 다를 바 없다. 하지만 여러 가지 방법을 써보고 열심히 노력해봐도 잘 안 되는 것을 사람들은 이해할 수 있을까? 이렇게 주위 사람들에게 이해받지 못하는 그들을 향한 외부의 편견은 그들로 하여금 더욱더 마음의 문을 닫게 만들고 무기력과 자기부정, 자기정죄의 죄책감에 빠지게 한다.

상처받은 내면의 어릴 적 마음은 자신을 지키고 보호하기 위해 외부와 단절하고, 자신을 전혀 다른 두 개의 존재, 즉 '문 안의 나'와 '문 밖의 나'로 분리시켜버린다. 이는 '감정의 나'와 '생각의 나'로 나누거나, 미래에 자신이 되기를 원하거나 추구하는 '이상적인 나'와 그렇지 못한 '현실의 나'로 분리시켜 끝없는 갈등 구조 속에서 기준에 충족되지 못하는 자신을 정죄하고 비난하면서 스스로를 고통스럽게 만들기도 한다. '문 밖의 나'는 생존과 인정, 안전을 위해 역할의 가면과 이미지로 포장하여, 상처받은 초라하고 외로운 '문 안의 나'를 아닌 척, 괜찮은 척, 강한 척 꾸미거나 들키지 않으려고 많은 에너지를 소모하기도 한다. 현재의 고통과 문제는 상처받은 어릴 적 '문 안의 나'가 진실로 조건이나 성취가 아닌 존재 자체로서 있는 그대로 단 한 번만이라도 사랑받고자 하는 절규이기도 하다.

마음의 문 안에 감춰진 상처받은 아이는 비록 초라하고 외롭고 약하지만, 우리의 진정한 자신이자 양심이며 영혼의 빛이다. 마음의 문 안에는 저마다 다양한 상처받은 아이가 살고 있다. 성난 아이, 외로운 아이, 눈치 보는 아이, 의존하는 아이, 잘난 체하는 아이, 불안하고 두려운 아이 등등.

어린 시절 내면의 상처받은 마음이 치유되지 못하면, 성인이 되어서도 그 아이는 인격의 일부가 되어 자신은 물론이고 주위 사람들까지 힘들게 만들기도 한다. 상처받은 아이는 누군가가 자신을 알아봐주고 진정으로 따뜻함과 사랑으로 받아주기를 가슴속에서 항상 기다리고 있다. 현재의식의 '나'는 이제 성인이 되었으며 과거의 어린 시절과 다르게 자신을 잘 돌볼 수 있고 지킬 수 있음에도 불구하고, 때때로 우리는 과거의 두려움과 상처의 불안으로 인해 현재의 삶을 있는 그대로 즐기지 못하고 가식적인 역할과 이미지에 습관적으로 고착화되기도 한다.

우리는 내면에 있는 초라하고 상처받은 자신을 인정하기 힘들기에 그러한 자신을 부정하고 정죄하며 내면아이를 외면하거나 무시하려 한다. 하지만 외면되고 무시된 상처받은 아이는 그 또한 자신의 일부이고 생명의 일부이기에 자신이 존재하고 있음을 대인공포, 우울, 불안, 공황장애, 강박 등의 증상으로 표현하며 자신을 알아달라고 소리치고 있는지도 모른다.

성경에는 '잃어버린 양'에 대한 예수님의 비유가 있다. "너희는 어떻게 생각하느냐? 어떤 사람에게 양 백 마리가 있는데 그 가운데 한 마리가 길을 잃었다면 그는 아흔아홉 마리를 산에다 남겨두고 길을 잃은 그 양을 찾아 나서지 않겠느냐? 내가 너희에게 말한다. 그가 양을 찾게 되면 길을 잃지 않은 아흔아홉 마리의 양보다 오히려 그 한 마리의 양을 두고 더욱 기뻐할 것이다.”

우리는 잃어버린 한 마리 양을 찾기 위해 과연 아흔아홉 마리의 양을 어두운 산 속 짐승들의 위험 아래 방치하고 찾아 나설 수 있겠는가? 잃어버린 양은 우리 모두가 가지고 있는 상처받은 내면아이라고 볼 수 있다. 길 잃은 양이 주인이 돌아오기를 기다리듯이, 우리의 내면에는 우리가 돌아오기를 기다리는 상처받은 초라하고 외로운 ‘어린 나’가 있다. 아흔아홉 마리의 양은 타인에게 인정받고 수용되기 원하여 스스로의 생각과 느낌을 숨기고 억압한 ‘문 밖의 나’이며 ‘생각의 나’이며 ’기준이 만든 나’들이다. 반면, 비록 상처받고 초라하지만 잃어버린 한 마리의 어린 양이야말로 우리 각자가 발견해야 할 진실과 사랑인 것이다.

행복은 내면의 어둠을 감싸 안을 때 커져간다. 우리는 기쁨과 행복이 바깥의 밝은 곳에 있으리라고 생각한다. 하지만 사랑은 우리가 두려워서 보지 않으려는 무의식의 깊은 어둠 속을 통과할 때 일어난다.

왜 내면의 아이를 껴안아야 하는가?

의식의 방어막을 헤치고 어릴 때의 고통스럽던 감정으로 정직하게 다시 되돌아가는 길은 매우 힘들고 어려울 수 있다. 그래서 우리는 내면의 고통을 보지 않으려 하거나 무시함으로써 우리의 상처나 분노, 버림받은 슬픔들을 외면한다. 하지만 내면의 응어리진 감정은 그것이 인정되고 표현될 때 비로소 자연스럽게 흐를 수 있다. 상처받은 감정을 부인하고 억제하는 것은 내면의 생명에너지를 얼어붙게 만들고, 현재의식의 삶을 무의식적으로 끊임없이 왜곡시킨다.

현재의 얼어붙은 신경증이나 정신적 고통과 중독의 문제를 해결하려면, 어릴 적 억압된 파괴적인 감정이나 표현되지 못하고 해결되지 못한 슬픔을 다시 경험해야만 한다. 상처받은 내면의 아이를 만나는 것은 이런 면에서 중요한 의미가 있다.

프로이트는 "신경증과 성격적 문제의 대부분이 어린 시절 해결되지 못한 상처의 부조화 때문"이라고 처음으로 밝혔다. 그리고 "해결되지 못한 슬픔은 '강제 반복'을 통하여 고통이 해결될 때까지 되풀이될 수밖에 없다."고 했다.

내면의 상처받은 마음을 이해하지 못하면, 우리는 왜 자신이 무의식적으로 다른 사람을 지나치게 의식하거나 부정적 신념에 과도하게 집착하는지를 이해하기가 쉽지 않다. 상담을 하다보면 내담자들은 증상은 다를지라도 자신의 어린 시절의 아픔과 슬픔을 애기할 때면 하나같이 눈물을 흘리며 고통스러워한다. 그들은 스스로 자신을 받아들이지 못하여 마음의 문을 닫아버리고, 무엇보다 자신을 자책하거나 마음의 상처를 배척하고 보지 않으려는 경향이 많다.

문제와 고통의 원인은 외부에 있는 것이 아니라 자신을 받아들이지 못하고 사랑하지 못하는 마음에 있다. 그것을 인식하고 어릴 적 상처받은 그 마음을 다시 만날 수 있을 때, 그동안 억눌렸던 감정의 에너지가 새롭게 생명이 되어 살아난다. 분노와 절규, 때로는 외로움과 서러움의 북받치는 슬픔이 심장의 뜨거운 눈물을 통해서 얼어붙은 가슴의 응어리를 녹여낸다.

40대 중반의 승준 씨는 강박신경증으로 상담을 받고 있던 어느 날 꿈을 꾸었다. 꿈 속에서 그가 스스로 열심히 일을 하지 않거나 쉬려고 할 때마다 불안감이 엄습했고, 그 불안감은 그를 항상 무언가에 쫓기듯 만들어 가만히 쉬지를 못하게 했다. 그는 모든 일을 잘하려고 자신과 주위를 다그치며, 성취하고 이룬 것에 만족하기보다는 부족하고 못한 것에 초점을 맞추어 자신을 채찍질하고 있었다. 꿈 속에서 그는 어린 시절 가난 때문에 어머니가 일하러 나가는데도 집에서 빈둥거리는 아버지를 보면서 나중에 성인이 되면 책임감 있게 살 것이라고 결심하는 한 아이를 만났다. 어릴 적 아무것도 하지 않으면 불안하고 어머니에게 심한 죄책감을 느끼던 그 아이는 무언가를 성취함으로써 어머니와 주위 사람들에게 인정받고자 했으며, 그럴 때만 의미 있는 존재가 되었던 것 같았다. 하지만 인정받으려 발버둥치는 어린아이가 꿈 속에서 얼마나 외롭고 초라하게 울고 있는지를 그는 보았다.

잠에서 깨어난 그의 눈가에는 눈물이 고여 있었다. 그는 그대로 누운 채 좀 더 편안히 이완된 마음으로 자신을 가만히 내버려두었다. 끊임없이 마음의 밑바닥에서 일어나던 그 가혹한 기준의 잣대가 그동안 자신을 얼마나 힘들게 했던가? 남들에게 인정 받으려고 발버둥치면서 편안히 쉬지를 못하고, 항상 무언가에 쫓기듯 바쁘게 보이려 했었다. 때로는 중요한 일을 하는 것처럼 보이려 했으며, 그런 사람으로 평가받고자 했던 자신의 삶이 주마등처럼 스쳐갔다.

그는 그동안 아무 일도 하지 않고 쉬는 자신을 인정할 수 없었고, 괜찮고 부지런하고 가치 있는 사람으로 인정받고자 몸부림치면서 살아왔다. 학창 시절에는 공부로, 직장에서는 성취와 진급으로, 나이가 들면서 모양만 바뀌었을 뿐 내면의 패턴은 언제나 그대로였다. 그의 마음은 항상 불만과 짜증으로 화가 나 있었다.

아내나 아들, 직장 동료들이 열심히 일하지 않고 쉬고 있는 모습을 보면 그는 참을 수가 없었다. 이런 스트레스는 주변 사람들에게 강한 죄책감을 심어주어 뭔가 하지 않으면 안 된다는 부담감을 주었다. 자신을 허용하지 못하고 한 번도 편안히 쉬지 못했던 긴장감과 책임감으로 점철된 그의 인생에 갑자기 눈물이 나왔다.

그는 자신에게 "이제 그만큼 했으니 좀 게을러도 괜찮아!", "이제는 쉬어도 좋아!"라고 소리쳤다. 가슴에서 무언가가 내려지면서 울음이 터졌다. 내면의 초라하고 외로운 아이는 이제 쉬기를 원하고 보살핌을 받길 원했다. 그가 마음으로 아이에게 공감해주었을 때 아이는 좀 더 편안히 열리고 쉴 수 있었다.

상처받은 내면아이를 가진 성인은 관계에서 습관적으로 방어적이며, 자기 욕구에만 몰두해 있어 상대의 감정에 또 다른 상처를 주고 있음을 알지 못하는 경우가 많다. 내면의 상처와 고통에 대한 회피가 승준 씨의 강박신경증의 원인이었다. 그는 내면의 따뜻함과 사랑에 관심의 초점을 맞추기보다는 외부에 대한 통제와 성취를 위해서 강박적으로 달려왔다. 그는 자기 내면의 고통스러운 감정을 느끼지 않으려고 자신을 무감각하게 만들었다. 이런 감정의 단절은 모든 상황을 생각으로 통제하려 하였고, 결국 그의 감정을 스스로 대상화시켜버렸다. 대상화된 감정은 자신을 평가와 멸시의 대상으로 전락시킨다. 그는 감정과 욕구의 필요를 느낄 때마다 무시했으며, 이런 감정을 수치스럽고 부끄럽게 생각하여 통제했다. 이런 그의 태도가 강박증으로 발전한 것이었다.

이제 그는 자신을 쉬지 못하고 성취를 향해 달리게 만든 강박증의 고통이 무의식의 상처받은 마음 때문임을 알았다. 어린 시절의 그때 이후 그는 외적으로는 나이를 먹었는지 모르지만, 의식 안에서는 한 번도 성장하지 못한 채 지금껏 어린 시절의 그 자리에 머물러 있었는지도 모른다. 어린 시절의 그 자리로 돌아가지 못하면 우리는 다시 고통을 되풀이한다. 정신적 고통을 가진 사람들은 대부분 어떻게 해서든 현실을 외면하려 들지만, 고통에서 해방되려면 현실을 회피하지 않고 스스로 대면하여 통과해야만 한다.

우리의 무의식에는 과거의 경험이 만들어놓은 모순된 감정들과 유아적인 감정들이 겹겹이 쌓여 있다. 우리는 이미 성인이 되었지만, 내면에는 이해할 수 없는 분노와 열등감, 우울과 무기력, 격렬하고 통제하기 어려운 외로움 등 상처받은 아이의 감정에서 한 발짝도 나아가지 못하고 있을 수도 있다. 내면의 아이를 찾아 직시하는 것은 슬프고 괴로울 수 있지만, 진정한 자신이 되는 지름길이다.

집단무의식

융이 발견한 획기적인 개념 중의 하나가 집단무의식에 관한 것이다. 프로이트에 영향받은 융은 무의식 중에는 개인이 체험하고 억압한 것 외에 각각의 종족 집단이 오랜 세월을 거치며 체험한 것이 누적되어 종족의 성원이 공유하게 된 무의식도 있다고 주장하면서 이를 집단무의식이라고 이름 붙였다. 그리고 그는 집단무의식의 구조적 요소들을 원형(原型)이라 불렀다.

의식은 단순히 한 개인의 정신에만 국한되는 것이 아니며, 바다의 무수한 파도들이 그렇듯이 세상의 모든 개별의식은 무의식의 바다에 하나로 연결되어 있다. 각자의 의식이 분리되어 있어 자신의 생각과 타인의 생각이 다르다고 느끼는 것은 집단적으로 공유되고 있는 무의식에 대해 무지하거나, 언어로 표현되고 있는 외부의식의 세계만을 실제라고 착각하기 때문이다.

인간의 내면 깊은 곳에는 개인적으로 영향을 미치지 못하는 집단무의식의 영역이 존재한다. 여기에는 인간이라는 유기체가 지구 땅에서 삶을 영위하면서 가진 인류 전체의 집합적인 주제들이 저장되어 있다. 융에 의하면 출생과 죽음, 고대의 신화와 같이 남신과 여신, 신성한 존재와 악마, 영웅과 악인, 태양이나 강 따위의 자연의 대상 등 수많은 태고유형(太古類型)이나 원형(原型)들이 포함되어 있다. 우리가 집단무의식에 대해서 개인적으로 인식하든 모르든 간에 그것들은 살아 있으며, 창조적이거나 파괴적인 방식으로 우리의 삶에 영향을 미친다.

　나는 상담을 진행하면서 사람들이 가진 의식의 밑바닥에 거대하게 숨어 있는 우리 민족 고유의 집단무의식을 접할 때면 때때로 상담과 치유 자체에 한계를 느낄 때가 많다. 우리 민족이 가진 집단무의식 중에서 가장 크게 사람들에게 영향을 주는 것이 있다면, 그것은 아마도 공동체의 집단의식과 피해의식, 시기심일 것이다.

공동체의 집단의식

공동체의 집단의식은 분리되어 있지 못하고 엉겨 있는 의식이라고 할 수 있다. 과거 유교의 전통과 생존을 위한 공동체 중심의 우리네 삶은 우리로 하여금 사회라는 공동체와 사회 성원이 만든 집단적 가치에서 이탈되거나 벗어나는 것을 두려워하거나 용납하지 않았다. 그래서 우리는 몸은 홀로 떨어져 있는 것 같지만 의식은 집단의 무리에서 잠시도 떨어지지 않으려고 애쓴다. 우리가 가진 공동체의 집단의식은 서로 엉겨 붙은 끈끈한 에너지의 덩어리가 되어 개인의식을 허용하지 않으면서 우리 모두를 피해자로 만드는 역할을 하기도 한다.

거대한 공동체의 집단의식 안에서 개인의식은 힘없이 이리 치이고 저리 치이면서 자신이 누구인지 잊어버리기 쉽다. 어릴 때 우리는 자아의식이 약하기 때문에 어른들이 만든 얘기와 가치에 쉽게 함몰되거나 최면당하기 쉽다. 가족 구성원 안에서 부모들은 때때로 아이들에게 공동체의 집단의식에서 벗어나지 못하도록 죄책감과 두려움을 주입하기도 한다.

상담을 받는 학생들에게 때때로 왜 공부하는지 물어보면, 대부분의 학생들은 잘살려고 공부하며 공부를 잘해야 자신이 원하는 직업과 선택의 기회가 많이 주어지기 때문이라고 대답한다. 공부에 대한 이런 집단적 의식은 공부의 궁극적인 목적이 자신을 바르게 알아가는 것이 아니라 단순히 지식의 암기나 시험 결과치가 되기 쉽다. 성취와 수단으로 두려움과 경쟁을 심어주는 교육은 아무리 많은 것을 배워도 삶을 지혜롭게 하거나 행복하게 만들지는 못한다. 진정한 공부는 자신이 되는 과정이다. 우리의 교육은 스스로 자신을 바로 알고 자신이 되는 법을 가르치는 것이 아니라, 외부에 보이는 동일한 목적과 성취를 위해서 개성을 무시하는 획일적인 방향으로 치닫고 있다. 이런 교육의 암시와 최면은 스스로 공동체의 집단의식에서 빠져나오거나 분리되는 것에 큰 두려움과 불안을 느끼게 만들고 홀로 있지 못하게 한다.

공동체의 집단의식은 때때로 성인 남자들이 예비군복만 입으면 일탈행동을 쉽게 하듯이 집단의 무리에 묻혀 스스로의 행동에 책임지지 않으려는 마음을 낳기 쉽다. 또한 이런 의식은 개인이 되려는 사람을 집단의 이기로 몰아붙이거나 왕따나 따돌림으로 집단에서 소외시키기도 한다. 하지만 공동체의 집단의식에 함몰되면, 독일의 유대인 학살이나 일본의 위안부 문제와 같이 집단 구성원들 각자는 자신의 행동에 대한 책임과 양심이 무뎌지는 경우가 많다. 그리고 공동체의 집단의식 안에서는 가족이나 사회라는 집단이기심이 우선하기 때문에 개인의 욕망을 드러내기 힘들어 항상 내 것이 없다는 피해의식을 키우기 쉽다.

사랑과 자유는 진정으로 공동체의 집단의식에서 분리되어 자기 자신으로 존재할 때 생겨난다. 그것은 개인을 더욱 소중히 여기고 남에게 인정받기 위해 스스로를 포장하지 않아도 되기 때문이다. 그러기에 수많은 예술가와 수행자, 발명가들은 집단에서 홀로 떨어져 있으려 했다. 외로움은 자기 자신이 되는 지름길이지만, 우리는 공동체의 집단의식에 너무나 함몰되어 있어 홀로되는 외로움을 두려워하거나, 집단에서 벗어날 때 자신이 버림받았다고 착각한다. 가족이나 단체와 같이 공동체의 집단의식에서 스스로 자신이 누구인지 알지 못하고, 집단 속에서 개인으로서의 '나'를 분리하지 못한다면, 우리는 자기 것이 아닌 것을 붙들고 삶을 낭비하거나 남에게 무의식적으로 끌려다니는 삶을 살 수밖에 없다.

집단적 피해의식

우리가 지닌 공동체의 집단의식은 서로 엉겨 붙어 책임을 회피하거나 개인의식을 용납하지 못함으로써 집단적 피해의식을 만드는 원천이 된다. 예로부터 우리나라는 주변국으로부터 외침을 자주 받았기에 우리 민족의 무의식 속에는 스스로 주도적인 역할을 하지 못했고 주인이 되지 못했다는 집단적 피해의식이 깊이 뿌리박혀 있다. 이런 집단적 피해의식은 스스로 삶의 주체가 아니라고 느끼는 마음이며, 상대는 힘이 있고 자신은 힘이 없기 때문에 스스로를 지키지 못했다는 마음에서 생겨난다.

집단적 피해의식의 밑바닥에는 항상 자신이 당했다는 마음 때문에 분노의 감정이 도사리고 있다. 이런 피해의식은 개인을 무력하게 만들고, 긍정성보다는 부정성으로 사물을 보게 하며, 자신감을 꺾어버린다. 결국 집단적 피해의식에 빠지게 되면, 자신은 아무것도 할 수 없는 양 믿게 되고 다른 사람에게 책임을 떠넘기거나 부족감 속에서 살게 된다.

집단적 피해의식은 스스로 삶을 주도하거나 창조하려 하지 않으며, 과거의 상처와 부정적 경험을 붙들고만 있을 뿐 앞으로 나아가려고 하지 않는다. 그리고 상대적 비교와 박탈감을 키우며, 공존의 관계를 키우기보다는 상대를 이기는 데만 초점을 맞추게 하여 관계의 교류를 파탄시키는 중요한 원인이 된다. 우리 민족의 내부 무의식에 깊게 각인된 공동체의식에서 파생된 집단적 피해의식은 결국 대화와 소통의 민주주의를 후퇴하게 만들기도 한다.

시기심

우리 속담에 "사촌이 논을 사면 배가 아프다."는 말이 있다. 우리는 남이 잘되는 것을 칭찬하고 격려하기보다는 상대의 성과를 보이지 않는 곳에서 깎아내리거나 뒤담화를 하는 경우가 많다. 공동체의식 안에서는 집단의 것이 우선되고 내 것이 없기에 항상 집단적 피해의식에 휩싸이거나 부족감을 느낄 수밖에 없다. 우리가 살아오면서 충분한 인정을 받거나 진정으로 만족한 경험을 가져보지 못했다면 남을 인정하기가 쉽지 않을 것이다.

부족감이 만든 사회적 질투인 시기심은 긍정적이고 진취적인 삶을 막아버리고, 내가 가지지 못하면 상대도 가져서는 안 된다는 부정성 속으로 모두를 몰아넣으려 한다. 시기심은 부정적인 비교심에서 나오는데, 이것은 다른 사람은 모두 안정적이고 정상적인데 자신은 결함이 많고 부족하다고 느끼는 집단적 피해의식에서 비롯된다.

스스로 자신을 인정하지 못하고 상대와 비교할 때 우리는 불행할 수밖에 없다. 왜냐하면 비교는 대부분 자신이 가진 긍정적인 부분을 남과 비교하기보다는 자신의 못나고 부족한 부분에 초점을 맞추기 때문이다. 그러기에 시기심을 유발하는 어떠한 비교도 결국 스스로를 초라하고 외롭게 만들 뿐이다.

사회적 질투인 시기심의 내면에는 불안이 도사리고 있다. 사랑보다 두려움을 조장하는 우리 사회의 집단무의식은 사물과 실체를 볼 때 긍정적이고 열린 마음으로 보게 하기보다는 뒤틀리고 편협한 시각으로 보게 만든다. 불안의 감정은 상황을 전체로 인식하지 못하고 자기중심적으로 해석하여 타인을 인정하지 않으려 한다. 그래서 시기심에 붙잡힌 사람들은 자신보다 능력이 있거나 뛰어난 사람들 앞에서는 웃으면서 칭찬하지만, 그들이 없는 뒤에서는 상대를 깎아내리거나 험담을 자주 한다. 시기심은 스스로 자신에 대한 인정과 존중감이 부족한 사회에서 외면적으로 상대보다 우월하려는 마음이 만든 집단무의식의 구조적 모순에서 일어난다.

　많은 사람들이 때때로 자신이 가진 마음이 진실로 자신이 원하는 것인지 확인도 하지 않은 채 집단무의식에 함몰되어 앞으로만 달려가는 경우를 상담현장에서 많이 보게 된다. 우리는 "남이 시장에 가면 나도 시장에 간다."는 속담처럼 남을 따라 살지 않으면 안 된다고 생각하여 불안해하거나 뒤쳐지지는 않을까 두려워한다.

　얼마 전에 간암으로 죽은 대학교 후배가 생각난다. 그는 법대를 졸업하고 고시공부를 하였지만 집안 사정으로 중도에 포기하고 서울 강남의 대치동에서 학원을 운영했다. 중학교, 고등학교, 대학교, 그리고 고시공부, 또다시 강남에서 돈을 벌기 위해 그는 쉬지 않고 열심히 살았다. 작년에 만났을 때 그는 조금만 더 열심히 하면 본인이 원하는 삶을 살게 될 거라고 호언장담했다. 하지만 올해 초 갑자기 오른쪽 옆구리가 아파 병원에 가서 엑스레이 검사를 했는데, 의사가 큰 병원에 가보라고 했다. 그는 대학병원에서 간암 진단을 받고 간의 70%를 절제하는 대수술을 했다. 수술 후 조금 호전되는 듯하더니 갑자기 암이 재발하여 사망했다.

　그는 죽기 얼마 전에 내가 보고 싶다며 전화를 했다. 병문안을 가보니 몇 개월 사이에 그는 바짝 말라 있었고 힘없는 얼굴을 하고 있었다. 그는 나의 손을 꼭 잡고 자신의 인생이 후회스럽다고 했다. 이렇게 사는 것이 성공한 삶인 줄 알았는데 몸이 망가지니 모든 것이 허망하다고 했다. 그의 인생은 지옥 같았다고 했다. 끊임없이 압박하는 집단적 푸쉬(push)에 앞으로 달려가야만 잘 사는 줄 알았다고 했다. 나의 손을 잡은 그는 눈물을 글썽거렸고, 그의 힘없는 손이 안타까워 나 또한 눈물을 흘렸다. 그는 건강해지면 명상도 하며 자신을 위해 편안한 삶을 살겠노라고 다짐하였지만, 얼마 지나지 않아 41세의 짧은 생을 마감하고 말았다.

때때로 우리는 집단무의식에 너무나 함몰되어 자신이 누구인지, 자신의 인생이 어디로 흘러가는지 잊어버리는 경우가 많다. 삶은 각자의 영혼이 만드는 창조의 작업이지만, 개인의 고유성을 잃어버린 삶은 불안과 두려움만 가득 차게 된다. 스스로 선택하고 그 선택에 책임을 지면서 자신만의 길을 만들어가는 것이 성숙한 삶의 태도일 것이다. 그럴 때 행복과 자유는 비로소 열리게 된다.

3

상처가 만든 거짓 나

이렇게 역할과 이미지와 습관의 부정적 패턴이 모여서

외부에 가짜 '나'를 만들어낸다. 하지만 가짜 '나'는 두려움 때문에

외부에 초점을 맞추어 진실한 감정을 무시하거나 속이게 된다.

이때 나타나는 증상이 신경증이나 성격장애이다.

신경증은 외부 문제와 고통을 스스로 내재화하여 필요 이상으로

죄의식이나 죄책감을 수용하는 마음이며, 성격장애는 문제를 외부로 투사하여

자신에게는 문제가 없고 외부가 잘못되었다고 생각하는 마음이다.

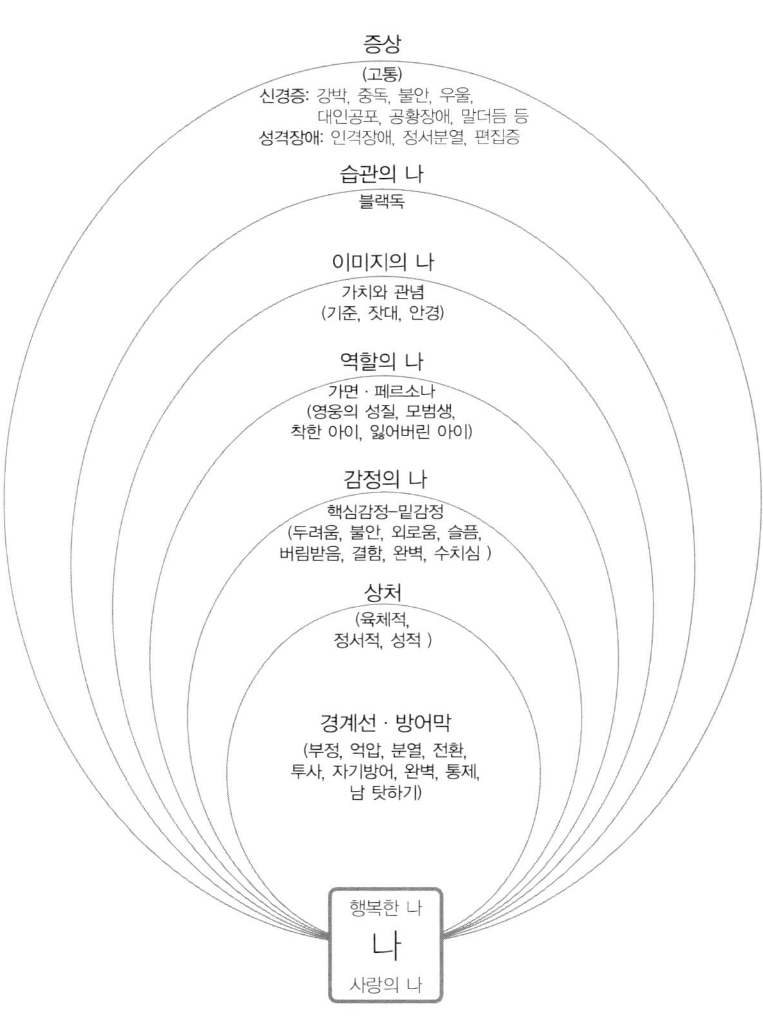

그림 2 :: **상처가 만든 '거짓 나'의 모형**

왼쪽 그림 2의 네모 속 '나'와 같이 우리의 영혼은 원래 사랑을 가진 존재로 태어난다. 하지만 성장하면서 아이는 부모의 학대나 방치, 사랑하는 사람이나 부모의 사망이나 이혼, 그들의 비교와 무시, 때로는 성폭력과 성추행 등과 같은 신체적, 정서적, 성적인 다양한 상처의 경험을 갖는 경우가 많다. 이런 상처의 경험은 힘없고 약한 어린아이에게 자신을 지키는 경계선을 침범하여 삶을 위협하고 두려움을 키우게 만든다. 두려움 안에서 상처받은 어린아이는 다시는 상처받지 않고 안전하게 생존하려는 목적으로 자신의 진실한 감정을 숨기거나 마음의 한구석에 가두고, 외부에는 보다 멋지고 다른 사람에게 수용되기 좋은 역할의 '나'를 만들어낸다.

상처받은 아이는 역할의 '나'로 포장함으로써 진실한 감정은 잃어버리고, 외부에 보여주는 역할 안에서 자기를 통제하고 억압하는 가짜 삶을 살게 된다. 착한 아이, 모범생, 애어른, 책임감 강한 아이, 가족의 카운슬러, 문제아, 부모가 원하는 삶에 맞추는 부모의 희생양, 자신의 욕구나 원함을 드러내지 못하는 잃어버린 아이, 엄마의 기쁨, 피해자, 심각한 아이, 성취하려는 아이, 귀염둥이, 보호자, 가족의 영웅, 눈치 보는 아이 등 이러한 역할을 자신의 정체성으로 고착화할수록 내면의 자존감은 심각한 상처를 입게 된다.

역할을 유지하고 방어하려는 시도는 심신의 건강이나 관계에 많은 문제를 일으킨다. 이때 느껴지는 내적인 공허감이나 허전함을 술이나 도박, 섹스, 쇼핑, 음식, 인터넷, 종교 등에 의존하여 해소하려 함으로써 중독으로 이어지기도 한다. 역할의 '나'는 또한 그 외부에 역할을 유지하기 위한 신념체계로서 이미지의 '나'를 만들어낸다.

이미지의 '나'는 다른 사람에게 좋은 인상을 유지하기 위해 만든 믿음체계에 따라 자신을 통제하고 완벽해지려는 마음이다. 이런 고착화된 이미지를 유지하려는 마음은 자신이나 외부를 이미지의 기준에 따라 통제하려 하고, 뜻대로 되지 않을 때 외부를 강하게 비난하거나 저항하는 요인이 되기도 한다. 이미지가 만든 '나'는 다른 사람과의 관계에서 상대를 자기가 원하는 이미지에 억지로 끼워 맞추려 하기도 한다.

이러한 역할과 이미지의 반복은 습관화된 내적 패턴을 만들게 된다. 의식과 무의식 깊은 곳에서 내재화된 습관은 반복될수록 뿌리가 더욱 깊어진다. 습관은 현실과 상황의 두려움으로부터 자신을 방어하기 위해 역할과 이미지의 욕망을 반복함으로써 마음으 패턴이 자동화되어버린 것이다. 습관은 의식하기도 전에 에너지를 소모하지 않고도 저절로 행동하거나 감정에 사로잡히게 만든다. 습관은 원래 갖고 태어난 것이 아니라 삶의 과정에서 습득되고 체득된 것들이다.

상처받은 내면아이가 일으키는 감정의 부정적 패턴과 습관을 이해하지 못한 채 외부에서만 변화를 시도하거나 개선하려는 노력은 무의식의 습관에 부딪혀 성과를 내지 못하는 경우가 많다. 그래서 긍정심리학이나 성공학에서는 습관을 제2의 천성과 마찬가지로 취급하여 가장 변화시키기 어려운 문제로 인식하면서 작은 습관의 변화가 그 사람의 운명 전체를 결정한다고도 한다. 그러기에 새로운 변화는 외형의 변화가 아니라 내면화된 무의식의 습관을 바로 이해하고 변화시키는 것이며, 그럴 때 비로소 질병과 고통의 실제적인 치유가 일어난다.

이렇게 역할과 이미지와 습관의 부정적 패턴이 모여서 외부에 가짜 '나'를 만들어낸다. 하지만 가짜 '나'는 두려움 때문에 외부에 초점을 맞추어 진실한 감정을 무시하거나 속이게 된다. 이때 나타나는 증상이 신경증이나 성격장애이다.

신경증은 외부 문제와 고통을 스스로 내재화하여 필요 이상으로 죄의식이나 죄책감을 수용하는 마음이며, 성격장애는 문제를 외부로 투사하여 자신에게는 문제가 없고 외부가 잘못되었다고 생각하는 마음이다.

감정은 생각이나 사고와는 달리 즉각적인 느낌을 통한 경험의 형태로 다가온다. 감정을 경험할 때 우리는 신체와 접촉하므로 감정은 인간을 움직이는 가장 근본적인 힘이기도 하다. 감정은 우리의 기본적인 욕구가 위협받고 있음을 표현하거나 삶을 풍성하게 만드는 원동력이기도 하다.

어릴 때 심리적 외상을 동반한 상처의 경험은 불안, 분노, 슬픔 등의 감정을 다시는 느끼지 않으려 감정의 통로를 막아버리거나 억압하게 한다. 이때 억제된 감정의 통로는 기쁨과 즐거움의 긍정적인 감정까지도 막아버린다. 또한 상처의 신체적, 정신적 충격은 무의식의 내면에 해결되지 못한 슬픔의 응어리를 채워서 감정을 얼어붙게 만든다.

이렇게 표현되지 못하고 해결되지 못한 채 억압된 감정을 심리학에서는 '초기 고통'이라고 부른다. 억압된 감정은 고통을 느끼지 않으려는 방어수단이며, 근육을 긴장시켜 모든 감정들을 무감각하게 만드는 원인이 되기도 한다. 우리가 어릴 적 최초의 상처받은 고통으로 다시 돌아가서 억압된 감정을 다시 경험할 수 있을 때, 해결되지 않은 감정의 응어리는 눈물과 함께 녹아내리면서 치유가 이루어진다.

대인공포나 강박증, 우울증과 같은 신경증은 스스로 반복하려는 충동을 가지고 있다. 어릴 때 상처나 고통으로 인하여 그것이 무의식 안에 핵심적인 인격요소 혹은 핵심감정으로 자리 잡게 되면, 이후에 일어나는 비슷한 상황을 경험할 때, 핵심감정은 해석의 필터로 작용하여 어린 시절의 초기 반응과 똑같은 반응을 반복해서 나타나게 한다. 실제로는 아주 사소하고 아무것도 아닌 일에도 핵심감정이 개입되면 지나치게 격렬한 감정으로 반응하게 만든다.

"세 살 버릇 여든까지 간다."라는 말처럼 어렸을 때 상처나 고통에 의해 형성된 습관과 정서적, 일상적인 태도는 표면의식의 바로 아래에 있는 잠재의식에 내재되어 밑감정 또는 핵심감정으로 자리 잡게 된다. 이런 핵심감정은 무의식적으로 스스로를 고통과 두려움으로부터 보호하기 위해 당연하다고 믿는 가치체계를 감정 안에 포함하고 있다. 잠재의식에 내재된 핵심감정을 이해하지 못하면, 우리는 세상을 있는 그대로 보는 것이 아니라 핵심감정에 투영된 신념체계의 거울을 통해 보게 된다.

세상을 바라보는 두려움이나 불안, 허망함과 외로움 등은 실제가 아닌 핵심감정에 투영된 생각인 경우가 많다. 어린 시절의 상처와 고통으로 감정이 무감각해지거나 억압되어 느껴지지 못하고 해결되지 않은 채 남아 있으면, 감정은 밖이나 안으로 투사될 수밖에 없다. 신경증 가운데 강박행동은 핵심감정을 느끼지 않기 위해 생각으로 삶을 통제함으로써 스스로 무감각해지려는 시도이며, 우울은 억압된 핵심감정의 부정적 인식패턴으로 인한 무력감과 생명력의 저하로 나타난다.

핵심감정을 느끼지 않으려는 자아의 방어기제는 불안과 고통을 우회하지만, 그것은 신경증이나 다른 형태로 드러나게 마련이다. 우리는 모든 감정을 느낄 수 있을 때 살아 있음을 느낄 수 있다. 감정은 우리에게 필요성, 상실감, 포만감 등 우리 몸에서 오는 신호를 전달해주어 필요한 욕구를 얼마나 채우고 있는지를 인식하게 한다.

우리가 매번 똑같이 반복되는 핵심감정의 습관에 사로잡힐수록 그것은 더욱 자주 우리를 찾아와 인간관계와 일, 그리고 우리 자신의 기본적인 자아상에 혼란을 일으킨다.

자신 안의 핵심감정 찾기

- 내가 평소에 자주 느끼는 감정은 무엇인가?
- 대인관계의 갈등 상황에서 주로 어떤 감정이 일어나는가?
- 혼자 있을 때 자주 일어나는 감정은 무엇인가?
- 가까운 사람에게 사랑이나 인정을 받지 못했을 때 어떤 느낌이 드는가?
- 어린 시절 힘들었던 기억과 그 기억 속에서 떠오르는 느낌은 무엇인가?
- 자신의 삶 전체를 하나의 감정으로 표현한다면 무슨 감정일까?

핵심감정의 사례

여기에 소개하는 사례들은 저희 상담 사이트에 올라온 질문들과 답한 글들 가운데 일부를 골라 핵심감정에 맞추어 정리한 것들이다.

분노의 감정

 화병이라고 해야 하나요? 속에서 뭔가가 부글부글 끓고, 그러다 애꿎은 다른 사람에게 화풀이를 합니다. 어려서부터 "넌 못한다, 넌 안 된다."는 소리를 많이 들어서인지 무슨 일을 할 때마다 자신감이 없어요. 겁도 나고요.

엄마는 제가 다니는 직장에 대해서도 "너 거기 왜 나가냐?"고 말씀하세요. 지난 일 년 동안이나 다닌 직장인데도 말이에요. 제가 남자친구든 누구든 옆에 있는 사람을 못살게 구는 것도 그래서인가봐요.

전 왜 그러는지는 모르겠는데, 누군가와 전화 연락이 안 되면 미쳐버릴 것 같아요. 정말 속이 부글부글 끓어서 누굴 만나질 못하겠어요. 어느 누가 말을 걸어도 화가 나고 짜증이 나요. – 다홍

안녕하세요, 다홍님.

속에서 뭔가가 부글부글 끓고, 만만한 남자친구를 못살게 굴고, 전화 연락이 되지 않으면 미쳐버릴 것 같은 분노의 감정과 짜증은 누구를 향한 것일까요? 대부분 분노의 감정 뒤에는 두려움이 있지요. 님은 무엇을 두려워하기에 누가 말을 걸어도 짜증이 나고 화가 나는 것일까요? 분노가 애꿎은 다른 사람에 대한 것이 아니라면 님은 진실로 누구에게 화가 나 있는 것일까요?

아마 님은 어려서부터 부정적인 비교나 평가 때문에 힘들었을 것입니다. 인정받고 싶고 지지받고 싶었지만 가장 가까운 엄마에

게 들은 "넌 안 돼, 넌 못할 거야."라는 말들은 님의 무의식에 엄청난 상처와 분노로 자리 잡고 있을지도 모릅니다. 사랑받지 못한 마음은 자신을 좋아할 수 없고 다른 사람도 사랑하기 힘들게 합니다. 어릴 적 칭찬과 지지를 받고 자란 마음은 자연스럽게 자신을 사랑하며, 스스로를 받아들이는 자신감의 원천이며, 삶에 적극적이고, 두려움을 향해 용기 있게 나아가는 힘이 됩니다. 하지만 지지받지 못한 마음은 삶을 두려워하고 방어하려 하기에 외부 관계를 짜증과 분노로 대응하기 쉽습니다.

님의 짜증과 분노 뒤에는 사랑받고 싶고 인정받고 싶은 마음이 숨어 있을 수 있습니다. 전화 연락이 되지 않을 때 미쳐버릴 것 같은 마음은 상대를 잃고 싶지 않은 두려움이거나, 상대를 내 뜻대로 통제하려는 마음, 또는 버림받는 것에 대한 두려움일 수도 있습니다.

어릴 때 엄마에게 받은 비교와 부정의 상처는 암시와 최면이 되어 무의식의 깊은 곳에 저장되어 있습니다. 이런 부정적 암시와 최면이 치유되지 못하고 이해되지 못하면, 현실을 왜곡하거나 반복되는 고통에 빠지게 됩니다. 부모에게 받은 무의식의 분노를 만만한 남자친구나, 나보다 약하거나 친한 사람에게 표출하게 되지요. 나중에 결혼하게 되면 부모가 준 것과 똑같은 상처를 자녀에게 대물림하기도 합니다.

먼저, 화가 나 있는 님 안의 상처받은 감정을 이해할 필요가 있습니다. 무시당한 무의식의 자존감을 사랑으로 이해해줄 필요가 있지요. 내 감정, 내 인생이기에 이제 더 이상 미루지 말고 자신을 향한 발걸음을 시작할 필요가 있습니다. 누구를 탓하거나 원망한

다고 해서 삶이 변하거나 좋아지지는 않습니다. 분노는 단지 님의
두려움일 뿐입니다.

강박을 일으키는 불안감정

 심한 강박증으로 이렇게 글을 올립니다.

2년 정도 약물치료를 받고는 있지만 도대체 진전이 없네요. 나
름대로 긍정적으로 생각하면서 열심히 살고 싶은데 너무 힘드네
요. 저 자신이 싫을 때도 너무 많고요. 전부터 다른 강박증이 있었
지만 요즘은 사람을 해치지 않을까 하는 강박적인 생각으로 너무
힘들어요. 하수구처럼 사람을 안으로 밀어 넣을 수 있는 구멍만 보
아도 옆에 있는 분을 제가 그 쪽으로 밀어 넣지 않았을까 하는 생
각이 강박적으로 듭니다.

최근에 어머니랑 등산을 갔습니다. 절이 있기에 잠깐 쉬었다 가
려고 했는데, 그곳에 쓰레기를 연소시킬 수 있는 큰 굴뚝이 있더라
고요. 중간쯤에 구멍이 뚫려 있었는데, 갑자기 그 속으로 어머니를
밀어 넣지 않았나 하는 생각이 떠올랐습니다. 그 순간 다른 긍정적
인 생각을 했지만, 그게 너무 깊숙이 제 뇌 속에 저장이 되더라고
요. "지금은 그 구멍으로 내가 어머니를 완전히 밀어 넣었다."는
생각으로 힘이 듭니다. 전부터 비슷한 장소, 비슷한 상황에서 어머
니를 해치지 않았을까 하는 생각이 떠나지를 않네요.

저 자신도 구멍을 보면 "갑자기 생각이 또 들었구나. 전부터 이
런 생각들이 있었고, 이건 그냥 생각일 뿐이야."라고 하지만, 글을

쓰는 지금도 너무 불안하고 온통 머릿속에는 이 생각 때문에 너무 불안합니다. 물론 어머니께서도 제가 강박증이 심한 걸 알고 많이 이해해주셔서 제 생각을 듣고는 그렇지 않다고 말씀해주셨지만 여전히 불안합니다. 옆에 계신 어머니의 말씀이 정말 맞나 의심하는 생각이 들고 정말 미치겠습니다. 이런 생각들을 하기 싫어서 될수록 긍정적인 마음으로 바꾸어도 전혀 변함이 없네요.

왜 구멍이 뚫린 위험한 장소나 어떤 건물 내부를 보면 이런 생각이 미치도록 드는지 모르겠어요. 어머니와 함께 있을 때 그 순간에 침투하는 생각을 제어할 수가 없네요. 정말 열심히 살아서 부모님께 효도해드리고 싶고, 하고 싶은 일도 너무 많은데, 이 생각들 때문에 너무 힘드네요. 조금이나마 도움을 주시면 정말 감사드리겠습니다.

마지막으로, 제가 그런 장소를 피할 수도 없는 거고, 그렇다고 집에만 있을 수도 없는데, 이런 생각이 들어도 계속 부딪치면서 이겨내야 되나요? – 태양

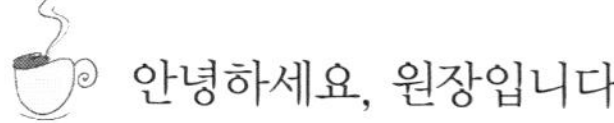 안녕하세요, 원장입니다.

태양님께서 그동안 나름대로 강박증에 대해서 약물치료와 정신과 치료를 받아온 것으로 알고 있습니다. 물론 약물치료가 도움이 되는 것은 사실이지만, 마음의 고통에 대한 근본적인 것은 약물을 통한 호르몬과 뇌신경의 조절만으로는 벗어날 수 없습니다. 현재 의식에서 아무리 긍정적인 생각을 하려고 해도 마음의 밑바닥과 무의식에서 올라오는 부정적인 생각을 어찌할 수는 없지요. 강박

증으로 고생하시는 많은 분들을 저희 센터에서 상담해본 경험에 비추어볼 때, 님은 삶의 모든 것을 너무나 생각으로 통제하려고 하는 것 같습니다.

생각은 생각일 뿐인데, 님은 생각과 사실 또는 감정과 실제의 구분이 모호한 것 같습니다. 생각은 어떤 형태로든 일어날 수 있습니다. 하지만 님은 나쁜 생각이나 잘못된 생각이 일어나는 것을 인정하거나 받아들이지 못하고, 그 생각을 통제하려 하거나 그런 생각을 하는 자신을 받아들이지 못하는 것 같습니다.

생각은 아무 잘못이 없습니다. 어떤 생각도 일어날 수 있기에 그냥 내버려두면 일어난 것과 같이 자연스럽게 사라지지만, 님은 생각을 붙잡고 놓지 않으면서 실체 없는 적과 싸우는 데 삶의 중요한 생명력을 써버리고 있는 것 같습니다.

태양님의 삶은 어쩌면 긴장의 연속일 것입니다. 님은 어릴 적부터 아마도 생존을 위해서 좋은 사람, 착한 사람이 되어야 한다고 많은 교육과 암시를 받았을 것입니다. 이런 암시는 님의 내면에 있는 분노와 공격성의 자연스러운 흐름을 억압하고 외면했을 수 있습니다. 생각으로 생각을 통제할 수는 없습니다.

태양님이 초점을 두어야 할 것은 외부에 드러난 강박이라는 증상을 없애거나 통제하는 것이 아니라, 강박을 일으키는 내면의 고통과 불안을 이해하는 것입니다. 강박증은 불안한 내면의 고통을 해결해달라고, 봐달라고 소리치고 표현하고 있을 뿐입니다.

증상을 없애려고 하기보다는 자신의 마음이 왜 힘들었는지를 이해하고 그 마음을 받아줌이 강박치유의 시작이 될 것입니다. 그러기에 강박증상에 초점을 맞추어 변화를 구하기보다는 자신에 대한 이해와 사랑에 초점을 맞춘다면, 자신이 일으키는 생각을 좀더 편안하고 따뜻하게 바라볼 수 있지 않을까 합니다. 님의 강박증 해결에 어떤 외적인 방법과 노력(약물치료와 긍정적 사고)이 도움이 될 수는 있지만, 근본적인 문제는 외적 방법이 아니라 자신의 존재에 대한 수용과 인정의 문제입니다.

그동안 님은 나름대로 강박에서 벗어나려고 많은 노력을 해오셨지만, 강박이 없어지지 않고 오히려 더욱 커지거나 다른 강박 증상으로 변화하고 있습니다. 강박에서는 고통을 벗어나려는 마음 자체가 집착이 되어 강박의 생각을 더욱 강화시킬 수도 있습니다.

그러기에 마음의 문제와 고통을 변화시키는 가장 큰 힘은 그 힘듦을 없애려는 노력이 아니라, 그 힘듦에 대한 이해와 인정과 수용입니다. 먼저, 생각은 실제가 아니라 머리와 사고가 만든 허상임을 깨어 있는 마음으로 이해해야 합니다. 그리고 그 가짜의 주관적 환상에 힘을 실어주어 싸우기보다는 그것을 이해와 관심으로 수용하여, 강박을 일으키는 자신 안의 불안함을 회피하지 말고 느낄 수 있는 용기가 필요합니다. 느끼라는 의미는, 불안이 일어날 때 불안감에서 벗어나려 하거나 회피하려 하지 않고, 불안감 그 자체를 몸에서 느끼며 그 느낌 속에 가만히 있어보라는 것입니다.

자신의 생각과 싸우지 마십시오. 생각으로 생각을 넘어설 수는 없습니다. 생각과 사고의 구조에서 벗어나려면 실제(감각과 행동)를 느끼면 됩니다. 이해와 노력이 또 다른 생각과 방법을 찾는다면 모양만 바뀔 뿐 강박은 없어지지 않습니다. 문제는 자신 안의 해결

되지 못한 고통과 상처이기에 외부 조건의 변화는 치유에 조금의
도움이 될 수는 있지만 근본적 변화는 될 수 없습니다.

님의 강박증은 감당하기 힘든 책임감과 현실의 문제를 회피하기
위해 생각으로 삶과 문제를 통제하려는 마음 때문입니다. 문제는
'나'이지 바깥이 아닙니다. 외부에 증상으로 드러난 강박을 문제로
삼는 것은 스스로 삶을 책임지지 않으려는 회피가 되거나 변명거
리가 될 뿐입니다. 자신을 바르게 이해하는 것이 강박의 최면에서
벗어나는 진정한 길입니다. 감사합니다.

역할의 나

우리는 삶의 무대에서 수많은 배역과 역할을 수행하고 있다. 하지
만 연극 속의 역할은 연극이 끝나면 벗어버려야 함이 당연한데도
연극 속의 배역에 빠져서 그 역할을 삶 속에까지 연장하려 한다면
삶은 혼란에 빠질 수밖에 없을 것이다. 삶의 역할은 우리에게 삶
을 누릴 수 있는 기회와 새로운 도전 그리고 창조를 경험할 수 있
는 장을 제공하기도 하지만, 유연하지 못한 역할의 고정은 자신뿐
만 아니라 주위 사람들까지도 힘들고 불편하게 만들 수 있다.

역할은 외적인 역할과 내적인 역할로 나눌 수 있다. 앞에서 소
개한 40대 지연 씨의 경우, 그녀는 집에서는 아이의 엄마이자 주
부이며, 직장에서는 과장으로서 직장의 상사이자 부하이다. 그
리고 친정에서는 딸이자 형제이며, 친구에게는 가까운 친구로서
의 역할을 한다. 이런 외적 역할은 외적 신분의 변화에 따라 쉽

게 자신의 역할을 바꿀 수 있지만, 내적 역할은 외적인 신분이 달라지더라도 쉽게 변화되지 않고 고정되는 경우가 많다. 예를 들어, 지연 씨의 경우처럼 책임감 강한 사람이나 모범생, 착한 사람이라는 내적 역할을 자신의 진짜 캐릭터인 양 붙들고 놓지 않으려 할 수도 있다.

내가 어떤 역할들을 하면서 살아왔는지 찾아보고, 그 역할을 하게 된 동기를 알아보자.

나의 역할들

모범생, 눈치 보는 아이, 피해자, 부모의 부모, 거짓말쟁이, 심각한 아이, 가족의 카운슬러, 아빠의 희생양, 엄마의 희생양, 아픈 아이, 걱정거리, 착한 아이, 아빠의 기쁨, 엄마의 기쁨, 바보짓 하는 아이, 있으나마나한 아이, 왕따, 완벽한 아이, 반항아, 애어른, 종교적인 아이, 영악한 아이, 사고뭉치, 귀염둥이, 책임감 강한 아이, 성취가 높은 아이, 성취가 낮은 아이, 아빠의 친구, 가해자, 공주, 지정된 환자, 문제아 등.

이러한 역할을 하게 된 동기는 무엇인가?

- 부모님 간의 관계는 어떠했는가?
- 부모님과 나의 관계는 어떠했는가?
- 형제와 나의 관계는 어떠했는가?
- 자신이 주로 많이 한 역할은 무엇인가?

나의 역할과 동기에 대한 예

나의 역할	역할을 하게 된 동기
모범생	선생님, 친구들로부터 인정받고 칭찬받고 싶어서
엄마의 희생양	엄마가 아빠와 잦은 싸움을 하며 받은 스트레스를 나를 혼내는 것으로 풀어서
착한 아이	시키면 순종적으로 따르는 편이었고 사람들의 칭찬을 받으니까
종교적인 아이	나의 모든 고민을 해결해주실 분은 하나님밖에 없었으니까

우리는 어릴 때부터 가족 안에서 사랑과 인정을 받기 위해서, 때로는 생존하기 위해서 특정한 역할을 배우며 자라왔다. 고정되고 경직된 역할의 수행은 자신을 방어하거나 보호하는 수단으로서 외적인 가면의 삶이나 포장된 자기 정체성을 만들 위험성이 많다. 고정된 역할은 흔히 주위에서 받아들여지거나 사랑받지 못해서 생긴 상처와 관계가 있다.

특히 역기능의 가정에서 부모가 자녀를 잘 양육하지 못하거나 부부 사이에 불화가 심할수록, 또는 부모 스스로 어릴 적 내면의 상처가 치유되지 않았거나, 부모가 자녀를 소유물로 여겨 자기 방식대로 대하거나, 어릴 때부터 자녀가 받은 상처가 클수록 자녀는 가족 내에서 자신의 역할을 더욱 고집하게 된다. 또한 역기능의 가족 내에서는 부모가 자신의 해결하지 못한 문제를 자녀에게 떠넘기거나, 자녀 스스로 가족체계의 안전을 유지하기 위해서 역할을 떠맡게 되는 경우도 많다.

역할이 고착화될수록 우리는 역할과 자신을 동일시하게 되며, 자신의 진실한 감정과 진정한 나를 잊어버리고 거짓된 삶을 살게 된다. 그러기에 고정된 역할 속에 갇힌 삶은 진정한 기쁨과 행복의 경험을 누리지 못한 채 내면에 공허감을 키우는 경우가 많다. 어릴 적부터 가족 안에서 어떤 역할을 수행해왔는지 알게 되면, 내면의 상처와 무의식의 장애물을 보다 쉽게 이해할 수 있을 것이다. 역할의 삶은 어릴 때 부모로부터 학습되거나 상처가 만든 것이기에 진실을 외면한 가면의 삶이 되거나 내면을 빈껍데기로 만들기도 한다.

역할의 '나'는 자신의 생명과 원래의 자기 모습을 팔아서 다른 사람의 사랑과 인정을 얻고자 하는, 상처받은 내면아이의 처절한 생존전략인 경우가 많다. 가족 내에서 중요한 사람이 되고 인정을 받기 위해 자신의 진짜 감정을 억압했던 마음은 스스로 자존감에 상처를 남기게 만든다. 이런 역할의 수행은 결국 자기를 통제하고 자기를 부정하게 만들므로 긴장과 저항을 불러일으킬 수밖에 없을 것이다. 또한 긴장과 저항은 대부분 스트레스로 인한 건강 문제나 대인관계의 문제, 공허감의 도피를 위한 중독이라는 마음의 고통이나 신경증의 현상과 연결되는 경우가 많다. 우리가 고정된 역할을 많이 수행할수록 특정 역할에 고착화되어 자신의 참된 정체성을 잃어버릴 수 있다.

분노가 조절되지 않아 상담센터를 찾은 45세의 남성인 남길 씨의 경우를 예로 들어 역할이 어떻게 삶의 진실한 행복과 기쁨을 방해했는지 살펴보자.

어릴 때부터 남길 씨의 가정은 항상 분란이 끊이지 않았다. 아버지의 음주와 폭행은 가족 전체를 불안과 고통 속에서 힘들게 했다. 어머니는 남길 씨가 어릴 때부터 부업이나 장사, 공사판, 가사도우미 등을 전전하며 가족의 생계를 책임져야만 했다. 아버지는 알코올중독자로서 집안에서 항상 큰소리와 폭행만 일삼았기에 가족에게는 항상 없어졌으면 하고 바라는 무가치한 존재였다.

남길 씨가 중학생이 된 이후부터는 아버지를 무시하고 힘으로 아버지를 제압하였으며, 가족 내에서 힘과 입지가 좁아진 아버지는 남길 씨가 고2 때 자살을 했다. 하지만 남길 씨는 슬프지도 않았고 눈물도 나지 않았다고 했다. 오히려 속이 시원하고 한편으로는 잘되었다고 생각했다.

그는 집안의 장남으로서 아버지 대신 어머니를 위하고 공부도 잘하는 모범생이었다. 그는 어머니와 집안의 모든 기대를 받았으며, 가족에 대한 책임감을 가지고 어릴 적부터 자기억제와 통제를 통해 성취와 성공으로 집안을 일으키고자 열심히 노력했다.

그는 어머니의 기쁨이었으며 모범생이었고, 가족의 기둥으로서 역할을 열심히 수행했다. 하지만 대학 때부터 마음에 힘든 문제들이 발생하기 시작했다. 애어른의 역할을 하면서 자란 그는 한 번도 어리광을 피우거나 까불어보지 못했고 말썽을 부려본 적도 없었기에 어린아이들의 버릇없는 행동을 편안하게 보아주지 못했다. 어른의 잣대로 아이들을 엄하게 통제하려고만 했다. 아이들과 함께 놀아주는 것이 부담스러웠고 재롱을 부리는 아이를 귀찮아했다.

그의 삶은 항상 진지함 그 자체였으며, 주위 사람들을 자기 방식대로 규제하고 통제하려 하였고, 능력은 뛰어났지만 인간관계가 좋지 않았다. 그 후 은행에 입사하고 가정도 꾸렸지만, 결혼 후에는 아내에게 시어머니를 잘 모시라고 간섭하며 야단을 자주 쳤다. 그는 경제 문제나 가정 문제를 항상 통제했으며, 어딜 가나 문제를 지적하여 자기 뜻대로 되지 않으면 화를 많이 냈다. 직장에서 윗사람들에게는 공손하고 맡은 일에 최선을 다하여 유능하다고 인정을 받았지만, 아랫사람들에게는 항상 못마땅해하고 맡은 일에 충실하지 못하다고 화를 내거나 소리치는 사람이었다.

그는 최근 들어 아내와 불화하고 자녀들과의 관계도 좋지 않은데다가, 직장에서도 사람들이 자신을 피하거나 소홀히 대하는 것 같아 화가 많이 나 있었다. 자신은 나름대로 최선을 다하면서 살아왔고 책임감과 희생으로 가족이나 직장을 위하면서 열심히 살아왔다고 생각했는데, 중년이 된 그의 인생에 남은 것은 분노와 허탈감뿐이었다.

남길 씨의 남동생은 어릴 적부터 반항아였고 사고뭉치였다. 아버지에게 반항하고 일찍부터 가출을 했으며, 고등학교 졸업 후 여러 직장을 전전하다가 결혼 후에는 술집 사업으로 돈을 조금 버는가 싶더니, 지금은 거의 파산하고 과거 아버지처럼 알코올중독자가 되어 가족들은 뿔뿔이 흩어졌다고 한다.

큰여동생은 어릴 적부터 자기를 주장하지 않고, 말 잘 듣고, 어머니 대신 집안일을 도맡아 했으며, 착한 아이였고, 모범생으로 무난히 자라 결혼해서는 시집에 순종하면서 잘살고 있지만, 가끔씩 친정에 오면 힘들다고 푸념을 하곤 했다. 그녀는 항상 자신보다는 다른 사람들의 감정을 먼저 챙겨주고는 나중에 섭섭해하고, 자신의 분노를 아이들에게 심한 짜증으로 표출하곤 했다.

작은여동생은 중학교 이후 계속 몸이 아픈 환자였으며, 집안의 걱정거리였고, 학교에서는 왕따였으며, 고등학교 졸업 후 잠깐 일을 한 후 지금까지 몸이 아파 어머니와 함께 생활하고 있었다.

남길 씨와 상담을 하면서 어린 시절 가정의 양육환경이 얼마나 중요한지 다시 한 번 느끼게 되었다. 어린 시절의 상처는 습관이 되어 가족 속에서 대를 이어 자식들에게도 대물림이 되고 있었다. 남길 씨는 아버지의 분노를, 남동생은 아버지의 주벽을 물려받았고, 큰여동생은 어머니의 순종과 복종을 물려받아 자신의 인생이 없었고, 작은여동생은 남길 씨 가족 전체가 가진 열등감을 육체적 고통 속으로 가져와 평생을 병과 함께 살아왔다.

남길 씨는 모범생, 책임감 강한 아이, 집안의 기둥이라는 역할을 하면서 인정과 칭찬을 받기 위해 살아왔다. 그의 삶은 여유와 편안함이 없었고, 언제나 쫓기듯이 무언가를 하지 않으면 불안해서 잠시도 견딜 수 없었으며, 맡은 일은 스스로 완벽하게 해내야만 직성이 풀렸다. 스스로에게 엄격하고 통제하던 그의 성격은 가장 가까운 아내와 아이들에게조차 똑같이 권위적이고 불편한 존재가 되어버렸다.

직장에서도 부하의 작은 실수조차 용납하지 못하고 화를 내는 바람에 사람들에게 두려운 존재가 되어 있었다. 그래도 그는 스스로 맡은 일에 대한 책임과 최선을 다했기에 자신의 삶은 괜찮다고 생각했으나, 얼마 전 아내로부터 "당신과 사는 것이 너무나 불안하고 감옥과도 같다."는 얘기를 듣고 많이 화가 났었다. 제대로 쉬지도 못하고 가족을 위해 최선을 다하며 힘들게 살아온 자신을 인정해주지는 못할망정 오히려 거부하는 아내와 아이들이 섭섭하고 괘씸하기만 했다. 직장에서도 얼마 전에 차장으로의 승진이 누락되면서 마음이 많이 불편해졌다. 남길 씨는 책임감으로 그리고 인정받기 위해서 오직 앞으로만 달려왔다. 아버지와 같은 삶은 살지 않기 위해 철저한 자기통제와 무거운 책임감으로 노력하여 물질적으로는 어느 정도 성공을 이루었지만, 혼자 있을 때면 자신의 인생에 아무것도 없는 것 같이 외롭고 힘들었다.

상담이 진행되면서 그는 내면에 외로움과 초라함을 숨기려고 착한 아이와 모범생의 삶을 살아야 했던, 그토록 인정받고자 발버둥친 어릴 적 상처받은 아이를 만나게 되었다. 4~5살 된 그 아이는 남루한 옷을 입고 어릴 적 살던 판잣집에 살고 있었다. 아이는 어두운 방 안에서 고개를 숙이고 울고 있었다. 아무도 찾아오지 않는 어두운 방에서 아이는 누군가 자신을 사랑해주고 받아주기를 기다리고 있었다. 마음의 문 밖에서 아이를 보면서 남길 씨는 아이를 불렀지만 아이는 고개만 돌릴 뿐 남길 씨를 외면했다.

남길 씨는 갑자기 눈물이 흐르고 눈물은 통곡이 되었다. 왜 자신이 성취와 인정에 그토록 목매며 살아왔는지 알게 되었다. 그의 바깥은 통제와 완벽으로 포장했지만, 그의 내면은 항상 두려움과 불안의 연속이었음을 이해하게 되었다.

내면의 두려움이나 약함을 받아들이기는 쉽지 않았지만, 그는 그동안 잃어버리고 있던 진실한 자신을 만나면서 아내와 아이들과의 관계가 좋아졌고, 주위 사람들과의 관계에도 많은 변화가 찾아왔다. 주위에 대한 인정과 기대를 줄이고 스스로 자신을 칭찬하고 받아주는 마음이 생기면서 그의 마음이 많이 편안해졌다.

남길 씨는 상담이 진행될수록 자신 안에 화가 나 있는 또 다른 내면의 상처받은 아이를 만나게 되었다. 어릴 적부터 무거운 책임감과 자기규제와 통제 속에 자신을 위해서는 아무것도 누려보지 못하고, 어머니의 기대나 가족을 위한 삶밖에 없었던 자신을 보았다. 항상 옳아야 했으며, 신나게 놀아본 적도 없었고, 착하고 성실하게만 살아온 자신에게 무척 화가 나 있는 내면의 아이를 보았다. 그는 스스로 누려보지 못했기에 아이의 어리광이나 버릇없는 행동을 제재하고 통제하려고만 했다. 그는 두려움 때문에 아내와 아이들을 규제해야만 했으며, 내면아이의 순수한 욕구와 갈망을 무시하고 억압했기 때문에 분노가 쌓였던 것이다. 하지만 그 분노는 외부의 누구 때문이 아니라 자신의 상처 때문이었음을 알게 되었다.

그는 자신을 이해하면서 변화를 수용했다. 이제 아내와는 서로 대화가 가장 잘 통하는 친구가 되었다고 한다. 직장에서는 부드럽게 사람들을 잘 받아주고 이해해주는 편안한 사람이 되려고 노력하고 있다. 그리고 자신을 용서하듯이 아버지를 마음속에서 용서했다. 그는 역할의 '나'가 아닌 진정한 자신을 만나게 되면서, 행복과 즐거움을 위해서는 외부의 성취나 인정도 필요하지만, 더욱 중요한 것은 자신을 바르게 알고 이해하는 것임을 알게 되었다.

역할은 때때로 우리를 지켜주거나 가족체계의 유지와 균형을 위해서 필요하지만, 경직되고 고정화된 역할은 진정한 자신을 잃어버리게 만들기도 한다. 역할 자체가 곧 우리 자신이 되어서는 안 될 것이다. 역할은 삶을 행복하게 누리기 위해서 자유롭게 선택할 수 있는 선택사항이지, 꼭 그렇게 해야만 하는 필수사항은 아니다.

우리는 삶의 변화에 고정됨이 없이 자유롭게 역할을 쓸 수 있어야 한다. 예를 들어, 우리는 착할 수도 있고 나쁠 수도 있으며, 모범생으로서 책임을 다할 수도 있지만 때때로 자신을 편안하게 놓아줄 줄도 알아야 한다. 삶의 본질은 역할을 선택하며 역할을 누리는 사랑이며 행복 그 자체다.

역할의 상담사례

26세의 직장 여성인 은주 씨는 얼마 전 남자친구와의 이별 후에 상담센터를 방문했다. 그녀는 스스로 건강한 사고를 가지고 있고 자신과 사물에 대해 긍정적이며 자신을 잘 안다고 생각했으며, 주위 사람들에게 괜찮은 사람이라는 평판을 받아왔다. 하지만 은주 씨는 가끔씩 상대와의 관계에서 자신의 의지와는 상관없이 사소한 일에 흥분을 하거나 고집을 세우고, 너무 자신만 생각하는 순간과 너무 다른 사람을 의식하는 순간들이 반복되는 상황을 보면서 후회와 한숨이 커질 때가 많았다.

그녀는 스스로 이겨보려고 책도 많이 읽었지만, 삶은 생각대로 움직여주지 못했고 누군가의 충고나 시선들이 두렵게만 느껴졌다. 때때로 친한 친구들에게까지 이런 모습을 보이는 자신이 힘들게 느껴진다고 했다. 다른 사람들을 의식하면서 완벽한 모습을 보이려 하는 자신이 측은하기도 했지만, 스스로를 학대하거나 다독이고 반성하고 비난하기를 반복하다가 점점 삶의 긍정성을 잃어가는 자신을 이겨보고자 상담을 받기로 마음먹게 되었다.

어릴 적 기억의 최면상담이 진행되면서 그녀는 가슴속에 묻어 두었던 엄마와 아빠의 싸움을 기억 속에서 끄집어냈다. 어떤 이유인지는 모르지만 아빠의 일방적인 큰소리로 시작되어 자신의 생각을 강요하거나 물건을 집어던졌던 아빠의 모습이 떠올랐다. 엄마가 말대꾸나 저항을 하면 엄마의 뺨을 때렸고, 그때 옆에서 울기만 했던 자신을 기억 속에서 끄집어내면서 그녀는 눈물을 흘렸다.

엄마가 혹시나 도망이라도 갈까봐, 아빠와 싸우는 엄마 옆에서 "엄마 가지 마, 도망가지 마, 나를 두고 떠나지 마!"라고 외치며 불안해하던 어린아이를 가슴속에서 보았다. 눈물이 볼을 타고 흘렀고, 최면상담이 끝난 후에도 그녀는 한참을 울었다. 어릴 적 부모끼리 싸울 때마다 엄마가 도망갈지도 모른다는 두려움과 아빠의 큰소리는 늘 공포의 대상이었다. 실제 싸움의 횟수는 많지 않았던 것 같지만 싸움의 양보다는 질에 있어서 마음의 상처가 컸던 것 같았다. 나이를 먹은 지금도 가끔 두 분이 말다툼을 할 때면 이유 없이 머리가 아프거나 가슴이 답답해지고 온통 신경이 그곳으로 가서 두 분의 눈치를 보느라 어쩔 줄 몰라 하는 자신을 본다고 했다.

은주 씨는 자신의 역할 찾기에서 눈치 보는 아이, 착한 아이, 책임감 강한 아이, 엄마의 친구로서의 역할이 자신의 삶이었던 것 같다고 짐작했다.

눈치 보는 아이

어릴 적 엄마와 아빠가 다투는 날이면 특히 눈치를 많이 보았다. 그래서인지 지금도 집에 들어가면 부모님의 기분상태나 분위기가 어떤지를 살피는 경우가 많았다. 이런 모습은 대인관계에서도 항상 다른 사람의 기분을 살피게 했고, 주위 분위기를 편하게 만들려는 시도는 과장된 마음과 행동으로 표현되었다. 그런 자신의 모습이 때때로 싫게 느껴지거나 화가 나기도 했으며, 모임이 끝나고 혼자 있을 때면 공허하기까지 했다.

착한 아이

엄마가 불쌍해 보여서, 엄마가 도망가지 않게 하려고 엄마의 말이라면 무조건 따랐다. 엄마는 항상 다른 사람이나 가족과의 관계에서 엄마가 생각하는 기준에서 벗어난 나쁜 행동을 하면 안 된다고 했다. 엄마는 화를 내거나 나쁜 행동을 못하게 하면서, 착하게 크면 모든 것이 잘된다고 했다.

이런 암시와 최면은 그녀의 무의식에서 항상 자신의 행동과 마음을 감시하거나 평가하면서, 그렇지 못한 자신을 비난하거나 반성하게 만들었다. 언제나 긍정적이고 밝게 보이려는 노력은 내면에 더 큰 어둠을 만드는 경우가 많다. 착한 아이는 역할일 뿐이다. 우리의 내면은 착할 수도 있고 그렇지 않을 수도 있다. 착함과 나쁨은 관념적이거나 주관적인 것이지 진실은 아니다. 그녀는 이제 착하지 않아도 된다는 말에 가슴이 일렁이며 눈물을 글썽였다.

엄마의 친구

상담이 진행되면서 그녀는 그동안 얼마나 자신의 감정과 욕망을 억압하고 다른 사람에게 맞추거나 눈치를 보면서 살아왔는지 이해하게 되었다. 스스로를 돌보지 않았기에 내면은 항상 뭔가 공허하고 부족했으며, 외부의 인정과 칭찬으로 그것을 채우려 할수록 힘들어지는 자신을 이해하게 되었다. 우리는 삶의 무대에서 자신이 어떤 역할들을 했는지 알고, 그런 역할을 할 수밖에 없었던 자신을 이해하게 될 때 좀 더 자유롭고 행복할 수 있다. 외부적인 역할과 같이 내부적인 역할도 좀 더 편안하고 유연하

게 쓸 수 있을 때, 역할은 우리 삶을 구속하는 것이 아니라 생명
을 키우고 삶을 창조하는 도구가 될 것이다.

이미지의 나

어린 시절 상처받은 마음은 생존에 대한 불안과 주위로부터 거
부당하지는 않을까 하는 두려움으로 부모나 주위가 받아들일 만
한 생존방법을 시도하게 되는데, 이것이 역할이었다. 역할은 자
신이 좋은 존재라는 사실을 증명하기 위해 애를 쓰지만 외부의
세계는 자신의 뜻대로 되지 않기에 상처받은 아이는 역할이 만
든 가짜 '나' 에 더욱 집착하게 된다. 이때 역할을 계속 유지하기
위해서 상처받은 내면아이는 무의식 안에 모종의 결심을 만들어
낸다. 이후 인생의 선택과 결정의 중요한 순간마다 내면아이는
그 결심에 따라 선택을 반복하게 된다. 그러기에 치유는 어쩌면
어릴 적 상처와 두려움 때문에 무의식에 습관화된 결심을 다시
금 바꾸어주는 과정이라고도 할 수 있다.

　이미지는 상처받은 아이의 마음 한가운데에 자리 잡고 있는
중심적인 신념체계와 가치체계를 말한다. 이때 이미지는 외부를
보는 안경이며, 사물을 판단하는 잣대이자, 아이 내면에 '자기'
를 결정하는 틀로서 작용한다.

　우리의 내면에는 부모님, 선생님 등 어린 시절 우리를 돌보아
준 양육자들의 영향으로 그들이 가진 긍정적인 모습이나 부정적
인 모습들을 많이 간직하고 있다. 예를 들어 성실한 아빠, 무책

임한 아버지, 비난하는 엄마, 착한 엄마, 친절한 선생님, 따뜻한 엄마 등 이들 양육자들과의 관계에서 경험된 이미지는 아이가 성장하면서 사물과 사람을 대하는 관계에 의식적, 무의식적으로 작용하여 그들의 행동과 선택에 중요한 동기가 된다.

어린 시절의 발달단계에서 채워지지 못한 결핍과 욕구는 내면에 상처라는 이름으로 새겨진다. 상처는 부족감과 두려움의 신념구조를 잠재의식의 저장고에 새겨넣는다. 신이 선물하신 삶은 진정 사랑 자체임에도 불구하고, 우리는 어릴 때부터 부모나 주위로부터 여러 가지 부정적인 암시와 최면을 경험해왔다. 무의식의 밑바닥에는 자신이 사랑이 아니라는 수많은 이유들로 무장한 채 우리들 대부분은 사랑을 믿지 못하도록 암시를 받아왔다.

사랑과 인정을 받기 위해서 또는 삶의 두려움으로부터 생존하기 위해서 우리의 내면아이는 부모들이 원하는 대로 그들의 욕구를 충족시켜주기 위해 예의 바르거나 말을 잘 따르거나 공부를 잘하거나 귀엽게 재롱을 떨어야만 했을 수도 있다. 또한 자신을 '있는 그대로' 받아들이거나 사랑하는 법을 배운 것이 아니라, 다른 사람들의 요구조건을 충족시켜줄 때 그에 따른 보상으로서 사랑을 받을 수 있다고 배웠을 것이다. 조건에 따른 보상으로서의 이런 사랑은 우리의 내면아이로 하여금 부모나 주변 사람들, 동료들 그리고 삶 자체를 신뢰하지 못하게 만드는 신념구조를 내재화시키게 된다.

우리들 대부분은 상처받은 내면의 초라하고 허약한 마음을 숨기고, 완벽하고 당당해 보이는 겉모습으로 사람들에게 인정받거나 사랑받고자 수많은 이미지를 만들고 있다. 이미지는 감정과 외부 상황을 통제하려 하거나 완벽하게 대응하기를 원한다. 하지만 그렇게 되지 않을 때, 이미지는 외부 상황을 탓하거나 거부함으로써 자신이 가진 이미지가 문제가 아니라 다른 사람이 문제라고 하면서 이미지를 더욱 강화하려고 할 수도 있다. 우리는 내면의 이미지의 안경으로 세상을 바라본다. 자신이 지키려고 하는 이미지가 잘 지켜지지 않을 때, 사람들은 깊은 자책감과 자기부정으로 불안과 우울증 등과 같은 신경증으로 발전하기도 한다.

33세의 주부인 민정 씨는 심한 우울증으로 병원에서 퇴원하고 바로 남편과 함께 상담센터를 찾아왔다. 처음에 그녀는 약에 취해 힘이 빠진 채 남편에 의지해서 의자에 기대어 앉아 있었다. 하지만 몇 마디 말이 오가면서 그녀는 시댁의 권위적인 태도와 사생활 침해, 인격적인 무시에 대해 느꼈던 상처와 이에 대한 남편의 우유부단함에 대해서 열변을 토해냈다. 이야기를 할수록 힘이 나는지 조금 전의 기운 없던 모습과는 달리 자신의 억울함과 분노에 대해서 쉬지 않고 얘기를 했다.

그녀는 시댁에 대한 분노와 억울함의 감정이 올라올 때면 울기도 많이 하였고, 가슴이 답답하고 잠이 오지 않아 뜬눈으로 밤을 새면서 남편에게 자신의 생각을 제발 들어달라고 부탁했다고 한다. 하지만 반복해서 계속 얘기해도 남편은 자신의 편이 되어주지 않았고, 그럴 때마다 남편을 원망하면서 부부 관계는 악화되어갔다.

몇 회의 상담이 진행되면서, 민정 씨는 어릴 적 2살부터 5살까지 부모와 떨어져 시골에서 할머니, 할아버지와 함께 살면서 1년 중 명절 때만 잠깐 부모를 보았던 기억을 끄집어냈다. 그녀는 어릴 적에 할머니가 엄마인 줄 알았다고 했다. 5살 때 처음 부모님의 집에 같이 살려고 들어갔을 때 너무나 불편하고 힘이 들었다. 두 명의 남동생이 있었는데 왜 자신만 시골에서 할머니와 살아야만 했는지, 자라면서 부모님에게 마음속으로 원망도 많이 했다. 외형적으로 민정 씨는 부모님에게 잘하고 공부도 곧잘 하는 모범생이었다. 대학을 졸업한 후 그녀는 외국계 회사에서 몇 년을 근무하다가 남편과 결혼 후 직장을 그만두었다. 하지만 그녀의 내면에서는 부모를 믿지 못했기에 누구도 신뢰하지 못했다.

결혼 전에 그녀는 모든 일을 완벽하게 하려 했고, 자신에 대한 비난이나 좋지 않은 소리를 듣는 것은 조금도 견딜 수가 없었다. 그녀는 언제나 주위와 부딪쳤고 싸움이 끊일 날이 없었다. 항상 억울했으며, 자신의 마음을 알아주지 못하는 주위 사람들을 탓하고 분노했다. 관계에서 조금도 손해 보지 않으려는 그녀의 태도는 스스로를 고립시켰고, 그녀는 세상에 자신을 지켜줄 사람은 자신밖에 없다는 마음으로 누구도 신뢰할 수가 없었다.

결혼 전에는 항상 자신의 편이 되어주고 모든 것을 잘 들어주던 남편이 그녀에게는 유일한 의지처였다. 하지만 결혼 후 시댁과의 관계가 불편하고 남편마저 자신의 편이 되어주지 못하자 그녀는 실망했고 그 억울함이 우울증으로 발전했다. 그녀는 자신의 기준과 잣대로 세상을 재단하면서 자신이 힘든 원인은 모두가 시댁과 남편 때문이라고 생각했다. 자신의 기준과 잣대는 보지 않으면서 상대만 바뀌거나 변화하기를 바라는 것은 삶을 힘들고 고통에 빠뜨리는 중요한 원인이 된다. 상대에게서 문제를 찾으려는 태도는 관계의 중심인 자신에 대해서 어떤 시도도 할 수 없게 만든다. 우리는 상대를 바꿀 수 없다. 어떻게 해볼 수 있는 것은 자신밖에 없다는 것을 알아야 한다.

이미지로서의 자신은 부모나 주위 사람들에게 버림받거나 상처받지 않으려는, 어릴 적 상처받은 내면의 두려움이 만든 결심이다. 하지만 두려움이 만든 이미지의 기준과 잣대에 따라 행동하는 삶은 자신뿐만 아니라 외부의 모든 관계를 왜곡시키고 불편하게 만들 뿐이다. 이들은 자신의 감정은 무시하고 부모나 주변 사람들에게 맞추면서 살아남았기에 자신의 진정한 모습을 알지 못할 뿐만 아니라, 자신을 사랑하는 것이 어떤 것인지도 모르는 경우가 많다. 외부를 향해서는 최선을 다하고 존경을 받을지라도 정작 내면은 공허감과 우울과 소외의 감정을 느끼게 된다. 이미지의 내면은 상처와 같이 충족되지 못한 욕망들로 가득 차 있다.

이미지를 지키려는 마음은 부모로부터 받지 못했던 따뜻한 배려와 인정과 칭찬, 안정과 만족감을 배우자나 다른 사람을 통해 채우려는 욕구의 시도이다. 대부분의 관계에서 우리는 이미지를 외부적으로 투사하거나, 부족한 자신을 상대로부터 채우려 한다. 우리는 자신이 원하는 이미지를 상대가 충족시켜줄 것이라는 혼자만의 착각으로 상대방을 만나고 기대하고 요구한다. 하지만 상대가 그렇게 해주지 않을 때 크게 실망하면서 상대방을 탓하게 된다.

동화 속의 신데렐라나 백설공주를 꿈꾸며 자신의 부족과 상처의 고통을 상대가 책임져줄 것이라는 환상을 꿈꾸기도 한다. 상대에 대한 이런 기대와 생각은 우리로 하여금 삶을 스스로 책임지기보다는 애인이나 스승, 신앙 등과 같이 특별한 누군가가 나타나서 자신의 삶을 완벽하게 만들어주거나 현실의 모든 문제를 해결해줄 것이라는 환상에 빠지게 만들기도 한다. 하지만 이런 기대와 이미지의 외부투사는 관계에서 실망과 부딪침을 가져오는 경우가 대부분이다.

부부 문제로 상담을 하러 오는 사람들은 자신의 이미지를 배우자에게 투사하는 경우가 많다. 그들은 상대방이 자신을 만족시켜줄 것이라는 처음의 기대와는 달리 기대대로 되지 않으면, 속았다거나 콩깍지가 눈에 씌었거나 귀신에게 홀려서 사람을 잘못 보거나 착각했다고 말하는 경우가 많다.

연애할 때 상대에게 한눈에 반하거나 급속히 가까워지는 경우에는 대부분 상처받은 무의식의 이미지가 작용한 경우가 많다. 그들은 서로 상대에게서 부모의 부정적인 모습이나 긍정적인 어떤 부분을 이미지화하여 그러한 욕구를 상대를 통해서 충족시키려는 경우가 많다. 예를 들면, 아내는 남편에게 자신의 아빠가 주지 못한 부정적인 모습(경제력이나 책임감 등)을 남편에게 원하거나, 또는 아빠가 자신에게 준 긍정적인 모습(애정과 따뜻함)을 남편이 그대로 유지해주기를 바란다. 남편 또한 엄마에게 받지 못한 애정과 따뜻함을 부인에게 원하거나, 엄마가 자신을 위해 베풀어준 헌신을 부인에게 당연시하며 요구하기도 한다.

이런 경우 냉정한 이성과 현실적인 마음으로 상대를 판단하기보다는 잠재의식 안에 있는 이미지로 상대를 투영하여 상대를 자신의 원 부모로 착각하는 경우가 많다. 상대가 자신이 원하는 이미지를 충족시켜줄 때 그들은 너무나 쉽게 자아의 경계선을 허물어버리고, 그동안 채우지 못하여 비어 있던 내면의 갈망과 공허감을 상대방이 채워줄 것이라 기대하고 요구한다. 이미지의 투사는 언젠가는 깨어지고 현실은 드러나게 마련이다. 이때 자신의 이미지는 보지 못한 채 상대가 자신을 속였다고 착각한다.

잠재의식의 상처는 우리에게 과거의 해결되지 않은 과제들을 해결해달라고 끊임없이 압력을 가한다. 이미지는 상대에게 지금까지 받아보지 못했던 부모의 사랑을 갈망하고 부모처럼 행동할 것을 요구하기도 한다. 이때 상대를 바라보는 그들의 눈은 자기의 내면에 새겨진 부모의 이미지를 바라보는 것이지 상대와 진심으로 만나고 있는 것이 아니다. 그러기에 상대방은 그들의 기대를 채워줄 수 없다. 이렇게 되면 우리는 상대를 탓하거나 비난하기 쉽다. 이미지는 어린 시절 자신을 돌보는 사람들의 눈을 통해서 세상을 보게 만든다. 그들이 자신을 어떻게 대하고 바라보았는지에 따라 자신에 대한 자존감이나 자기부정의 이미지를 가지게 된다.

어느 일요일 집에서 쉬고 있을 때 한 남자로부터 급히 상담하고 싶다는 전화를 받았다. 워낙 다급히 부부 문제로 상담하기를 원해서 저녁쯤에 시간을 내서 상담센터에서 부부를 만났다.

이 부부는 그 전날인 토요일 저녁에 신혼여행에서 돌아왔는데, 돌아오자마자 신부가 이혼을 요구했다. 신랑은 제발 이혼만은 막아달라고 부탁했다. 신혼여행 마지막 날에 신랑이 결혼 전 사귀었던 여자에 대해 솔직하게 고백한 것이 발단이었다. 그들은 6개월 전 주위의 소개로 선을 보았고 몇 번의 교제 후에 결혼을 했다. 신부는 신랑이 좋은 직장에 다니는데다가 착하고 순해 보이기도 하고, 취직준비로 인한 스트레스와 집안의 잔소리 때문에 결혼을 선택했다고 했다.

신부는 신랑이 과거에 사귄 여자가 이혼녀였고, 그 여자가 다시 다른 남자와 바람이 나서 지금의 신랑을 떠났다는 사실이 수치스럽고 기분 나쁘다고 했다. 자신도 과거에 남자를 사귄 적이 있었지만, 수준이 낮은 상대방에게 버림받은 사람을 자신의 남자로 인정하기에는 자존심이 허락하지 않는다고 했다. 신부는 신랑의 진심어린 고백이나 결혼에 대한 책임감보다는 자기 이미지의 잣대 속에 자존심을 지키는 것이 더욱 중요한 것 같았다. 신부를 따로 만나 그녀가 지닌 마음속의 기준에 대해, 그리고 그녀가 어떤 이미지에 사로잡혀 있는지에 대해 이런저런 얘기를 해주었다. 그러고 나서 신랑의 장점과 좋은 점을 얘기하게 되자 그녀는 이성을 되찾게 되었고, 진짜 문제는 신랑이 아니라 자기 내면의 열등감이었음을 이해하게 되었다.

　사랑하는 연인이나 부부의 만남은 대부분 서로 반대되는 이미지가 만나는 경우가 많다. 한쪽이 사랑과 배려의 마음이 많다면 상대는 자기 일에 빠져 있는 자기중심적인 경우가 많고, 다른 쪽이 순종적이라면 한쪽은 통제와 지시적이고, 한쪽이 이성적이라면 다른 쪽은 감정적인 경우가 많다. 우리는 어린 시절 받지 못했던 부모의 사랑과 관심의 상처로 인해 부모와 같은 성격을 싫어하거나 만나지 않을 것이라고 다짐한다. 하지만 배우자나 연인을 만날 때 부모와 비슷한 성격을 가진 사람을 만나 다시금 고통스러운 감정을 되풀이하는 경우를 많이 보게 된다. 잠재의식 안에 치유되지 못한 상처의 고통을 스스로 잘 이해하거나 인식하지 못하면, 대인관계에서 계속 문제를 일으키고 고통을 반복하게 마련이다.

　이미지의 잣대는 때때로 관계에서 상대를 자신의 틀과 기준에 끼워맞추려 하고, 그렇게 되지 않을 때 자신이 가진 잣대의 잘잘못은 보지 않은 채 상대방을 탓하거나 비난하게 되는 경우가 많다. 그러나 내면의 이미지나 잣대에 맞추어 상대를 바꾸거나 변화시키려는 시도는 진정한 관계의 발전과는 거리가 먼 어리석은 행동이 될 뿐이다. 자기가 원하는 이미지대로 상대를 바꾸면 행복해질 것이라는 믿음은 착각에 불과하다. 우리는 상대를 바꿀 수도 없고 바꾸려 해서도 안 된다. 스스로가 진정한 자신이기를 원하듯이 다른 사람들 또한 진정한 자신이 될 수 있도록 돕는 것, 상대를 이미지나 기준의 잣대로 재단하는 대신에 있는 그대로 받아들이고 수용하는 것, 그것이 사랑이며 이해의 시작이다.

자기 이미지 찾아보기

어린 시절의 기억을 회상하며 부모님에 대한 자신의 느낌을 찾아본다.

	긍정적인 경험들	당시의 느낌들
아버지	성실한 사람이다. 누구에게나 정직했다.	자랑스러웠다. 뿌듯했다
어머니	작은 것 하나하나 챙겨주었다. 아플 때 간호해주었다.	고마웠다. 보호받고 있다고 느꼈다.

	부정적인 경험들	당시의 느낌들
아버지	늘 말이 없었다. 숙제를 도와달라고 할 때 외면했다.	친자식이 맞나 하는 생각이 들었다. 버려진 것 같았다.
어머니	끊임없이 잔소리를 했다. 상을 받았는데도 칭찬은커녕 꾸중을 했다.	짜증이 났다. 서운하고 부끄럽기도 했다.

● 내가 어렸을 때 아버지에게 정말로 원했던 것은 <u>따뜻한 말 한마디</u> 이었다.

하지만 그렇게 되지 않은 이유는 <u>아버지의 무뚝뚝함과 부끄러움, 그리고 표현 방법을 잘 모르는 것</u> 때문이었다.

그때 내가 느낀 부정적인 감정은 <u>아버지가 나에게 관심이 없구나, 난 버려졌구나</u> 이었다.

● 내가 어렸을 때 어머니에게 정말로 원했던 것은 <u>나를 믿고 인정해 달라는 것</u> 이었다.
하지만 그렇게 되지 않은 이유는 <u>엄마의 지나친 걱정과 부정적인 생각</u> 때문이었다.
그때 내가 느낀 부정적인 감정은 <u>내가 엄마에게 믿지 못할 존재 의구나</u> 이었다.

*밑줄 친 부분에 각자 자신에게 해당하는 내용을 적어보면 자신의 이미지를 찾는 데 도움이 될 것이다.

위의 예는 대인공포증을 가진 대학 4학년 여학생이 작성한 것이다. 그녀의 무의식에 새겨진 부모님의 긍정적인 이미지는 성실해야 한다는 것과 남에게 피해를 주지 않는 사람이 되어야 한다는 것이었다. 이에 반해 부모님의 부정적인 이미지는 사람에 대한 불신, 그리고 삶에 대한 지나친 걱정과 불안이었다. 이런 내면의 불신과 불안은 남자를 사귈 때 따뜻한 관심과 배려를 원했지만, 만나는 사람은 항상 아버지와 같이 자기중심적이고 사랑에 무관심한 사람을 만나게 했다. 또한 어머니의 지나친 걱정과 불안은 삶에 대해서 편안함이 없었고 관계에서는 대인공포로 발전했다.

이미지는 자신의 부정적인 감정이나 채우지 못한 욕구를 세상과 상대에게서 채우려는 시도일 것이다. 위의 이미지 찾기에서와 같이 부모님으로부터 받은 긍정성은 상대에게 당연히 요구할 것이고, 채우지 못한 부정적인 감정은 관계에서 상대가 채워주기를 바랄 것이다. 이미지는 상처받은 마음이 만들어내는 두려움이지 실체는 아니다. 자신이 세상과 상대에 대하여 어떤 잣대와 이미지를 사용하는지를 알게 되면 우리의 삶은 좀 더 자유롭고 유연할 수 있을 것이다.

습관의 나

블랙독

여러 동물들 중에서 오랜 세월 인간과 아주 가깝게 지내온 개들은 인간과 친한 친구로서 인간을 돌보고 지켜주는 긍정적인 역할도 했지만, 때로는 사납고 무서운 모습으로 으르렁거리며 인간을 공격하고 해칠 것 같은 부정적인 이미지도 가지고 있다. 영국의 전 수상 윈스턴 처칠은 자신이 평생 고통받았던 지독한 우울증을 '블랙독'이라 이름 붙였다. 이후 블랙독(black dog)은 심리학에서 우울증의 애칭으로도 널리 사용되어왔다.

하지만 여기서는 블랙독을 '치유되지 못한 어린 시절의 반복된 상처로 인해 야기된 무의식적이고 부정적인 **습관**'이라고 정의해보려고 한다. 블랙독은 우리의 내면에서 끊임없이 부정적인 생각과 말을 속삭이게 만들며, 사람과의 관계 속에서 피해의식과 소외감을 느끼게 만드는 내면의 '습관적' 어둠이기도 하다.

블랙독은 마음속에 집을 짓고 있기 때문에, 우리가 자신의 마음으로부터 도망갈 수 없듯이, 블랙독이 없는 척 할 수는 있어도 블랙독으로부터 도망칠 수는 없다. 우리가 내면의 블랙독을 보살피거나 사랑으로 인정해주고 함께 놀아주지 않는다면, 그는 화가 나서 우리의 삶에 혼란과 소동을 일으킬지도 모른다.

블랙독은 내면에 자신이 있음을 알리려고 기쁠 때나 슬플 때나 우리의 인생에 항상 그림자처럼 따라다니고 있지만, 우리는 내면의 블랙독을 보고 싶지 않아 무시할 때가 많다. 사랑과 행복의 마음으로 들어가려면, 마음의 문 바깥을 지키고 있는 블랙독을 잘 길들이고 사랑으로 보살펴야만 한다. 그렇게 해서 우리가 마음의 주인이며 모든 것을 다스리는 책임자임을 인식시켜주어야 할 필요가 있다.

때때로 우리는 너무나 오랜 세월 자신의 마음을 돌보지 않고 마음을 떠나 있었기 때문에 블랙독은 굶주리고 사나워져서 주인을 몰라보고 공격하며 물려고 달려들지도 모른다. 블랙독의 공격은 마음의 외부에 우울증이나 불안증, 강박증이나 대인기피증 등의 모습으로 드러나기도 한다. 이는 자신이 얼마나 버림받고 소외되고 있는지를 알리려고 하는 몸부림의 표현이거나 외침이기도 하다.

우리는 상처받고 굶주린 블랙독의 초라함과 볼품없는 모습을 다른 사람에게 들킬까봐 멋지고 훌륭한 척 속이거나, 감정을 억압하고 숨기곤 한다. 하지만 내면의 블랙독은 피할 수 없다. 우리가 그것을 남의 눈에 띄지 않게 하려고 할수록 사람들이 뒤에서 블랙독을 알아보고 흉보거나 수군거릴 것 같아 마음은 더욱 불안하고 불편해진다.

블랙독은 사랑과 보살핌을 받고 싶어서 소리치지만, 그럴수록 우리는 블랙독의 소리를 듣기보다 더욱 바깥의 쾌락과 재미를 찾아서 중독적으로 마음을 마비시켜 블랙독이 없는 것처럼 살려고 한다. 그러기에 마음속의 블랙독은 도망치거나 회피하기보다는 정면으로 대면해서 우리를 지켜주는 충성스러운 개로 변화시켜야만 한다. 블랙독을 두려워하지 말고 녀석을 안정시키고 길들이는 방법을 반드시 터득해야만 한다.

상처받은 마음인 블랙독은 언제나 내면의 주인인 우리가 돌아오기를 기다렸으며 항상 우리를 향해서 큰 소리로 짖고 있었다. 처음에는 두렵고 무섭고 사나운 것 같지만, 따뜻한 사랑의 마음으로 말을 걸어주고 지켜봐주면, 녀석은 우리를 점점 인정하게 되고 친하게 지내려고 할 것이다. 블랙독은 힘없고 약한 어린 시절 외부의 침입과 공격으로부터 자신을 방어하기 위해서 우리가 스스로 마음 안에 키운 개였다. 상처받고 굶주린 블랙독은 우리의 따뜻한 사랑과 지지와 보살핌을 필요로 한다.

지금은 비록 사납고 초라하지만 그동안 우리의 내면을 지켜준 블랙독을 향해 고마워하는 마음으로 다가가면, 블랙독은 다시 돌아온 주인을 알아보고 굳게 닫힌 내면의 문을 열도록 허락할 것이다.

우리는 모두 내면에 한 마리 또는 그 이상의 블랙독을 키우고 있다. 검은 개는 단지 개일 뿐이기에 우리가 그 개를 어떻게 대해주느냐에 따라 자신을 위한 충실한 개가 될 수도 있고 자신을 공격하는 사나운 짐승으로 변할 수도 있다.

우리는 이제 자신 안의 개를 묶어놓지 말고 함께 산책도 하고 놀기도 하면서 친해져야만 한다. 지난날에는 블랙독이 가까이 다가가기 겁나고 무섭고 난폭했다면, 이제는 가장 친한 친구가 될 수 있도록 해야 한다. 그럴 때 블랙독은 우리를 지키는 진정한 친구가 될 것이다.

편도체 속의 블랙독

- 상대에게 너무 매달리거나 약간의 이별 가능성에 대해서도 참지 못하고 불안해하거나 상대에게 화를 낸다.
- 자신이 결점투성이라고 느끼면서 쓸모없는 사람이라고 생각한다.
- 항상 외로움과 공허한 느낌으로 누구도 결코 자신을 이해해주지 못할 것이라고 생각한다.
- 다른 사람의 욕구를 자신의 욕구보다 우선시하거나 자기 주장하기를 두려워하여 상대의 눈치를 살핀다.
- 스스로의 기준을 만족시키지 못하는 자신에 대해서 좌절하고 화를 내거나 잠시도 쉬지를 못한다.

어린 시절 형성된 상처받은 마음은 내면에 어두운 블랙독을 키우게 된다. 블랙독은 외부의 변화나 고통과 불안의 상황이 발생할 때면, 현재의 이성적이고 합리적인 성인의 '나'로서가 아니라, 습관화된 반응양식에 따라 무의식적으로 반응하게 만든다. 따라서 우리가 스스로 습관적 행동과 그것을 일으키는 내면의 블랙독을 깨어 있는 마음으로 인식하지 못하면, 우리 삶은 왜곡되고 과거의 고통을 반복할 수밖에 없을 것이다.

내면에 이런 부정적인 강한 감정의 반응을 일으키는 곳을 뇌과학자들은 뇌의 한부분인 편도체로 보고 있다. 편도체는 자신의 인생에서 상처받고 두려웠던 기억과 분노, 슬픔, 상실감과 같이 힘들고 부정적인 기억을 저장하는 센터로서 작용한다.

연변계(감정의 뇌)의 한 부분인 편도체는 과거 어릴 적 저장된, 자신의 생존과 직결된 비슷한 위험상황이 일어나면, 외부의 생각하는 뇌인 대뇌 신피질의 과정을 거치지 않고 바로 비상상황에 대처하게 만든다. 이는 국가 비상사태가 발생하면 명령체계의 통로가 비상상황으로 신속하게 전환하는 시스템과 비슷하다. 대뇌 신피질로 외부 상황을 인식하고 생각하면 좀 더 체계적인 분석과 합리적인 결론, 적절한 반응을 보일 수 있지만, 편도체의 습관화된 빠른 결론은 때때로 문제를 일으킬 수밖에 없다.

과거 인간의 육체적 생존이 외부의 환경과 상황에 위협받고 있을 때는 편도체의 신속한 반응이 생존을 위해서 매우 효과적이었다. 하지만 현대를 사는 우리에게는 상징적인 위험에 대해서조차 실제적인 위협인 것처럼 강하게 반응하는 편도체는 많은 문제를 일으킬 수 있다. 과거에는 힘들 때 아주 효과적이었던 편도체의 반응이 오늘날에는 과잉반응으로 습관화되어 작용하기 때문이다. 편도체가 활발하게 움직이게 되면 상당히 많은 양의 스트레스 호르몬이 분비된다. 이는 생존을 위해 외부에 충분한 에너지를 공급하려는 시도이다. 그런데 뇌 연구가들에 따르면, 고도로 활성화된 편도체는 부정적인 사고와 감정을 가라앉히는 능력을 훼손시켜 적절한 시기에 적절한 반응을 하기 어렵게 만든다고 한다. 일단 편도체를 자극하는 어떤 일이 일어나서 불안이나 분노의 감정이 자극되면, 호르몬이 증가되면서 감정을 억누르거나 인식하기가 어려워져 쉽게 습관에 빠지게 된다.

어릴 적 상처받은 순간과 비슷한 상황이 발생하면, 우리는 흔히 적절한 이성과 생각을 거치지 않고 습관적으로 갑작스럽게 감정을 표출한다. 이런 행동은 과거에 경험한 두려움이나 주변의 여건 때문에 표현되지 못하고 억압된 감정들이 어느 순간 새로운 분노, 슬픔, 불안 등과 만나면서 폭발하듯이 분출되기 때문이다.

편도체는 과거 감정의 흔적과 더불어 새로운 순간에 자신이 배운 반응이 무엇이든, 즉 분노하든, 도망치든, 저항하든, 두려워하든, 모두 기억의 형태로 저장한다. 이때 저장된 기억은 모든 일의 정서적 탐지기와 같이 습관적으로 작동하는 자동화된 시스템처럼 반응하게 만든다.

위에서 예를 든 1~5까지의 습관적 반응처럼 블랙독이 작용하면, 감정은 대단히 빠르고 강하며 부적절한 과잉반응으로 일어난다. 이런 습관화된 행동은 자신의 반응과 행동이 생각과 머리로는 전혀 타당하지 않다는 것을 알고 있을지라도 거듭해서 같은 행동과 반응을 반복하게 만든다. 블랙독에 의한 습관의 자동화는 자기 인생의 기본적인 생존이라는 측면에서 볼 때 과거 힘든 상황에서 어느 정도 도움이 되었기 때문에 자신을 보호하는 시스템으로 착각하는 것이다.

우리는 삶에서 무엇이 문제인지를 알아차리고, 현재의 삶을 엉망으로 만드는 블랙독의 조건반사적 행동습관이 만든 감정의 패턴을 통찰하고 자각할 필요가 있다. 블랙독을 길들이거나 치유하지 않으면, 우리의 인생은 사회적 지위나 직업적 성공과 관계없이 내면 깊숙이 갈등과 혼란에서 벗어날 수가 없다.

많은 사람들이 어린 시절의 부정적 패턴을 의식하지 못한 채 습관적으로 반복한다. 프로이트는 이것을 '강제 반복'이라고 불렀다. 이런 고통스러운 상황과 유사한 행동을 반복하고 재현하는 것은 내면에 있는 블랙독의 울부짖음 때문이다. 습관은 욕망에서 나오며, 상처는 채워지지 못하고 치유되지 못한 욕망이다. 습관의 뒤에는 두려움이 작용하고 있다. 블랙독의 습관적 패턴은 긍정성보다는 부정성에 쉽게 반응하며, 스스로 생존과 번식에 어긋나지 않는다면 좀처럼 바꾸려고 시도하지 않을 것이다.

습관의 밑바닥에는 항상 치유되기를 원하는 블랙독이 살고 있다. 습관은 타고난 것이 아니라 단지 반복된 행동에 의해 습득된 것일 뿐이다. 그러기에 치유의 작업은 부적합한 습관에 갇힌 근원적인 감정을 의식적으로 경험하고 표출하는 데에서 시작할 수 있을 것이다. 우리가 습관에 사로잡힐 때마다 블랙독의 감정을 찾아 그 느낌을 회피하거나 저항하지 않고 함께 한다면, 습관을 만든 과거의 상처받은 감정을 이해하고 수용할 수 있을 것이다.

습관이 만든 블랙독은 상처가 만든 어린 시절 얼어붙은 내면의 생명력과 사랑의 모습이다. 부적합한 습관의 반응에서 벗어나려면, 먼저 마음 안에 어떤 습관패턴이 작동하고 있는지를 알아야만 한다.

인지치료의 선구자 아론 벡 박사의 제자인 제프리 영 박사는 인생에 전반적이고 광범위하게 영향을 미치는 사람들의 성격적 특성에 대해 연구하면서, 본인 스스로 인식하지 못하는 무의식의 습관화된 부정적 인지도식에 대해 새로운 모형을 만들었다. 그는 어린 시절 시작되어 일생동안 반복되는 사람들이 가진 이러한 일정한 패턴을 '인생의 덫'이라는 용어를 사용하여 몇 가지로 분류했다. 그에 따르면 '인생의 덫'은 생각과 감정과 행동, 그리고 대인관계를 결정하며 불안과 슬픔, 분노와 같은 격렬한 감정을 불러일으킨다고 했다.

우리 상담센터는 사람들이 가진 인생의 부적합한 마음의 습관을 이해하기 위해 제프리 영 박사가 만든 인생의 덫에 관한 모형을 바탕으로 습관의 블랙독을 설명한다. 그리고 우리 나름대로 자기습관 찾기 모델을 활용하여 사람들이 빠져 있는 왜곡된 마음의 인식패턴을 이해하는 데 활용하고 있다. 대부분의 이런 감정과 행동의 습관은 내면의 혼란스러운 감정을 회피하거나 고통스러운 부분을 보지 않으려는 시도일 것이다.

자신의 습관 찾아보기

완전히 나와 다르다.	1	대부분 나와 일치한다.	4
대부분 나와 다르다.	2	나와 완전히 일치한다.	5
어느 정도 나와 일치한다.	3		

질문	어린 시절	현 재
①날 떠날지도 모른다는 두려움 때문에 친하게 지내거나 가까운 사람들에게 매달리는 편이다.		
②내가 좋아하는 사람이나 사랑하는 사람이 다른 사람을 더 좋아하게 되어 나를 떠나거나 싫어할까봐 굉장히 걱정한다.		
③사람들의 숨은 의도나 목적이 무엇인지 알려고 하거나 경계하는 편이다.		
④주위 여건과 사람들이 나를 해치지는 않을까 걱정하는 마음에 경계를 늦추기 어렵다.		
⑤병에 걸리거나 다른 나쁜 일이 내게 혹시 닥치지나 않을까 굉장히 걱정하는 편이다.		
⑥실직이나 경제적 파산으로 나와 가족을 돌보지 못하거나 남에게 의탁하게 될까봐 자주 걱정한다.		
⑦나는 현실의 삶에서 혼자 힘으로는 어려움을 극복해나갈 수 있는 힘이 부족하기 때문에 도움을 줄 수 있는 사람이 필요하다.		
⑧가족관계에서 특히 부모님과 나는 서로의 사생활에 대해서 지나치게 간섭하거나 관여하는 경향이 있다.		
⑨인생에서 나를 따뜻하게 돌봐주거나 나와 마음을 나누거나 내게 일어난 일에 대해 깊이 염려해주는 사람이 없었다.		
⑩부모나 주위 사람들이 나에게 이해와 공감, 지도, 충고, 지지에 대한 정서적 욕구를 만족시켜준 적이 없다.		
⑪나는 소속감이 부족하다. 남들과 다르다는 느낌 때문에 친구 관계나 모임에 어울리기가 힘들다. 나는 아웃사이더인 것 같다.		

⑫나는 따분하고 싫증나는 사람이다. 사교적인 자리에서 어떻게 이야기해야 할지 모르겠고 두렵다.		
⑬나는 내가 좋아하는 사람이 나의 모든 진실을 알게 되면 나를 사랑할 수 없을 것이라고 자주 생각한다.		
⑭나는 다른 사람의 관심, 사랑, 이해, 존경을 받을 가치가 없기 때문에 그런 것이 부담스럽다.		
⑮나는 학업이나 일에 있어서 능력이 부족한 사람인 것 같다.		
⑯나는 남들에 비해 재능, 지적 능력, 경력이 모자라기 때문에 지금 이 자리에 어울리지 않는다고 느낀다.		
⑰다른 사람이 원하는 대로 해줄 수밖에 없다. 그러지 않으면 어떤 방식으로든 나에게 보복하거나 나를 거부할 것이다.		
⑱사람들은 종종 내가 남들은 잘 위하면서 정작 나 자신은 위할 줄 모른다고 말한다.		
⑲나는 항상 모든 일에 최선을 다한다. 적당한 수준에 만족하기 힘들다.		
⑳나는 항상 할 일이 너무 많아서 쉬거나 즐길 시간이 없다.		

* '어린 시절'은 초등학교까지를 체크하고, '현재'는 자신의 현재 상태를 체크한다.

*1과 2는 괜찮으나, 3은 습관의 블랙독에 어느 정도 물들어 있다.

*4는 이미 습관화되어 있으며, 5는 습관의 블랙독이 아주 심각하게 자신의 삶을 지배하고 있다.

기본적 욕구의 부족		블랙독의 습관	많이 느끼는 감정
안정감	1, 2	버림받은 블랙독,	불안감, 긴장
	3, 4	학대받은 블랙독	
자율성	5, 6	불안한 블랙독	독립심 부족, 걱정
	7, 8	의존적인 블랙독	
정서적 유대감	9, 10	정서적 박탈의 블랙독	외로움, 소외감
	11, 12	소외된 블랙독	
자존감	13, 14	결함의 블랙독	결함, 수치심, 열등감
	15, 16	실패한 블랙독	
자기표현	17, 18	종속의 블랙독	죄책감, 분노
	19, 20	완벽하려는 블랙독	

블랙독이 일으키는 사고의 왜곡

상처받은 내면의 핵심감정이 일으키는 습관화된 블랙독을 치유하지 못하면, 우리는 아무리 나이를 먹고 성인이 되어도 과거 채워지지 못한 아이의 마음과 미숙한 행동을 반복하게 된다. 성숙된 어른의 마음이 아닌, 상처로 인한 유치하고 왜곡된 사고는 무의식중에 습관이 되어 인식되지도 못한 채 어떤 상황에서 자동적으로 튀어나와 관계와 삶을 고통과 불편으로 밀어 넣는 경우가 많다. 이런 왜곡된 사고를 자동적 사고라 한다. 이는 스스로 생존을 위해서나 자신을 방어하기 위해 만든 신념체계가 되기도 한다. 습관적으로 일으키는 왜곡된 생각을 보지 못하고, 상대방의 부당함이나 그들의 잘못에 초점을 맞추게 되면, 과거 상처에 대한 피해의식으로 작은 일에도 과잉반응을 일으켜 관계는 힘들고 어려워진다. 다음은 왜곡된 사고의 전형적인 형태들이다.

1. 과대 일반화

대화 속에 '전혀' '항상' '모두' '한 번도'와 같이 확대 해석하여 한두 번 일어난 일을 전체인 것인 양 매도해버리는 태도이다.

과대 일반화는 세상을 그릇되게 보게 하여 삶의 가능성을 제한시키고, 행복할 수 있는 기회를 빼앗아버린다. "그 사람은 나를 전혀 신뢰하지 않아.", "그는 항상 늦게 와.", "모두가 나를 속여.", "한 번도 내 편이 되어준 적이 없어." 이런 절대적 진술이 상대가 보기에는 억지이지만, 자동화된 블랙독의 마음은 당연시하거나 정당하다고 느낀다. 그들에게는 이런 표현이 보편화된 경우가 많다.

부부 문제로 상담하러 오는 많은 사람들은 상대가 자신에게 한 작은 실수나 오해, 섭섭함을 그때그때 스스로 표현하지 않은 채 마음속에서 생각으로 계속 키운다. 그리고는 어느 날 갑자기 상대에게 "당신은 한 번도 나의 입장을 이해하지 않고 언제나 자기만 생각하는 이기적이고 자기중심적인 사람이야."라며 강하게 분노한다. 과장된 표현은 자기의 감정을 정당화하고 상대에게 강하게 어필하려는 마음이지만, 그 효과는 상대를 죄의식으로 묶어버리거나 더욱 방어적인 태도를 갖도록 만들 뿐이다.

2. 양극화된 사고

미숙한 아이일수록 좋거나 싫거나 둘 중 하나만 가능하고 중간
은 없다고 생각하기 쉽다. 양극화된 사고는 "내 편이 아니면 네
편이다.", "선이 아니면 모두가 악이다.", "좋은 사람이 아니면
나쁜 사람이다." 등과 같이 상대에게 양자택일을 강요함으로써
스스로 관계에서 선택의 폭을 제한시킨다.

이런 흑백논리는 전형적인 아동기 사고의 산물이며, 성장하지
못한 상처받은 마음이 현실을 있는 그대로 보지 못하고 왜곡시
키는 전형적인 패턴이다. 이런 극단적 생각은 자신이 처해진 그
순간에는 확실한 것 같아도, 시간이 지나고 나면 후회하게 되는
경우가 대부분이다.

인생에 극단이란 존재할 수 없다. 그것은 자기 생각의 산물일
뿐이다. 세상은 흑과 백으로 되어 있는 것이 아니라 수많은 회색
으로 되어 있다. 우리는 이를 중도라고 하기도 한다. 어떤 극단
도 위험하다. 극좌가 위험하듯이 극우 또한 위험하다. 극단은 유
연함을 잃게 하고 다양한 선택의 기회를 제한하여, 삶을 누릴 기
회를 박탈한다. 이해란 극단의 사고에서 벗어나 상대가 자신과
다르듯이 그들이 가진 생각 또한 다를 수 있음을 인정하고 수용
하는 사고의 유연성일 것이다.

3. 좁은 시야

자신의 생각이나 마음에 맞는 것은 받아들이고 그렇지 않은 것
은 무시해버리는 태도이다. 이런 태도는 어떤 사건의 전체 중에

서 자신이 받아들일 만한 작은 한 부분을 토대로 전체를 해석하려 들며, 다른 중요한 측면은 무시하거나 최소화시켜버린다.

상처받은 마음은 때때로 진실을 있는 그대로 보는 것이 아니라 받아들이고 싶은 것만 받아들이고, 보고 싶은 것에만 초점을 맞추려는 성향이 강하다. 블랙독의 좁은 시야는 관계와 삶 속에서 상대와 자신에게 긍정적이고 좋은 면은 당연시하거나 무시하고, 부정적이거나 좋지 않은 면에 초점을 맞추고 그것을 전체인 양 부각시켜 판단하려는 경향이 많다.

때때로 부부 상담을 하다 보면, 문제를 야기하는 부부는 공정한 눈으로 보면 상대가 나름의 따뜻한 관심을 가지고 가족에 대한 책임감을 성실히 이행하고 있음에도 불구하고 자기의 기준과 좁은 시야에 빠져서 상대를 비난하는 경우가 많다. 이들은 상대에 대한 섭섭함이나 불만에만 초점을 맞추어 상대를 비난하거나 불평한다. 일부 신경증적인 사람들은 이러한 왜곡된 사고의 습관이 성격적으로 굳어져서 별것 아닌 상황에서도 상대를 심하게 비판하거나 비난하는 경우가 많다.

4. 임의적 추론

상처받은 블랙독은 생각의 구조에 빠져서 사물과 사실을 있는 그대로 보지 못하고, 심각한 편견을 가지고서 아무 근거가 없음에도 불구하고 엉뚱한 판단을 내리기도 한다. 예를 들어, 대인공포와 시선공포를 가진 사람들은 다른 사람이 모여서 얘기하는 것을 보고 자신을 평가하거나 흉본다고 생각하거나, 불편해하는 자신을 사람들이 알게 되면 자신은 버림받게 될 것이라고 생각한다. 분노의 감정과 피해의식에 빠져 있을 때는 옆에서 노래 부르는 것까지도 자신의 분노를 돋우려고 일부러 그런다고 생각하기도 한다.

이들은 사실과 진실을 보는 것이 아니라, 기준과 생각 속에서 일어나는 착각을 사실이라고 규정해버리는 경우가 많다. 예를 들면, 이런 생각의 구조에 빠진 사람들은 버스를 탈 때 버스 안의 모든 승객이 자신을 바라보고 있다고 착각하여 어쩔 줄 몰라 하거나 지나치게 의식하는 경우가 많다. 하지만 실제로는 버스 안의 누구도 그에게 관심이 없거나, 설령 눈길을 주더라도 아무 생각 없이 그냥 스쳐가는 눈길인 경우가 대부분이다. 생각은 스스로의 착각 속에서 수많은 모래성을 쌓거나 부수기도 한다.

5. 과장

좋든 나쁘든 상대방의 특징을 지나치게 확대 해석하거나 특정 사건의 결과를 심각하게 부풀려 파국으로 몰아가는 마음이다. 과장에 의한 파국적 사고의 밑바닥에는 두려움이 깔려 있는 경우가 많다. 내면에 있는 불안과 두려움을 스스로 보거나 이해하지 못하고 상대에게 투사하여 자기의 생각을 강요한다. 예를 들면, 소비가 조금 심한 자녀와 아내에게 "그렇게 돈을 쓰다간 집안 말아먹을 거다."라고 야단치거나, 조금 늦게 들어오는 자녀에게 "그렇게 노는 것이 좋으면 아예 들어오지 마라."고 하는 식으로 지나치게 일을 확대시킨다. 이들이 일으키는 과장된 표현은 상대로 하여금 극단적 감정을 불러일으키는 경우가 많다.

6. 마음 읽기

"네가 무슨 생각을 하는지 다 안다."는 신념으로 상대의 마음을 함부로 억측하거나, 상대가 자신에게 그릇된 생각과 악한 동기를 갖고 있다고 추측하는 마음을 말한다. 이런 마음의 태도는 상대에게 자신의 진실을 표현하지도 않은 채 상대가 자신의 마음을 몰라준다고 실망하거나, 스스로 세운 기대가 무너진 것을 상대의 책임이라고 원망하기도 한다.

7. 자기정당화

관계 속에서 갈등이 일어날 때, 자신은 합리적이고 정당하다고 생각하여 자신이 변하기보다는 상대를 자신의 방식에 맞추어 바꾸려 하거나 자기의 입장을 고수하는 태도를 말한다. 이들은 자신의 기준이 옳고 상대가 틀렸다고 확고하게 믿기 때문에 상대에게 상처를 주는 것이 당연하다고 생각한다. 자신은 아무 잘못이 없기 때문에 상대방이 제대로 한다면 모든 일이 좋아질 것이라고 생각한다.

인간의 기본적 욕구

미국의 심리학자 에이브러햄 매슬로우는 "인간의 욕구에는 5가지 단계가 있다."고 했다. 인간은 아랫단계의 욕구가 충족되면

차츰 윗단계의 욕구를 만족시키고자 노력한다. 어쩌면 인간은 끊임없이 어떤 목표에 도달하려고 하는 주관적 욕구의 동기로 살아가는 것은 아닐까 한다. 배가 고프면 배를 채우려고 하고, 동료들에게서 멀어지면 어떻게든 한패가 되어 소외받지 않으려는 욕구에 집착한다. 하지만 배가 고플 때는 먹을 것을 찾는 것이 우선이며, 동료들에게서 따돌림을 받는 소외의 욕구는 문제가 되지 않을 수 있다. 배고픔을 해결해야 비로소 동료들과의 문제가 절실하게 다가온다.

매슬로우의 말에 따르면, "인간은 아주 잠깐 동안의 시간밖에 만족한 상태에 있지 못한다. 왜냐하면 하나의 욕구가 충족되면, 또 다른 욕구가 생기기 때문이다. 욕구에는 단계가 있어서 맨 아랫단계의 욕구가 가장 강하고, 그 욕구가 어느 정도까지 충족되지 않으면 다음 단계의 욕구를 충족시키려는 행동을 일으키기 어렵다."고 했다.

매슬로우가 말하는 다섯 단계의 욕구는 다음과 같다.

1. 생리적 욕구 가장 낮은 단계의 욕구이다. 인간의 삶에 가장 기본적인 욕구로서 배고픔이나 갈증이 여기에 해당한다. 생명을 유지하기 위해 최소한으로 필요한 음식, 물, 수면, 산소 그리고 배설 등의 욕구를 말한다.

2. 안정과 안전의 욕구 신체의 안전과 동시에 심리적으로 협박당하거나 사회적 위험으로부터 피하려는 욕구를 말한다.

3. 사회적 욕구 좋아하고 사랑하고자 하는 욕구와 사랑받고자 하

는 욕구, 집단과 그 집단의 일원이 되고자 하는 욕구, 요컨대 다른 사람들과 따뜻한 인간관계를 맺고자 하는 욕구를 말한다.

4. 인정과 자존의 욕구 사람들로부터 인정받고 존경받고자 하는 욕구, 또한 자기 자신을 존중하고자 하는 욕구를 말한다.

5. 자기실현의 욕구 자신이 마음먹은 대로 자신을 실현하고자 하는 욕구, 즉 자신의 가치관을 충실히 실현시키려는 욕구를 말한다.

이에 대해 재클린 스몰은 "자아는 우리의 채워지지 않은 욕구가 남아 있는 단계를 향하여 그 욕구가 채워질 때까지 계속해서 우리를 뒤로 끌고 간다."고 했다. 자아의 목적은 세상에 대한 적응, 대처, 생존 등과 같이 기본적인 필요를 채워가는 것이다. 생존과 욕구에 대해 자아의 뜻대로 되지 않는 것을 '상처'라 한다면 상처의 고통과 회피는 블랙독을 무의식에 기르는 토양이 된다.

이제 우리는 인간이 성장하는 데 꼭 필요한 5가지 기본적 욕구(안전감, 자율성, 자존감, 정서적 만족, 자기표현)와 그것이 충분히 채워지지 못한 어린 시절 상처받은 마음이 만든 습관들을 심리적 문제와 연결해서 살펴보고자 한다.

성장에 꼭 필요한 5가지 기본적인 욕구

우리가 사회에 잘 적응되고 성숙한 인격을 가진 성인으로 성장하기 위해서는 어린 시절 반드시 충족되어야 할 핵심적인 욕구들이 있다. 이러한 욕구들이 충족되면 아이는 정서적, 심리적으로 순조롭게 성장할 수 있을 것이다. 하지만 어릴 때 기본적인 욕구가 충분히 채워지지 못하면 무의식 깊은 곳에 상처가 되어 블랙독으로 습관화되어버린다.

욕구에 굶주린 블랙독은 성인이 된 우리의 인생을 혼란과 두려움으로 고통스럽게 만드는 원인이 된다. 어릴 적 성장하는 아이에게 꼭 필요한 기본적인 욕구는 안전감, 자율성, 자존감, 정서적 유대감, 자기표현의 욕구들이다.

• 안전감의 욕구

안전감은 어린 시절 아이의 생존을 위해 가장 핵심적인 욕구이다. 안전감의 위협은 아이가 어릴수록 그 영혼에 깊은 상처로 각인되어 아이가 성인으로 성장하는 과정 내내 심각한 영향을 미치게 한다. 기본적 안전감은 부모나 가족이 어릴 때 아이를 어떻게 대했는가 하는 양육의 태도에 달려 있다. 부모나 가까운 사람으로부터 버림받거나 학대받은 아이는 정서적으로 심각한 타격을 받아 어느 곳에 있든지 안심하지 못하게 되는 경향이 있다.

안전감이 부족하면 언제든지 사랑하는 사람이 자신을 버리거나 학대할 것 같은 두려움에 빠지기 쉽다. 이들의 감정은 쉽게 흔들리고, 변덕스럽고 충동적이며, 자기파괴적이다. 아이에게는 안전하고 안락한 가정환경이 필요하다. 그들은 따뜻한 사랑을 가진 부모의 양육을 받으며 육체적, 정신적으로 편안한 공간에서 누구에게도 부당한 대우를 받지 않고 자랄 필요가 있다.

어릴 적 부모의 따뜻한 사랑과 신뢰의 경험을 받지 못하게 되면, 그들의 내면은 불안과 우울, 섭식중독과 같은 만족할 줄 모르는 갈망으로 굳어지거나 계속해서 상대로부터 무언가를 확인받고자 하는 욕구로 나타나기도 한다. 안전감의 상실은 자기사랑의 상실로 나타나는 경우가 많다.

에릭 에릭슨은 어린 시절 발달단계에서 안전에 대한 기본적 욕구를 '존재의 내면 인식의 확립'이라고 했으며, 칼 로저스는 안전을 '현실에 우호적이고 신뢰감을 형성하는 기본'이라고 보았다. 안전감이 충족될 때 아이는 필요로 하는 모든 것이 이 세상에 존재한다고 신뢰하게 된다. 이럴 때 아이는 긴장을 풀고 사람들과 세상을 신뢰하면서 긍정적으로 삶을 누릴 수 있을 것이다.

안전감이 충족되지 않을 때의 습관

버림받은 블랙독, 학대받은 블랙독

• 자율성의 욕구

적절한 때에 적절한 순서로 욕구가 충족되는 것이 자연스러운 방식이다. 하지만 욕구가 충분히 채워지지 못하면, 불행히도 상처받은 아이의 마음은 블랙독을 내면에 습관화하게 된다. 자율성은 아이의 성장과정에서 그때그때 필요한 분리와 독립을 할 수 있는 능력을 말한다. 이것이야말로 '나 됨'의 시작인 것이다. 자율성은 스스로 '잡는 것과 놓는 것'의 정서적 균형을 배워나가는 과정에서 꼭 필요한 욕구이다. 이때 부모는 아이에게 나이에 맞는 한계를 정해주고, 안정감 있게 참을성을 가지고 지켜보는 것이 필요하다. 아이들은 독립심을 표현하고 서로 다름을 배워 나가야 한다. 그리고 그들은 부모에게 화를 내거나 부모의 의견에 반대해도 부모가 자신을 버리거나 떠나지 않는다는 것을 배울 필요가 있다.

자율성은 갈등을 해결하는 방법과 세상의 모든 일이 항상 자신의 뜻대로 되지는 않는다는 것을 배우게 한다. 자율성은 올바른 의지력을 키워주고, 의지력은 우리로 하여금 행동할 수 있는 힘을 발달시킨다. 자율성의 욕구가 잘 충족되면 아이들은 자신만의 경계선을 세우고 내 것이 무엇이고 네 것이 무엇인지를 잘 알아서 좋은 대인관계를 형성한다. 자율성은 스스로에게나 다른 사람에게 '아닌 것은 아니라고' 표현할 수 있는 의지력을 키워준다.

자율성의 욕구가 부모에 의해서 무력화되거나 잘 훈련되지 못하면, 아이는 세상을 위험과 불안이 가득 찬 두려움으로 보게 되고 끊임없는 걱정으로 무기력해질 수 있다. 독립적인 아이의 행동이 부모의 비판이나 압력에 의해서 훼손되면, 아이는 부모의 정체성과 자아의 정체성 사이에서 혼란을 겪을 수도 있다.

자율성이 충족되지 않을 때의 습관

불안한 블랙독, 의존적인 블랙독

• 자존감의 욕구

자존감이란 우리가 개인적, 사회적, 직업적 영역에서 스스로를 가치 있는 존재라고 느끼는 것이다. 이것은 가족 안에서나 또래 집단, 그리고 학교나 직장에서 존중받은 경험에서 형성된다. 자존감은 자기 정체성의 인식을 강화하여 건강한 삶을 창조하는 힘이 된다. 자존감은 성장 시기에 부모로부터 지나친 비난이나 거부를 당하지 않고 칭찬과 격려의 따뜻한 분위기 속에서 자랄 때 커진다.

하지만 때때로 성숙하지 못한 부모는 아이가 한 모든 일을 못마땅해하거나 비난하는 경우가 많다. 이때 아이는 스스로 사랑받을 가치가 없다고 느끼게 될 것이다. 그리고 동료들에게 거부당한 경험의 상처가 있다면, 그들은 자신이 부적합하다는 느낌과 실패자라는 암시를 자신에게 줄 수도 있다. 이런 비난과 거절의 경험은 삶과 관계에 과잉반응을 불러일으켜서 불안하게 만들고, 새로운 도전과제를 만나면 회피하거나 제대로 처리하지 못하게 만들기도 한다.

자존감의 욕구가 충족되지 못하면, 아이는 성인이 되어서도 습관화된 블랙독에 의해 진정한 자신의 모습을 잃어버리거나 '나 됨'을 상실하게 된다. 이런 자아 정체성의 결핍은 그들의 내면에 중독적인 죄책감을 형성하여 타인의 감정이나 행동에 대해서 과도한 책임을 지려는 결과를 낳기도 한다. 자존감의 손상은 우리의 내면에 수치심의 블랙독을 키워 열등감을 갖게 만들고, 어떤 일에서든 만족하지 못하게 만든다.

자존감이 충족되지 않을 때의 습관

결함의 블랙독, 실패한 블랙독

• 정서적 유대감의 욕구

아이는 어릴 때 어머니와 같이 자신을 양육한 존재와 연결되어 있다. 어머니는 아이에게 '나 됨'이라는 자아를 찾기 위해 반영해주는 거울로서 상호의존적으로 연결되어 있는 경우가 많다. 어머니가 진정으로 아이를 위해서 존재해준다면 아이는 그녀와 유대관계를 맺게 되고, 이런 유대관계는 아이가 앞으로 살아가는 모든 관계의 기반이 되는 대인관계의 다리를 만들어준다. 우리가 어릴 적 아이의 모습 그대로 부모나 주위로부터 사랑받고, 존중받으며, 특별한 돌봄이나 보살핌, 대우를 받는 등 정서적인 필요가 잘 충족된다면, 성인이 되어서 더 이상 이런 것을 찾아 인생을 배회하지 않아도 될 것이다.

정서적 연대감은 관계에서 사랑과 공감, 관심, 존경, 이해, 배려, 지지 등을 필요로 한다. 이것은 개인적으로 주변 사람들과 친밀한 관계를 유지하고 사회적으로 소속감을 가지고 잘 어울릴 수 있는 느낌을 말한다. 하지만 연대감이 부족하면 우리는 항상 다른 사람과 동떨어진 느낌을 가지고 거리를 두면서 누군가가 지나치게 다가서는 것을 허용하지 않을 수도 있다. 이들은 결국 아무도 자신을 진정으로 이해하거나 걱정해주지 않는다고 생각한다. 정서적 유대감의 상실은 결국 외로움과 공허감으로 아웃사이더가 된 느낌을 가지게 만드는 중요한 원인이 된다.

상처받은 부모는 자신의 상처를 보호하기 위해서 아이로 하여금 아이의 감정대로 성장하지 못하게 만들고, 아이의 감정을 그들의 상처를 위해 이용할 수도 있다. 예를 들면, 어른들의 불안과 두려움을 아이에게 투사하여 아이를 지나치게 지배하고 통제하려 하거나, 외부에서 받은 분노를 공부나 청소 등의 핑계를 만들어 연약한 아이에게 표출하기도 한다. 이로 인해 아이의 내면에는 분노와 아픔의 감정이 뿌리 깊이 자리 잡게 된다. 이들에게는 힘들 때 자신의 편이 되어주거나 아픔을 알아주는 사람이 아무도 없었다. 블랙독은 내면의 감정적 에너지를 얼어붙게 만들고 충족되지 못한 욕구를 채워달라고 계속해서 짖을 수밖에 없다.

• 자기표현의 욕구

우리의 삶에서 상처는 어쩌면 사랑을 받지 못해서 생겨나는 것이라기보다는 우리의 가슴에 충만한 사랑을 마음껏 표현해보지 못하기 때문일 수도 있다. 자기표현이란 자신의 욕구가 다른 사람의 욕구만큼 중요하게 다루어질 것이라는 믿음이다. 자기표현이 장려되는 환경에서는 우리가 타고난 관심사와 선호를 스스로 찾아나갈 수 있도록 격려해준다. 하지만 자기표현을 억압하거나 위축당하게 되면, 우리는 자신의 욕구를 표현하는 데 죄의식을 느끼게 된다. 이렇게 되면 자신의 욕구나 감정보다 상대의 감정이나 욕구를 우선시하게 된다.

표현이 억압된 감정과 욕구는 우리의 삶을 무겁게 만들거나 심각하게 만든다. 이렇게 습관화된 블랙독은 즐거움과 기쁨을 빼앗아가며 삶을 침울하고 냉정하게 만들기도 한다. 슬픔이나 분노의 감정이 타인에게 크게 피해를 주지 않는다면 자연스럽게 표현할 수 있어야 한다. 표현이 억압된 사람은 자기의 감정에 둔감하거나 인생에서 자발성을 찾기 어려워질 수 있다. 그들은 다른 사람의 눈치를 보면서 상대가 원하는 삶에 맞추려 할 수도 있다. 그럴 때 삶은 기쁨보다는 우울과 분노로 점철되어 공허해질 것이다.

자기표현이 충족되지 않을 때의 습관

종속의 블랙독, 완벽하려는 블랙독

4

내 영혼의 상처 – 블랙독

불안한 블랙독은 금방 큰일이 닥칠 것이라는 근거 없는 두려움의
감정을 만들고, 아주 가볍고 하찮은 걱정거리를 생각으로 부풀려
마치 큰일이 눈앞에 닥친 것처럼 상상하게 만든다.
이런 블랙독을 가진 사람들은 안전과 안정성을 가장 중요한
선택의 기준으로 삼으며 인생을 도전과 성취,
기쁨으로 보기보다는 위험하고 힘든 고통으로 보는 경향이 많다.

나는 당신이 스스로 사랑임을 인식하기 이전에

당신을 찾아왔습니다.

당신이 사랑받지 못하고 위험에 노출되고 상처받고 있을 때

당신은 나를 불러들였습니다.

나는 당신이 흠 많은 결점투성이라고 느끼게 만들고

불신과 추함, 의심과 열등감을 내면에 새겼으며

당신이 스스로 무언가 잘못되었다고 속삭이게 했으며

당신이 사랑을 부정하게 했습니다.

나는 비난의 말을 속삭이는 내면의 목소리이며

당신 어둠의 깊은 층에서 억압과 분노와 함께 살고 있습니다.

나는 부끄러움을 모르는 부모의 버림과 비웃음,

학대와 무시로부터 와서

그들의 분노와 조롱, 그로 인한 굴욕감으로부터 힘을 얻었습니다.

나는 당신의 밑바닥에 깔린 오래된 아픔이며 두려움입니다.
당신은 나로부터 도망치거나 피할 수 없습니다.
나는 당신의 내면에 살고 있기 때문입니다.

내가 준 아픔은 너무나 지독해서
통제와 경멸, 비난과 시기, 비판을 통해
나를 다른 사람에게 보내야만 할 것입니다.
그러지 않으면 중독이나 불안, 무의식적 자기방어로
나를 감추고 숨겨야만 할 것입니다.

나는 우울과 공허함, 반복적인 강박과 상호의존,
범죄와 폭력의 핵심이며
상처받은 내면의 어둠입니다.
나는 당신 안의 블랙독입니다.

버림받은 블랙독

안녕하세요. 저는 20대 후반의 여성입니다.

저는 사랑하는 사람과 관계를 맺는 데 약간의 문제를 가지고 있습니다. 상대에게 호감이 강할수록 집착이 심해집니다. 저 스스로 이것을 알기에, 정말 좋아하게 되어 집착하는 걸 느끼게 되는 순간 연락을 하지 않으려고 합니다. 왜냐하면 이미 그걸 느끼는 순간이면 상대는 어느 정도 저에게 불편함을 느끼고 있는 상황이니까요. 슬프네요. 이제 사랑하는 누군가를 만난다는 것이 무섭기까지 합니다.

연애 경험이 적어서도 아니고 상대를 만난 지 얼마 되지 않아서 그런 것도 아닙니다. 상대를 만나면 제 행동과 말 하나하나에 신경이 쓰이고, 상대가 저를 싫어하게 되면 어쩌나 걱정하고, 자존감이 낮아서 꼭 제가 짝사랑하는 것만 같은 마음이 들고, 저 자신이 쓸모없는 존재인 것 같고…… 이런 생각을 하는 제가 한없이 못나 보입니다.

어린 시절의 기억을 떠올리면 부정적인 생각만 듭니다. 부모님이 이혼을 하셔서 청소년기에 엄마 없이 살았습니다. 아마 엄마를 잃었던 상실감 때문에 호감 가는 상대가 나타나면 엄마에게 받지 못했던 사랑과 애정을 한꺼번에 보상받으려 하고, 그 마음이 애착을 넘어 집착으로 작용하는 듯합니다.

부모님의 이혼이 저에게 이렇게 큰 영향을 끼칠지는 몰랐습니다. 엄마란 존재는 그동안 저에게 거의 모든 것이었다고 해도 과언이 아닐 정도였습니다. 일곱 살 때였던 어느 날 저녁에 아빠는 평소처럼 술을 마시고 집에 늦게 들어와서 엄마와 싸웠습니다. 그러다가 갑자기 아빠가 소리치며 엄마를 때리려 했는데 제가 막 울면서 싸우지 말라고 말렸습니다. 그런 저를 보며 아빠는 엄마를 데리고 다른 방으로 들어갔습니다. 아무도 없는 데서 때리려고……. 그때 문밖에 서서 들었던 엄마의 날카로운 비명이 아직도 귓가를 맴도는 듯합니다.

전 울면서 소리쳤습니다. 엄마를 때리지 말라고……. 방문을 열려고 두드렸지만 잠겨 있었죠. 얼마 후 아빠가 문을 열고 나왔는데, 방 한 구석에 엄마가 피투성이가 된 채 쓰러져 있었습니다. 전 그때 이런 생각을 했던 걸 기억합니다. "아, 내가 할 수 있는 일이 아무것도 없구나. 난 아무것도 못하는 쓸모없는 존재구나." 그때의 상처받고 불안했던 자신을 발견하며 엄청 울었지만 저는 별로 달라지지 못했습니다. 언제까지 과거의 상처를 붙들고 달래야 할지…….

그 사건 이후 엄마는 이혼을 하고 집과의 연락을 끊으려 했습니다. 저와는 가끔 연락하고 지냈지만 엄마는 제가 다가오지 못하게 했습니다. 한 번씩 엄마가 저를 보러 올 때면 엄마를 잃어버릴까봐 엄마 옆에 붙어서 불안으로 가슴 조이던 기억이 납니다. 전 아빠랑 살며 엄마가 없는 자리에서 아빠의 갖은 구박을 다 받아야 했습니다. 누구 하나 의지할 사람 없는 외톨이였습니다. 제 안의 채워지지 못한 부분 때문에 이성과 가까워지면 한꺼번에 너무 많은 걸 기대하고, 그렇게 되지 않으면 실망하고 화가 납니다. 그런 제 모습을 상대가 싫어하면 더욱 집착하고 매달리고 연락하고…….

연애를 하면서 상대방은 아빠와 다른 사람을 찾으면서도 정작 저는 아빠를 닮아가는 듯합니다. 관련 서적들을 보며 제가 왜 이런지 알 것 같기도 하지만, 껌처럼 가슴에 착 달라붙은 부정적인 감정들은 말처럼 쉽게 바뀌지 않네요. 그래서 더 이상 안 되겠다 싶어 상대와의 연락을 먼저 끊어버립니다. 이렇게 상대와 인연을 끊어서 저의 널뛰는 감정을 달래기 시작한 지도 얼마 안 됐습니다. 하지만 또다시 관계에 들어서면 감정을 통제하지 못하고 집착하게 되는 것이 두렵습니다.

나름 많이 생각하고 어떻게든 고쳐보려 했지만, 하…… 한숨밖에 안 나옵니다. 알면서도 반복되는 이 고통스런 습관을 어떻게 해야 하나요? 저에게 사랑은 집착이며 또 다른 고통일 뿐입니다. ─나비

 안녕하세요, 나비님.

나비님의 글 속에 담겨 있는 마음을 읽으면서 님의 내면에 있는 상처받고 버림받은, 그리고 다시는 버림받지 않으려고 발버둥치는 한 아이의 울부짖음과 외로움이 가슴에 슬픔으로 다가옵니다.

님은 상처받은 마음에 울고 울었지만 언제까지 상처를 달래주어야 할지 모르겠다고 합니다. 님의 가슴에는 외롭고 초라한 아이, 버림받은 아이가 살고 있습니다. 어릴 적 엄마로부터 버림받았던 한 아이가 있습니다.

님은 나이가 들고 성인이 되었지만, 현재의 삶을 해석하고 반응하는 마음은 언제나 과거의 어릴 적 상처받은 그 아이의 마음을 한 번도 벗어나지 못하고 있는 것은 아닌지요. 현재의 관계와 상황 속에서 나이 들고 성인이 된 자신이 아니라 어릴 적 엄마로부터 버림

받은 무의식의 아이가 투정하고 떼쓰고, 버림받지 않으려고 불안해하며 집착하고 있지는 않은지요.

상처받은 자신을 어쩌면 머리로는 눈물 흘리고 이해하려고 하지만 그 아이의 진정한 슬픔과 고통은 외면하고 있지는 않은지요. 내면의 상처받은 아이는 진정으로 자신에게 돌아와 자신을 받아주고 사랑해주기를 기다리고 있지만, 님은 내면의 부족한 사랑을 외부로부터 채우려고만 하는 것은 아닌지요.

님은 "제 안에 채워지지 않는 부분들 때문에 제 가까운 사람에게 너무 많은 걸 기대하고 실망하고……"라고 얘기합니다. 님은 스스로 자신과 함께 하지 못하고 외부로 나아간 만큼 그리고 외부에 기대한 만큼 실망하게 될 것입니다. 어쩌면 님은 그런 삶을 반복하고 있는지도 모릅니다.

어릴 적 이혼하신 엄마가 집에 오셨을 때 다시 떠날까봐 불안해하던 그 마음을 회피하지 않고, 그 불안 속에서 가슴 졸이며 울고 있는 아이의 마음을 한 번이라도 이해해본 적이 있나요? 님의 삶은 끊임없이 그 불안으로부터 도망치는 인생은 아닌지요. 님은 아직 사랑을 모릅니다. 다시는 버림받지 않으려고 매달리는 그 불안을 사랑으로 착각하고 있는지도 모릅니다. 그것은 고통이며, 언제나 불안한 지옥의 마음이지요.

사랑은 진정으로 자신을 사랑할 수 있을 때 일어납니다. 님은 아직 자신을 사랑하거나 받아들이기에 부족함이 있습니다. 열정은 자신과 삶을 사랑하는 마음에서 나오기에 님에게는 의욕과 열정이 부족할 수밖에 없습니다. 좋은 책이나 명상은 내면의 일렁이는 마음의 찌꺼기와 분노의 파도를 가라앉혀 잠시 동안은 편안하게 해 줄 수 있습니다. 하지만 현실과 삶의 실전에서는 무의식에 깔린 상 처받은 마음이 올라올 수밖에 없습니다.

머리로 자신을 이해하는 것과 가슴으로 자신을 받아들이는 것에 는 많은 차이가 있습니다. 님의 내면에 언제나 기대고 싶고 어리광 부리고 싶은 그 마음을 이해하고 받아주세요. 자신 안에 사랑으로 부터 버림받았다고 투정하고 기대하는 무의식의 그 어린아이를 따 뜻하게 사랑으로 안아주세요.

괜찮습니다. 어찌 들판의 꽃들이 비바람과 흔들림 없이 성장하고 꽃필 수 있겠습니까? 버림받지 않으려는 마음은 어릴 적 기억에 의 한 자기한정과 자기암시가 만든 최면일 뿐입니다. 상처받은 과거는 기억 속에만 존재하지요. 그러기에 현재 나비님 스스로 부정적 생 각에 이끌려 다니거나 집착하지 않는다면, 님은 사랑 속에 있을 수 있습니다. 자신 안의 따뜻함과 사랑이 실체입니다. 내면의 사랑을 신뢰하지 못하고 믿지 못하는 두려움이 고통입니다. 힘든 마음을 이렇게 표현해주셔서 감사합니다. 더운 날씨에 건강하시기를…….

안녕하세요. 저는 26살의 직장 여성입니다. 부모님도 그렇 고 저희 집안 식구 모두 뚱뚱한 편이 아닌데요. 저만 사춘기인 중2 때부터 인스턴트 음식과 불규칙한 식사, 운동부족으로 조금씩 살 이 찌기 시작했습니다. 그래도 살이 잘 찌는 체질은 아니어서 고1 때까지만 해도 제 나름대로 정상체중을 유지하고 있었는데, 고2

때부터 살이 심하게 찌기 시작하더니, 지금은 한숨이 나올 지경입니다. 살에 대한 심한 스트레스 때문에 외출은 거의 1년 넘게 못하고 있고요. 그러면서도 집에 틀어박혀서 음식으로 스트레스를 풀고 있습니다. 집, 회사, 먹기, 집, 회사, 먹기를 반복하죠.

저에게 애정결핍이 좀 심하게 있긴 합니다. 회사에서 기숙사 생활을 하다보니 혼자 있는 시간이 많아 쓸쓸할 때도 많고, 제가 아주 어릴 때 부모님이 이혼을 하셨고, 성적으로 나쁜 일도 많이 겪고, 성격도 완벽하지 못하다보니 쉽게 포기해버리고 집착도 강하고……. 요즘은 체중에 대한 극심한 스트레스로 한동안 미친 듯이 먹다가도 며칠은 죄인처럼 쫄쫄 굶다가, 다시 과식하고 그래요. 배가 고파서 음식을 먹는 경우는 거의 없어요.

스트레스를 심하게 받으면 사람들은 보통 식욕이 없어지지 않나요? 저는 정말 심각하게 신경을 쓰고 있으면 음식에 대한 욕구가 더욱더 생깁니다. 배가 고프지도 않은데, 어디 가서 뭘 먹는 게 좋을까 하고 아침에 눈을 떠서 자기 전까지 이 생각만 합니다. 심지어 자는 도중에 억지로 눈을 뜨고 일어나 꾸역꾸역 먹고 다시 잠을 자고, 잠들기 전 머리 위에 먹을 것을 두고 먹으면서 잠이 들기도 하고, 분명 배가 고픈 건 아닌데 말입니다. 양약도 먹어보고 한약도 먹어보고, 6개월 정도 신경정신과에서 우울증상담과 약처방을 받으면서 좋아지려고 노력도 해보았지만 별로 효과가 없었어요.

가만히 생각을 해보니 제 정신이 이상해진 것 같아서 이렇게 심리상담센터를 알아보게 되었습니다. 제가 말씀드린 이 증상들이 치료가 가능하다면 되도록 빨리 심리치료를 받고 싶습니다. 빠른

답변 부탁드립니다. 제발 도와주셔요. – 유리공주

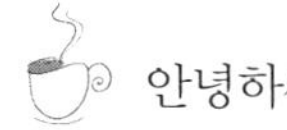 안녕하세요, 유리공주님.

그동안 음식에 대한 집착과 그 집착하는 자신에 대한 비난과 경멸로 고통이 얼마나 심했을지, 님의 글 속에서 힘든 과정이 보이는 듯합니다. 그동안 식습관을 바꾸기 위해서 외적으로는 나름대로 많은 노력을 해오셨군요.

현재 우리나라는 신체적으로 남자의 30%, 여자의 40% 정도가 과체중으로 인한 스트레스에 노출되어 있지요. 하지만 심리적 과체중의 경우에는 남자의 80%, 여자의 90% 이상이 사회적 분위기에 편승하여 살을 빼기 위해 다이어트나 운동, 식이요법 등으로 노력하고 있다는 민간 연구조사기관의 통계자료를 본 적이 있습니다.

음식에 대한 집착과 장애를 치유하는 데 외부적인 식이요법이나 다이어트 방법이 도움이 되는 것도 사실이지만, 자기 내면에 대한 이해가 없다면 계속 주기적인 반복의 패턴에 빠지게 되는 경우가 많습니다. 음식에 집착하는 자기의 마음은 모른 채 억지로 식습관을 조절하고 살을 빼려고 하면 내면 무의식에 긴장을 야기하게 됩니다. 자신의 식생활을 통제하고 모든 것을 완벽하게 보이려 할수록 내면 무의식에는 엄청난 중압감과 스트레스의 고통을 생산하게 됩니다. 그러기에 어느 순간에 가면 긴장이 폭발해버리고, 억압을 해소하기 위해서 중독적으로 음식을 다시금 찾게 되는 악순환을 반복하게 됩니다.

식습관에 대한 장애를 겪는 많은 사람들을 상담하면서, 그들이 내면의 고통과 어린 시절 받았던 상처를 보지 않으려 관심을 다른 곳으로 돌리는 방법으로 음식중독을 일으키는 경우를 많이 보게 됩니다. 심리학에서는 이것을 전환이라고도 합니다.

무의식적으로 전환의 직접적인 계기가 되는 것은 불안을 일으키는 외부의 상황입니다. 이때 손상받은 자존심이나 체면 등을 보상하기 위해서 직접적인 불안이나 고통 대신에 다른 것으로 나타나게 하는 마음의 속임수가 전환입니다. 주로 사춘기와 성년기 초기에 흔히 일어납니다. 그들의 내면은 엄청난 분노의 감정과 억압된 슬픔에 묶여 있으며 마음은 항상 공허하고 외롭기 때문에 먹는 것으로 채우려 할 수도 있습니다. 자기의 마음을 직접 표현하지 못하거나 욕구불만이 생겼을 때, 또는 극도의 감정 변화를 주체하지 못할 때 주로 생길 수 있습니다.

반복적인 다이어트는 자신을 부끄럽게 여기거나 받아들이지 못하는 상처받은 내면을 보지 않으려는 도피적인 방법인 경우가 많습니다. 음식에 대한 집착은 먹을 때나 통제할 때 기분을 전환시켜, 자신의 진정한 고통은 외면하고 온통 먹는 것과 먹지 않는 것에 관심을 쏠리게 하여 스스로에 대한 나쁜 인상과 부정적 느낌으로부터 벗어나게 하는 방법입니다.

그러기에 식습관을 변화시키려면 외적인 변화를 위해 억지로 노력하기보다는 자신의 진정한 마음과 감정을 이해할 때 변화의 속도와 힘이 커질 수 있습니다. 유리공주님께서 지금의 힘든 과정을 벗어나고자 노력하신다면 저희가 힘이 되어드리겠습니다. 감사합니다.

유리공주님은 며칠 후 건강이 좋지 않아 한 달간 휴가를 내고 상담센터를 방문했다. 센터를 들어서는 그녀는 뚱뚱하지도 않았고, 작고 하얀 얼굴에 긴 머리를 한 아주 예쁜 아가씨여서 첫인상에 조금 놀랐다. 자리에 앉자마자 그녀의 몸매와 얼굴에 대해 칭찬을 했다. 하지만 그녀는 자신의 이미지에 대해 강하게 부인하면서 아니라고 부정했다. 자신을 받아들이지 못하는 사람들은 다른 사람들이 아무리 그들에게 괜찮고 좋다고 하여도 대부분 믿지 못하고 아니라고 하는 경우가 많다. 그녀는 얼마 전에 조울증이 심해지면서 직장 기숙사에서 약을 먹고 자살을 시도했으며, 회사에서 한 달간 마음을 치료하라고 휴가를 주었다고 한다. 현재는 정신과에서 치료 중이며 주위 사람들의 권유로 종교를 가지고 운동과 그림 그리기를 함께 하면서 현재의 힘든 상황을 극복하기 위해서 노력하고 있었다.

유리공주님의 어릴 적 기억은 대부분 부모님이 싸우고 때리고 부수는 것이었다. 그녀는 부모님이 싸우거나 욕설을 퍼부어도 울지 않았고 그냥 바라보고 있거나 혼자 놀이터에 나가서 놀았다. 부모님은 그녀가 여섯 살 때 이혼을 하셨고 엄마는 그녀를 두고 떠나갔다. 아빠가 무서울 때마다 그녀는 자신을 버리고 떠나간 엄마를 많이 원망했다. 그 후 엄마는 가끔씩 전화를 했지만 초등학교 이후에는 그마저 끊겼다. 초등학교, 중학교, 고등학교는 자신을 지켜주는 사람이 없었기에 힘들고 부끄럽고 수치스러운 생활의 연속이었다. 그녀는 여자인 자신이 싫어서 사내아이처럼 검은 바지에 헐렁한 티셔츠를 입고 다녔고, 고무줄 놀이보다는 축구를 좋아했다.

소풍이나 운동회에 김밥 한 번 싸가지 못해서 친구 엄마에게 부탁하거나 빵을 가져갔다. 학교에 가면 활발하고 명랑했지만, 집에 오면 아빠가 무섭고 두려워서 눈치 보는 말없고 내성적인 아이였다. 친구와 싸우면 며칠간 밥도 못 먹고 잠도 잘 못 잤다. 친구가 달라면 주고 하라면 하는 소심쟁이였다. 남자를 몇 번 사귀기는 했지만 심한 집착으로 항상 싸움이 끊이지 않았다.

직장에 취직한 후에는 홀로 있는 외로움과 불안으로 밥도 잘 먹지 않고 과자나 군것질로 끼니를 자주 때웠다. 점점 사람들과 마주하는 것이 겁이 나고, 그럴수록 먹는 것에 대한 집착은 늘어만 갔으며 그나마 먹을 때가 그녀에게는 가장 편안했다.

유리공주님의 음식에 대한 집착과 심리적 고통은 사랑하는 엄마를 잃고 감정적으로 고립된 무의식의 버림받은 블랙독이 가진 습관인 것 같았다. 버림받은 블랙독은 삶을 신뢰하지 못하고 안정감이 없으며 관계에서 사랑을 믿지 못한다. 그들은 상대에게 지나치게 매달리거나 약간의 이별 가능성에 대해서도 부적절하게 화를 내거나 걱정을 한다.

이런 블랙독이 내면에 자리를 잡게 되는 것은 대부분 어린 시절에 일어나기 때문에 성인이 된 자신이 왜 이런 반응과 행동을 하는지 이해하지 못하는 경우가 많다. 평소에는 나타나지 않다가 강력한 유발인자가 되는 이별이나 이직, 가까운 사람의 죽음과 같은 상실의 경험이 일어날 때면 습관화된 블랙독의 감정과 합해져서 더욱 부정적인 감정에 휩싸이기 쉽다.

유리공주님은 어린 시절 두려움과 슬픔의 감정을 보지 않으려고 일찍부터 감정을 차단하면서 살아왔다. 그녀에게는 그것이 감당할 수 없는 고통과 외로움으로부터 자신을 지키기 위한 유일한 수단이었을 것이다. 모든 아이는 생존을 위해서나 부모의 사랑을 얻기 위해서 노력하지만, 그녀에게는 성취하거나 열심히 살아야 할 이유가 아무것도 없었다. 누구에게도 인정과 칭찬을 받지 못했기에 그녀는 무언가를 시작하기도 전에 포기를 하거나 아예 시작도 하지 않았다.

버림받은 블랙독은 관계에서 배우자나 연인이 조금만 거리를 두거나 다른 사람에게 상냥하게 굴어도 헤어지자고 제안할지도 모른다. 유리공주님은 남자와 사귈 때마다 자신에게 관심을 가져주지 않는다고 항상 불만이었고 그래서 심하게 싸웠다.

스스로 치유하지 못한 상처는 대를 이어 내려간다. 그녀는 어려서 알지 못했지만, 아마도 그녀의 부모가 심하게 다툰 이유도 같은 것이 아니었을까?

버림받은 블랙독이 내면에서 활동하기 시작하면 부정적인 감정인 불안-슬픔-분노의 감정적 악순환이 지속적으로 이어진다. 불안은 홀로 남겨진 아이가 느끼는 공포이며, 슬픔은 떠나간 사람으로 인한 외로움이며, 분노는 자신을 떠난 상대와 그 사람을 필요로 하는 자기 자신에 대한 감정일 것이다.

유리공주님의 음식에 대한 집착과 스트레스는 불안과 슬픔, 분노한 내면의 블랙독을 회피하거나 보지 않으려는 시도였다. 그녀는 일찍부터 외로움과 만났고 생존방법을 터득한 듯했다. 하지만 그녀의 내면은 블랙독의 울부짖음으로 이미 황폐화되어 있었다. 버림받은 블랙독은 어릴 적 부모의 이혼이나 죽음, 한쪽 부모가 상당히 오랜 기간 질병에 노출되어 아이를 제대로 양육할 수 없는 경우에 자주 생겨난다. 부모의 상실은 아이에게는 감당하기 힘든 너무나 큰 심리적 충격을 준다. 대개 상실이 일찍 일어날수록 아이는 취약하고 내면의 블랙독은 더욱 강화된다. 그녀는 남자처럼 울지 않고 강한 척, 못된 척 했고 음식을 조절함으로써 자기 삶을 통제하려고 했을 것이다. 그녀에게 음식을 먹는 것은 불안과 공허감을 채우는 사랑의 충전이었고 긴장의 해소였다.

그녀는 소리 없이 울었다. 지금껏 생각하기 싫었고 보지 않으려 했던 고통과 슬픔이 한꺼번에 터져나오는 것 같았다. 버림받은 블랙독은 누구도 믿지 못하기에 질투와 소유의 감정으로 친밀한 관계를 회피하거나 과도하게 매달리게 만들어 불안정한 관계를 형성한다. 이들이 끌리는 대상은 안정되고 신뢰를 주는 사람이기보다는 불안정한 사람과 믿음을 주지 못하는 사람이기 쉽다. 이런 선택은 내면의 블랙독을 다시 활성화시켜 고통에 빠뜨리는 악순환을 반복하게 만든다.

버림받은 블랙독이 선택하는 연인이나 배우자의 특징

- 상대가 결혼을 했거나 바람을 잘 피운다.
- 상대방의 감정이 불안정하거나 자기중심적이다.
- 상대방이 자기의 일과 취미에 빠져 있다.
- 상대의 감정이 양가적으로 왔다 갔다 한다.

버림받은 블랙독이 관계에서 일으키는 특징

- 상처받는 것을 두려워하여 친밀함을 피하려 한다.
- 사랑하는 사람을 잃지는 않을까 심하게 걱정한다.
- 사람이나 물건에 대해서 질투와 소유욕이 강하다.
- 상대의 사소한 말이나 행동에 지나치게 반응한다.
- 떨어지기 싫어하거나 지나치게 매달린다.
- 상대를 신뢰하지 못하여 작은 일에도 상대를 비난한다.

상담이 진행되면서 그녀는 어릴 적 엄마를 잃어버린 내면의 상처받은 아이를 만났다. 여섯 살 때 외갓집에서 외삼촌이 그녀를 아빠의 차에 태웠다. 그녀는 울면서 안 가겠다고 버텼다. 엄마는 어쩔 수 없다는 듯이 그녀에게 가라고 손짓을 했다. 아빠는 하루하루를 술로 보냈다. 여섯 살의 나이에 고모 집에 맡겨져서 그 집 식구들의 눈치를 보며 지냈다. 그리곤 할머니에게 보내졌다.

외롭고 초라한 아이는 그녀의 가슴속에서 언제나 울고 있었지만, 그녀는 보지 않으려 외면했다. 조울증과 식습관의 장애는 버림받은 블랙독의 외침이었을 것이다. 어린 시절 버림받은 아이를 만나면서 그녀는 점점 안정되어갔다. 얼마 전에는 외갓집에 찾아가서 새로 가정을 꾸미고 사는 엄마를 잠깐 만났다. 엄마는 미안하다고 했다. 그녀는 그동안의 삶의 과정에서 받았던 고통과 상처들이 주마등처럼 흘러갔지만 엄마에게는 한마디도 하지 못했다. 눈물이 흘렀지만 이제는 괜찮다고 그녀는 자신의 내면 아이에게 얘기했다.

학대받은 블랙독

원장님, 안녕하세요. 저는 교육공무원으로 일하는 20대 중반의 여성입니다.

저는 사회생활을 하는데 화를 제대로 내지 못하고, 화를 내면 다른 사람이 저를 이상하게 볼까봐 눈치부터 살피곤 합니다. 동료들 때문에 어느 땐 감정이 폭발할 것 같고 화를 주체하지 못하겠는데, 왠지 오버하는 것 같고 동료들이 "쟤 갑자기 왜 저래, 평소에 안 그러던 사람이……"라며 실망할까봐 감정표현을 할 수가 없습니다.

저의 상사인 부장님은 자기 일을 책임감 있게 하지 않으면서 항상 자신을 합리화하고 제가 잘못한 것이 아닌데도 창피하게 큰소리치곤 합니다. 부당한 대접에 당당히 말 못하는 저 자신이 싫습니다. 모두가 저를 만만하게 보는 것 같아요.

저는 3년 전부터 갑자기 우울해지면서 외부로 나가면 불안하고 힘들어서 대학병원에서 사회공포증으로 상담과 약물치료를 계속 받아오고 있습니다. 친구들은 저에게 어린아이 같다고 얘기합니다. 저 자신을 위해서 심리나 자기계발 서적을 많이 읽으면서 노력을 했지만 현실은 항상 쳇바퀴 돌듯이 원래 상태로 돌아가곤 합니다.

요즘은 거의 잠도 편히 잘 수가 없어요. 자주 가위에 눌리고 선몽을 꾸고 귀신도 보이는데 어떤 분은 저에게 빙의라고 하더군요. 정말 제가 귀신이 들린 것일까요? 저는 주말이 되면 집에서 아무것도 안하고 쉬고만 싶어요. 만사가 귀찮고 의욕이 없어요. 20대의 젊은 나이에 이렇다니, 인생 다 포기하고 사는 사람처럼. 집 밖에 나가 산책도 하고 싶지만 가만히 누워 자고만 싶어요. 전 정말 지쳤나 봐요.

컴퓨터로 여러 군데 돌아다니다가 우연히 이 사이트로 들어와서 글을 남깁니다. 많이 혼란스러운데 좋아질 수 있을까요? – 봄비

 봄비님, 안녕하세요.

최근 우리 사회는 '시크릿'과 같은 긍정심리학과 자기계발 서적들에 대해서 관심이 많아진 것 같습니다. 하지만 인간의 의식은 표면의식이 10%라면 잠재의식의 영역은 90%입니다. 자신의 무의식에 대한 이해가 부족하면, 현재의식은 긍정적으로 달려가려고 하지만 잠재의식이 움직이지 않거나 저항하는 경우가 많습니다. 성공적이고 긍정적인 삶을 이끌어내는 많은 사람들은 표면의식이 하려는 의도를 잠재의식이 잘 따라주는 경우가 대부분이지요.

의식의 소통이란 잠재의식이 하는 것을 현재의식이 알아차려서, 잠재의식 안에 포함된 두려움의 신념구조가 현실과 상황에 어떻게 반응하는지 잘 아는 것을 말합니다.

봄비님의 삶은 어쩌면 어릴 적부터 불안과 긴장의 연속은 아니었을까요? 자신은 어디에도 없고 항상 눈치 보고, 상대가 나를 어떻게 생각할까 두려워하고 염려하는 두려움의 연속이었을 것입니다. 잠이 오지 않고 의욕이 없는 것은 모든 것을 생각으로만 통제하려 하거나 조절하려 하기 때문은 아닐까 합니다. 이럴 때 가슴속 감정은 억압되고 심장의 화기는 머리로 올라가게 됩니다. 님의 삶은 온통 억압과 긴장일지도 모릅니다. 자신을 표현하지 못하는 삶은 위

축되고 우울할 수밖에 없지요. 자신감이 없기에 하고 싶은 말을 하지 못하고, 그런 자신이 싫어져서 더욱 자신감은 떨어지고, 그러면서 더욱 외부를 의식하는 습관의 패턴을 만들지는 않는지요?

다른 사람들과 관계가 힘든 것은 그들이 님의 모습에 실망할 것이 두려워 님의 감정을 솔직하게 표현하지 못하기 때문이지요. 이는 애초부터 관계에서 상처받지 않으려는 시도일 수도 있습니다. 이런 경우 남의 눈치를 살피고, 상대의 표정이 안 좋으면 마치 자기 때문인 양 신경을 쓰게 되고, 혹시 자신이 무엇을 잘못했는지 끊임없이 생각하고, 모든 사람들이 뒤에서 자신을 욕하거나 흉볼 것 같은 느낌이 들 수도 있습니다.

최근에 빙의 문제로 고민하는 분들이 많이 문의하고 또는 찾아오기도 합니다. 상담을 하다보면, 사람들은 빙의가 무엇인지도 모른 채 TV나 인터넷의 잘못된 정보로 자신의 문제가 외부의 어떤 심령적인 영향이나 방해 때문이며, 그래서 자신이 고통받는다고 생각하는 경우를 많이 봅니다.

빙의의 문제를 바라볼 때 저희는 다음의 3가지로 먼저 의식을 진단해봅니다.

첫째, 빙의는 책임의식의 문제로서 스스로 노력하지 않고 삶의 책임을 외부의 문제로 돌리기 위해 내면에 만든 의식의 최면인 경우가 많습니다. 둘째, 어린 시절의 상처나 고통을 스스로 대면하기 힘들 때 자신의 마음을 분리시켜 분열된 자아가 내면에 또 다른 '나'를 만들어내는 경우입니다. 저희가 빙의 문제로 상담한 경우에는 거의 70~80%가 첫째와 둘째인 경우가 많았습니다.

셋째, 우리는 스스로 '나'라고 주장하는 인격과 보이지 않는 에너지 그리고 삶에 대한 경험의 정보를 가지고 있습니다. 이것은 사람에 따라, 의식의 크기에 따라 달라집니다. 빙의는 '나'라고 주장하는 자신의 생명에너지와는 다른 에너지의 느낌이 있거나 '나의 것'이라고 주장하는 범위를 벗어난 정보에 빠지는 경우입니다.

빙의의 문제는 사후세계와 전생의 문제와 같이 그것에 대한 진실성의 여부는 누구도 알 수 없습니다. 단지 '나'라는 자아가 존재하기에 일어나는 의식의 반영이 아닐까 합니다. 이것은 '나'라는 통일성을 스스로 확립하지 못하고 자기 존재에 대한 정체성을 바로 세우지 못하기 때문에 일어나는 문제입니다. 심리학에서는 이를 정체성의 문제로 보고 있으며, 명상의 세계에서는 자신의 중심을 바로 잡지 못하여 생기는 의식의 교란으로 봅니다.

빙의는 현재의식이 받아들이지 못하는 자신의 성격 중에서 무의식에 반영된 한 모습일 수도 있습니다. 또한 빙의는 '나'라는 의식이 현실의 삶과 함께 성장하지 못하고 정체되거나 통일되지 못하여 남게 되는 의식의 부정적 찌꺼기일 수도 있습니다. 대부분 빙의의 문제는 스스로 선택에 의한 결과의 문제이거나 자신의 기질적 특성과 내적 상처의 문제인 경우가 많습니다. 빙의는 자기의 책임을 회피하는 합리화의 수단이 되기 쉽기 때문에 자신을 올바르게 인식하고 삶을 스스로 책임지며 행동으로 변화하려는 의지가 없다면 힘들 수도 있습니다.

두려움과 상처의 고통을 빙의라는 외적 영향이나 외부의 개입으로 바라보게 되면, 삶을 스스로 책임지지 않게 되기 쉽습니다. 나 자신의 선택을 벗어난 빙의는 없습니다. 봄비님이 걱정하시는 빙의의 문제는 빙의라기보다는 불안으로 인한 심리적 고통인 것 같습니다. 감사합니다.

봄비님이 상담센터를 방문했다. 그녀는 2번이나 약속을 하고서는 아무 연락 없이 오지 않다가 3번째 약속 시간에 나타났다. 일이 끝나고 7시 조금 넘은 시간에 들어온 그녀는 밝은 얼굴로 "원장님, 저녁은 드셨나요? 늦은 시간이라서 죄송합니다."라고 말하며 나의 눈치를 살폈다. 자신의 문제를 상담하러 와서는 나를 걱정하는 것 같았다. 아마도 그녀는 모든 일상이 나를 대하는 태도와 같지 않을까 하는 느낌이 들었다.

그녀는 1남 1녀의 가정에서 장녀였고, 아버지는 3년 전에 돌아가셨다. 어머니는 그녀가 고2 때 아버지의 술버릇과 경제적 무능력 때문에 이혼을 했다.

어머니는 어릴 때부터 남동생만 챙기고 치켜세웠으며, 그녀에게는 항상 콩쥐와 같이 집안일만 시키고, 때때로 시킨 일을 제대로 못한다며 구박하고 잔소리가 심했다. 어머니가 일 갔다 오면 항상 어떤 꼬투리를 잡히지는 않을까 긴장했으며, 어머니에게 인정받고자 많이 노력하였지만, 돌아온 것은 심한 욕설과 잔소리와 구박뿐이었다.

아버지에 대해 기억나는 것은, 어느 날 뭘 잘못했는지 기억이 나지는 않지만 몹시 서럽게 흑흑 소리 내어 울었다. 그러자 아버지는 소리 내어 울지 마라면서 머리를 쥐어박고 뺨을 많이 때렸다. 그녀는 맞기 싫어서, 아버지의 무서운 눈초리에 쩔쩔매면서, 소리 나지 않게 하려고 손으로 입을 막으려 했던 기억이 있었다. 아버지는 술을 마시면 눈빛이 바뀌면서 명령조였고 주사가 심하여, 그녀는 학창 시절에 시험 볼 때면 여관으로 피신하여 공부를 해야 했던 적이 많았다. 아버지는 어머니와 이혼 후 혼자 거의 술로 폐인같이 살다가 방 안에서 소주 4상자를 한꺼번에 마시고 심장마비로 돌아가셨다고 한다. 시신은 죽은 지 한 달 만에 발견되었다.

그녀는 항상 대인관계에 자신감이 없었고, 미래에 대한 두려움으로 많은 생각이 머리를 떠나지 않았다. 사람을 만나 얘기를 하면 화를 내야 할 상황에 웃어버리거나, 남들에게 이용당하거나 속을까봐 두려워했다.

학대받은 블랙독은 가족 중 누군가에게 반복적인 창피나 놀림, 심한 체벌이나 학대, 착취나 조종 등 신뢰의 상실에서 키워진다. 학대받은 블랙독은 강력한 자기 결함의 감정을 만들고, 자신이 무가치하거나, 어떤 권리도 옹호받을 자격이 없다고 여기게 만든다. 학대의 사슬은 대를 이어 내려가기도 한다. 자신의 상처를 치유하지 못한 부모는 결국 아이에게 심각한 상처를 입히거나 냉정하게 자식을 이용하기도 한다.

봄비님은 어릴 때 사람처럼 생긴 날씬하고 예쁜 여자인형을 갖고 싶었지만 어머니는 그녀의 부탁을 한 번도 들어주지 않았다. 그녀는 왠지 이상하게 과거의 기억을 떠올리거나 정리하려고만 하면 머리가 아프다고 했다. 전형적인 심리적 해리현상을 겪은 그녀는 과거의 고통을 생각할 때면 두통으로 회피하곤 했다. 지금도 어머니는 뭐든지 자기 하고 싶은 대로 하고, 그녀의 의견이 조금만 나오면 한숨을 쉬거나 오만상을 찌푸린다고 했다.

너무 이기적이고 자신밖에 모르는 어머니가 무척이나 싫고 밉지만, 남동생과 어머니의 사이에서 그녀는 항상 왕따였고 외톨이였다. 그녀는 이제 지쳤다고 눈물을 흘렸다.

상담을 계속하면서 그녀는 어머니로부터 받았던 어린 시절의 수많은 상처 앞에 외롭고 초라한 자신을 보았다. 언제나 부모의 눈치를 보고 동생을 챙겨야 했던 학대받은 어린 마음은 성인이 되어서는 남의 눈치를 보고, 관계에서 무엇이 농담이고 진담인지를 구분하지 못했다.

그녀는 항상 남 앞에서 버벅거리기만 하는 힘없고 불쌍한 자신의 어린 마음을 보게 되었다. 그리고 문제는 자신이 아니라 편협한 어머니였으며 부모가 문제였음을 이해하게 되었다. 그녀의 표현되지 못한 어머니에 대한 분노의 감정들은 죄의식이 되어 꿈 속에서 가위눌림으로 나타났다.

서서히 그녀는 억눌린 분노의 감정을 표현하는 방법을 배워나가면서 많이 밝아졌다. 노래방에서 혼자 노래 부르고 소리도 지르면서, 억압된 분노의 감정들을 하고 싶은 욕들로 마음껏 표현해보았다. 너무 심각하게 살아온 자신의 긴장된 삶을 스스로 가볍게 만들려고 노력했다. 무의식의 심판관과 친해지면서 어머니와의 관계에서도 조금씩 자기의 경계를 세워나갔다.

학대받은 블랙독을 내면에 키우게 되면, 자기 의견 없이 다른 사람들이 원하는 것을 쉽게 주거나, 자신을 지나치게 낮추고, 상대가 자신을 이용하는 것을 알면서도 내버려두거나, 자신은 대접받을 가치가 없다고 생각한다.

부모나 주위로부터 학대받은 감정은 고통과 분노, 슬픔이 혼합된 복잡한 감정이며, 변덕스러운 기분을 가진 블랙독이 된다. 평소에는 감정이 마비된 듯 자신이 서 있는 현실이 무감각하고 심리적 도피를 겪을지도 모른다. 하지만 학대받은 블랙독의 특징은 사람을 믿지 못하고, 인간관계에서 잠시도 경계를 늦출 수가 없다는 것이다. 그들은 다른 사람의 행위 이면에 다른 의도가 있는지 지나치게 신경 쓰면서 처음부터 관계를 만들 때 최악의 경우를 상정하기도 한다.

학대는 육체적일 수도 있고 정서적, 성적인 학대일 수도 있다. 육체적 학대는 부모의 비뚤어진 시각과 부모가 받은 삶의 스트레스를 힘없고 연약한 아이에게 전가하려는 시도로 나타난다. 아이는 부모가 원하는 대로 맞추거나 착한 아이가 되려고 노력하지만, 변덕 많은 부모의 욕구를 모두 채워줄 수 없기에 폭력과 학대는 되풀이된다.

정서적 학대의 경우는 부모의 일방적인 기준으로 아이를 비난하거나 판단하며, 때로는 다른 아이와 비교하거나 헐뜯으며 모욕적인 언어로 아이에게 상처를 주는 것을 말한다. 성적인 학대는 아이의 영혼에 깊은 수치심을 심어주며 분노와 두려움을 일으키게 한다.

학대받은 블랙독을 가진 아이는 생존을 위해서 가장 가까운 사람조차 믿지 못하고 경계해야만 한다. 그것은 무방비 상태인 어린 시절에 가장 가까운 사람으로부터 받은 상처가 만든 억압되고 무의식화된 모습이다.

학대받은 블랙독을 지닌 사람들은 외부적으로는 아무리 조용해 보일지라도 그들의 내면은 언제라도 둑을 넘을 수 있는 강물처럼 강렬한 감정들에 휩싸여 있다. 심리적 도피로 감정을 마비시켜 마치 자신이 선 자리가 다른 곳 같이 느껴지거나 사물들이 현실이 아닌 것처럼 해리되어 느껴지기도 한다. 이들은 관계에서 과잉경계를 하며, 술에 취해 무의식화되면 갑작스런 분노의 감정이 폭발되어 주위를 어리둥절하게 만들기도 하며, 종종 구체적인 증거가 없음에도 사람들이 자신을 이용하고 있다고 의심하기도 한다.

부모나 주위의 무지한 어른들이 때때로 자신의 아이나 주변 아이들에게 심각한 학대의 경험을 심어주는 것은 그 아이의 심장에 구멍을 뚫는 것과 같다. 구멍 뚫린 심장으로 살아가는 성인이 된 내면아이는 자존감을 잃어버리고, 스스로를 실패자나 사랑받을 자격이 없는 사람으로 자신을 최면시켜 인생을 고통과 신경증에 빠뜨리는 경우가 많다.

불안한 블랙독

안녕하세요. 2년 전부터 프랑스로 유학가고 싶어서 준비를 하고 있습니다. 원래 좀 예민한 성격이기는 해도 낙천적인 편이라서 유학에 대해서 기대하고, 저한테는 더 이상 올 수 없는 마지막 기회를 갖게 된 거라고 여기며 기분 좋게 준비하고 있었습니다. 그러다가 몇 주 전에 제가 하려는 디자인 분야의 유학을 마치고 그쪽 분야에서 일하는 어떤 분이 낸 책을 읽게 되었습니다. 블로그가 유명해져서 책까지 낸 여자 분이었죠. 읽고 나서 아차 싶었습니다. 그러면서 제가 뭘 준비하고 있으며 진정 원하는 게 뭐였는지에 대해서 스스로에게 물어보게 되더라고요.

사실 제가 20대 초반에 공황장애로 몇 년을 좀 힘들게 보냈거든요. 그래도 대학병원에서 좋은 교수님을 만나 인지치료 받으면서 어느 정도 회복을 했었습니다. 예전에는 제 방이나 집을 벗어나지도 못했었는데 제가 꾸준히 노력한 결과, 유럽 배낭여행도 다녀오고 학교도 오히려 더욱 열심히 다니면서 지금은 거의 괜찮아졌습니다. 그래도 항상 마음 한구석에는 공황이 재발하면 어쩌지 하는 고민은 갖고 있었지요. 아무도 모르는 타국에서 공황장애가 다시 발병되면 어떻게 될지, 서른 중반을 앞둔 지금 제 진로를 잘 택한 건지, 그 선택이 실패로 끝나는 건 아닌지, 집에서 유학자금 지원 받아야 하는 거에 대한 불편한 마음 등등 이것저것 일주일 정도 고민이 되더라고요.

그러다가 얼마 전에 다시금 공황이 터져버렸습니다. 제가 감당할 수 없는 지경까지 되어버렸는지, 어학학원 잘 다녀와서 밥도 잘 먹었는데, 저녁에 갑자기 너무 우울해지고 삶이 불안하게 느껴지고 무기력해지더군요.

그러면서 부모님 붙들고 미친 듯이 울고, 답답해서 계속 가슴을 두드리고, 구토하고, 머리 용량은 꽉 차서 터질 거 같고, 모든 게 다 귀찮고, 이런 기분들이 밑바닥까지 가라앉으면서 이상해지더라고요. 공황에서 느끼는 기분과는 또 다르더군요. 그냥 차라리 확 죽었으면 싶은 게, 죽으면 이런 고통이 끝나지 않을까 하는 생각이 마구마구 들면서 제가 자살할 거 같은 생각만 자꾸 드는 거예요. 밤새 잠도 제대로 못 자고, 사흘은 밥도 먹는 둥 마는 둥 하고, 밥 먹다가도 괜히 눈물이 나고, 옷 정리하고 청소하다가도 괜히 눈물 나고 했습니다.

이러다가 우울증에 걸리는 거 아닌가라는 두려움과 앞으로 살 날이 많이 남았는데 왜 이렇게 내 감정이랑 기분은 엉망일까 하는 두려움에 암튼 제정신이 아니었습니다. 며칠 지나고 주말이 되어 부모님이 바람 좀 쐬러 가자고 하셔서 같이 다녀오고 나니 기분이 전처럼 괜찮아지더군요. 막 엔돌핀이 솟아오르면서 제가 며칠 전에 왜 그랬나 싶은 게 웃기더라고요. 가족들이 이렇게 소중하고 세상 모든 게 아름답고 좋은데 괜히 오버했나 싶더군요.

암튼 제가 고민이 되는 것은 그 일을 겪고 나서부터 머릿속이 개운치가 않다는 거예요. 평소에는 그냥 그런가보다 하고 치부했던 모든 일들을 다 분석하게 되고, 쓸데없이 안 해도 되는 생각들을 마구마구 하게 되어 머리가 터질 거 같습니다. 유학을 준비하면

서 의욕적이고 기분 좋게 프랑스어 수업을 세 개나 들었는데, 요즘
엔 프랑스어 수업을 들어도 내가 뭐하는 짓인가, 이쪽으로 가긴 가
는 건가 하는 생각에 힘도 빠지고요.

오늘도 디자인학원 가서 잘 지내다 왔는데도 또 우울해지네요.
그전보다 더 예민해진 거 같고 자신감도 없어진 거 같습니다. 아직
시작도 안한 일들에 대한 불안감도 전보다 많아진 거 같고요. 혼자
안 좋은 쪽으로 상상하고 난리를 치지요.

짧게 글 쓴다는 게 길어졌네요. 그런데 제가 저번 주에 겪은 그
증상은 뭔가요? 스트레스가 너무 과하면 그렇게 신체적인 반응이
오는 건가요? 금방 또 기분이 괜찮아진 걸 보면 우울증은 아닌 것
같고……. 암튼 상담을 받으러 가고 싶은데요. 상담받고나면 한결
가벼워질까요? 상담하러 오시는 분들은 다들 경과가 좋아졌는지
요? – 가을

궁금한 게 있어서 다시 질문드립니다. 직접 가려니 솔직히
걱정도 되고요. 제가 가끔 어떤 생각에 꽂히면 상상의 나래를 펼치
는 편이라서 상담받기도 두렵네요. 제가 공황을 예전에 겪었는데
현재 공황은 어느 정도 극복을 했고요. 최근에 스트레스 때문에 2
년 만에 공황이 크게 재발해서 심적으로 많이 충격 먹었거든요.

문제는 공황의 재발이 아니라 공황을 어떻게 받아들이고 수습하
느냐가 공황에 있어서 가장 중요한 부분인데요. 제가 공황이 재발
할 때 공황이라는 생각을 못하고 부정적인 생각으로 확대 해석하였
습니다. 공황발작이 오면 기분이 꽤 더럽고 불안하고 공포스럽거든

요. 그 공포감이 올 때면, 스스로 난 미친 거 아닌가, 공황도 겪고 이번엔 정신병인가, 뭐 이딴 생각들만 했더니 미치겠더라고요.

인터넷에서 우울증, 정신분열증 등등 뭐 이딴 거나 찾고 그랬더니 제가 진짜 그런 병에 걸린 거 같은 기분이 들더라고요. 암튼 그런 부정적인 생각들만 했더니 이젠 내가 이제까지 느낀 감정들이 진짜인가 하는 의심이 들기 시작하는 거예요. 내가 살고 있는 세상이 진짜인가 싶기도 하고.

결국은 혼자서 고민하다가 도저히 안 되겠다 싶어서 예전 공황장애 치료받던 교수님을 찾아뵙고 공황이 다시 재발했다는 얘기를 들을 수 있었습니다.

자꾸 확대 해석하는 버릇 좀 버리라는 꾸지람도 듣고 했는데요. 이번 기회에 다시 공황에 대해 공부를 더 열심히 하게 돼서 괜히 어리석은 생각들을 했구나 싶은 자책감도 느꼈지요.

그런데 궁금한 것은 대개 사람들은 어떤 심리적인 충격을 겪게 되면 문제의 실마리가 해소됐음에도 불구하고, 또다시 그때 느꼈던 감정들이 자꾸 생각나고 얽매이게 되나요? 분명 실마리도 풀렸고 공황발작에 대한 저의 오류에 대해서도 정리가 되었는데 왜 자꾸 그때의 기분이 드문드문 들면서 괴로운지 모르겠습니다. 제가 여러모로 요즘 일들에 자신감을 상실해서 그런 기억들을 벗어나지 못하는 건지요. 아님 제 성격 탓인가요?

암튼 자꾸 생각하지 말자. 그런 생각은 노노 이러니깐 더 생각나는 거 같고 맘 한구석이 영 찜찜하니 왜 그런지 모르겠어요. 이럴수록 오히려 사람을 더 많이 만나고 활동적이고 적극적으로 살면

 안녕하세요, 가을님.

과거에 공황장애를 겪었다가 최근에 스트레스로 인해서 재발하게 되면서 마음이 많이 힘드셨나 봅니다. 공황장애는 대부분 강한 심리적 불안에서 기인됩니다. 이때 일어나는 공포와 불안의 느낌은 본인에게는 너무나 두렵고 실제적으로 느껴지기 때문에 심장의 박동이나 몸으로 느껴지는 공포는 빠져나오기가 쉽지 않습니다. 공황에 대해 많은 정보와 지식을 얻으면 공황을 이해하는 데는 도움이 될 수 있지만, 그렇게 한다고 해서 공황이 극복되는 것은 아닙니다. 그리고 괜한 생각으로 어리석은 마음을 가졌다고 자책할 필요는 없습니다.

공황은 내면 무의식의 깊은 불안이 원인이기에 본인의 내면에 있는 불안과 두려움의 정체를 먼저 이해하는 것이 필요합니다. 그리고 자신의 불안과 두려움의 감정에서 단 한 번만이라도 도망치지 않고 공황 그 자체에 머물 수만 있다면 공황에서 쉽게 벗어날 수 있을 것입니다.

실마리가 해소되고 공황에 대한 생각이 정리되는 듯하다가도 그때의 감정들이 자꾸 생각나고 얽매이게 되는 것은 가을님이 공황을 항상 피해만 다녔기 때문입니다. 가을님은 공황의 느낌과 감정이 두려워서 그것을 느끼지 않으려고 머리로만 이해하거나 해결하려고 노력했을 수 있습니다. 공황장애는 생각만으로 해결되지는 않습니다.

마음 한구석이 찜찜한 것은 스스로 공황을 극복한 것이 아니라, 없는 것처럼 잊어버리려 하고 생각하지 않으려고 할 뿐이기 때문입니다. 자신의 문제를 잊기 위해서 더 많은 사람을 만나고 더 활동적이고 더 적극적으로 사는 것은 문제의 근본을 숨기거나 눌러 놓을 뿐이지 해결책은 아닙니다.

아마도 가을님은 공황의 두려움을 피하려고 불안감을 억제하며 생활했기에 삶에서 기쁨이나 즐거움의 감정 또한 느끼지 못할 수도 있습니다. 공황은 영혼의 신호입니다. 자신의 감정을 속이지 말고 진실로 자신의 삶으로 돌아오기를 바라는 내적 메시지일 수 있습니다.

가을님의 마음과 영혼은 공황이라는 숙제를 통해서 내면 무의식에 저장된 두려움을 알게 될 것입니다. 공황을 두려워하지 않고 진정으로 '있는 그대로' 만날 수만 있다면 내면의 불안은 자신을 바르게 볼 수 있는 기회가 될 것입니다. 감사합니다.

가을님이 상담센터를 방문했다. 큰 눈으로 주위를 두리번거리며 얘기를 꺼내기도 전에 눈에서 눈물부터 글썽거렸다. 불안한 블랙독을 가진 사람들은 누군가를 붙잡고 어린아이와 같이 자신을 지켜주기를 바란다. 안정된 가정환경에서 1남 2녀 중 맏이로 자란 그녀는 능력 있고 주목받는 특별한 사람이 되려고 열심히 노력했다. 학교에서나 사회생활에서 먼저 나서서 솔선수범했고, 실수하지 않으려고, 욕먹기 싫어서 완벽하게 일을 처리하려 했다. 그러나 바깥에서는 모든 일에 열심이었지만, 집에 오거나 자기 일에 있어서는 왠지 만사가 귀찮고 제 앞가림도 못한다는 죄책감에 시달렸다. 항상 '남들이 나를 이상하게 보면 어쩌지' 하고 신경 쓰면서 진정으로 자신이 무엇을 원하는지, 자신의 감정과 문제가 무엇인지는 보지 않고 회피한 것 같았다. 그녀가 느끼는 불안과 두려운 감정의 실체가 무엇이며, 그것들을 저항하거나 회피하지 않고 어떻게 대면해야 할지를 상담하기 시작했다.

가을님의 상담후기

상담받았던 가을입니다. 마음 한구석에서는 해소된 듯한 편한 마음도 있고, 한편으로는 정신과에 이어 심리치료까지 받아야만 하는가 하는 속상함도 있었습니다. 너무 생각을 많이 했더니 또 머리가 아프더라고요.

생각해보니 원장님이 저한테 하신 얘기들, 저희 가족들이 가끔 한 번씩 저한테 하던 얘기들이더군요. 30여 년 이상을 같이 해온 가족들이 저한테 꾸준히 해왔던 얘기들이 왜 제 귀에는 들어오지도 않았는지. 저의 위태위태한 삶의 문제점을 저만 바보같이 모르고 남들은 다 알고 있었더군요.

아마도 제 감정에만 빠져서 제 생각만 옳고 그것뿐이라고 착각하며 살았던 거 같아요. 그러면서도 본질적인 저 자신은 쏙 빼놓고……. 도대체 전 뭘 보고 믿고 살았는지. 이번 기회에 공황이든 제 내면의 불안이든 뭐든 좋습니다. 그것들이 제가 때려죽여야 할 대립관계가 아니라 제가 짊어지고 가야 할 친구로 만들어야 한다면, 정말 그렇게 하고 싶습니다.

솔직히 저 자신의 욕망을 놓는 법, 저 자신의 감정에 귀를 기울이는 법, 어찌해야 할지 어떤 식으로 해야 할지 암담하고 두렵습니다. 욕심과 집착을 놓는 것에 대해서 남들에게 저도 백 번이고 천 번이고 말할 수 있겠지만, 정작 저는 어떻게 해야 할지 모르겠고 걱정됩니다. 아무쪼록 이번 기회에 제 인생의 실타래를 풀고 싶습니다. 공황 재발 후에 감정조절이 잘 안되다 보니 집에서 매일 눈물만 질질 짜고 있는 게 다반사가 되어버렸습니다. 밥도 먹는 둥 마는 둥 했지요. 지금의 공황이 단지 변화를 위한 고통의 수반일 뿐이라는 말씀을 들으니 조금은 다행이라는 생각이 드네요.

사람 마음이 참 이상하고 웃긴 게 제가 자신감이 있고 긍정적인 생각을 좀 더 가졌을 때는 사람들과의 만남에서 오는 긴장감이나 설렘도 재미있었고, 상상의 나래를 펼칠 수도 있었고, 저마다 다른 생각을 할 수 있는 사람들의 능력도 흥미 있었지요. 하지만 제 마음이 힘들 때는 모든 게 낯설고 혐오스럽게까지 느껴지더라고요.

상담 후 며칠 전 불안과 두려움의 감정이 다시금 올라오고 심장이 뛰면서 죽을 것 같은 공황의 느낌이 일어날 때 저는 이렇게 말했죠. "공황, 그래 어! 왔어? 반가워, 그럼 한번 느껴볼까?"라고요. 그러자 갑자기 이상할 정도로 마음이 편해지면서 심장의 느낌 또한 평화스러워졌습니다. 이건 왜 이런 거죠?

사는 게 뭔지, 죽는 게 뭔지에 대한 생각들로 머릿속이 복잡해지고 가슴 한구석도 불안해졌던 마음이 갑자기 어느 순간 편안해지더라고요. 그 순간에는 아무리 부정적인 생각을 해도 제 가슴이 불안해지거나 그렇다고 설레거나 어떤 반응도 보이지 않았고요. 이

상할 정도로 제 마음이 아무 반응이 없더군요. 마음이 편해지면 그
것 또한 좋을 거 같은데, 또 머릿속으로는 그것도 이상해서 의심을
하는 거예요. 왜 갑자기 마음이 편해지지, 편해지면 안 되는데, 뭔
가 불안해야 하는데, 이러면서요.

　분명 예전보다 마음에 하나하나 신경 쓰는 부분이 많아지고 조심
스러워지는 게 많아진 건 분명한 거 같아요. 좋으면 좋은 대로 있으
면 될 것을, 괜히 비교하고 잘잘못을 따졌고, 안 좋으면 안 좋은 대
로 그냥 두면 되는 것도 자꾸만 꺼내서 분석하려고 하거나 저 자신
에게 설명하려고 했던 것 같아요. 자신을 이해하고 마음을 내려놓
는 것이 어떤 것인지 조금씩 알아가는 것 같습니다. 감사합니다.

불안한 블랙독은 마음 한구석에서 언제든지 자신에게 재난이
닥칠지 모른다는 불안감을 갖게 만든다. 이는 불행이 임박했는
데 자신에게는 그에 대처할 힘이 없다고 느끼면서 재난의 위험
성을 과장하거나 자신의 대처 능력을 평가절하하게 만든다. 불
안한 블랙독이 활동하기 시작하면 건강과 질병에 대해 지나치게
예민해지고 자신의 몸에 민감해지면서, 육체적으로 머리가 어지
럽고, 숨이 멎을 것 같고, 심장이 비정상적으로 뛰면서, 모든 게
비현실적으로 보이고, 귀에서 소리나 환청이 들리기도 한다.

불안한 블랙독은 자신과 가족의 안전을 지나치게 걱정하면서
끊임없는 긴장과 경계로 몸과 마음을 지치게 만든다. 경제적으
로 좋은 상태에 있음에도 돈 걱정을 하거나, 저축이 조금이라도
줄어들면 극도로 불안하여 돈 쓰기를 어려워하면서 현실을 통제

하게 만든다. 때로는 스스로 삶에 대한 자신의 통제력이 상실되는 것을 두려워하여 현실의 문제를 회피하게 만들기도 한다.

불안한 블랙독은 어릴 때 부모 중 한쪽이나 양쪽이 심한 불안의 습관에 빠져 있거나, 부모가 아이를 위험과 질병에 대해 지나치게 과보호하거나, 부모가 심리적으로 적절히 보호해주지 못했을 때 주로 만들어진다. 불안한 블랙독은 인간관계에서 위험과 질병으로부터 자신을 보호해줄 사람에게 쉽게 끌리고, 자신의 불안과 두려움에 귀 기울이고 안심시켜줄 사람을 무의식적으로 찾아 헤매게 만든다.

불안한 블랙독을 가진 사람의 특징

- 일상에서 지나치게 두려워하거나 걱정하는 시간이 많다.
- 건강에 대한 불안으로 불필요한 검진을 받거나 병에 집착한다.
- 경제적 파산을 하거나 직장을 잃을까봐 비현실적으로 걱정한다.
- 생활에 약간의 위험이라도 수반되는 상황들을 피한다.
- 위험에 대한 강박증상이나 미신적인 사고에 집착한다.
- 만성적 불안에 술과 음식 등에 의존한다.

불안한 블랙독은 금방이라도 큰일이 닥칠 것이라는 근거 없는 두려움의 감정을 만들고, 아주 가볍고 하찮은 걱정거리를 생각으로 부풀려 마치 큰일이 눈앞에 닥친 것처럼 상상하게 만든다. 이런 블랙독을 가진 사람들은 안전과 안정성을 가장 중요한 선택의 기준으로 삼으며 인생을 도전과 성취, 기쁨으로 보기보다는 위험하고 힘든 고통으로 보는 경향이 많다.

이들은 자신의 비정상적인 근심을 덜기 위해 집을 나올 때마다 문이 제대로 닫혔는지 몇 번이고 확인하거나, 숫자를 헤아리고, 손을 자주 씻거나 주위를 지나치게 청소하는 등의 독특한 행동습관으로 발전시키기도 한다. 이 모든 것이 생각이나 마술적인 방법으로 삶을 안전하게 만들려는 강박신경증적인 습관으로 발전하기도 한다.

불안한 블랙독을 극복하기 위해서는 자신의 두려움에 맞서서 회피하거나 저항하지 말고 정면에서 그 감정을 느끼거나 그 감정에 집중해야 한다. 그러면 불안의 감정은 감정 그 자체로 흐르게 된다. 왜냐하면 불안이나 두려움의 느낌은 실제 현실이 그런 것이 아니라 다만 주관적인 자신의 해석이거나 그에 따른 반응일 뿐이기 때문이다.

우리가 불안의 정체를 깨어 있는 마음으로 잘 보지 못하고, 그것을 극복하려고 몸부림치거나 비난을 하게 되면 오히려 고통과 갈등을 더욱 키우게 된다. 우리는 생각에 맞서 싸울 것이 아니라 그 생각의 정체를 꿰뚫어보아야 한다. 불안은 원래 실체가 없다. 불안이란 단지 변화하지 않으려는 마음과 현재 상황을 유지하려는 심리적 관성에 집착하는 마음일 뿐이다. 불안은 하나의 감정이기에 온전히 경험하고 흘려보내면 저절로 사라지게 된다.

의존적인 블랙독

 저는 25살의 직장 여성입니다. 어릴 때부터 말더듬이 심했습니다. 초등학교 때 책을 읽을 땐 공포감에 심장이 두근두근거리고, 말더듬 때문에 그런지 어릴 적부터 말이 없었습니다. 그래서인지 다들 제가 있는지 없는지도 모르는 그런 존재였죠.

조금씩 세월이 지나면서 고등학교 땐 책을 읽는 게 조금은 나아졌지만 심리적으로 불안한 마음은 아직 그대로입니다. 직장에서 사무를 보며 전화 업무를 많이 하는데 자주 버벅거리고 더듬더듬하면서 업무를 하다보니 남이 어떻게 생각할까 불안하고 자주 심장이 두근두근합니다. 전화를 걸 때도, 전화를 받을 때도, 전화벨 소리만 들려도 두근두근거립니다.

심한 정도는 아니지만 항상 마음속으로 "난 말더듬이니깐 혹시나 말하다 또 더듬거리면 어쩌지? 직장 동료들이나 상사가 알아차리면 어떡하지?" 하고 생각하면서 걱정을 합니다.

너무 불안합니다. 상담을 한번 받아보고 싶은데 상담을 통해서도 치료가 가능한가요? 참고로 저는 언어장애 치료소에서 2개월 동안 상담과 치료를 받았고, 늘 불안한 마음에 신경과에서 약물처방을 받아 1년 이상 복용하고 있습니다. – 보라

안녕하세요, 보라님.

어릴 때 말더듬의 경험이 현재 삶에까지 불안과 긴장으로 자신을 묶고 있다니, 그러한 보라님의 삶을 생각해볼 때 단 한 번도 편

안함과 여유로움을 느낄 수 없었을 님의 고통에 가슴이 아프네요. 많은 분들이 말더듬의 문제로 저희 상담센터를 방문하여 무의식의 긴장과 원인, 그리고 자신을 올바르게 이해하게 되면서 마음을 많이 정리하고 편안함을 얻곤 합니다.

보라님, 문제는 말 자체가 아니라 그렇게 자신을 표현할 수밖에 없는 내면의 긴장과 불안이 원인이 아닐까 합니다. 이러한 긴장과 불안은 자신을 신뢰하기보다는 항상 남을 의식하고, 스스로 원하고 좋아하는 것을 표현하기보다는 남이 나를 어떻게 보고 생각할까에 초점을 맞추면서, 자신을 숨기거나 노출시키지 않으려는 마음인 경우가 많습니다. 어릴 때부터 말더듬이 심했다면 보라님의 삶은 어쩌면 부모님의 따뜻한 배려나 사랑을 받고 자라기보다는 눈치 보고 생존을 위해서 쭈뼛거릴 수밖에 없었던 경험과 상처를 가지고 있을 수도 있습니다.

말은 마음의 표현입니다. 말은 원래 물과 같이 자연스럽게 흘러가야 하지만, 말더듬 증상을 가진 사람들은 말이 흐르는 것을 생각으로 붙잡는 경우가 많습니다. 무슨 말을 해야 하고 말아야 할지 불안해하면서 생각으로 말을 통제하려는 마음이 목에 긴장을 만듭니다.

말더듬은 말이 문제가 아니라, 말을 표현하는 자신의 마음이 문제이지요. 흐르는 물을 좁은 관에 억지로 통과시키려 하면 압력과 정체가 일어나듯이, 말더듬은 불안과 두려움으로 목구멍을 좁히고 생각으로 막거나 통제하려는 시도입니다. 말을 더듬는 분들은 무의식의 상처나 고통의 감정이 아래에서 위로 표현되지 못하도록 말이 통과하는 관문인 목구멍을 가능한 한 좁게 만들려 하지요. 어쩌면 말더듬의 뒷면 무의식에서는 분노의 공격성과 성적 표현 자체를 억압하고 있거나 불안해하고 있을 수도 있습니다.

편안하게 자신을 수용하지 못하거나, 현재의 자신을 있는 그대로 받아들여본 적이 없기에 보라님은 자신을 사랑하지도 못하고 좋아하지도 못할 수 있습니다. 님의 내면은 어쩌면 항상 긴장하고 있는 것이 당연할 수도 있습니다. 님의 말더듬은 솔직하게 자신의 속마음을 단 한 번만이라도 털어놓아 억압된 마음의 물꼬가 트이기를 바라고 있을 수도 있습니다. 심리상담은 자신을 이해하고 문제의 원인을 바르게 살펴보는 하나의 좋은 방법이지요.

심리상담은 말더듬 자체를 없애는 것이 아니라 내면을 바르게 이해함으로써 마음의 버벅거림이나 가슴의 두근거림과 불안이 어디에서 일어나며, 그것이 말더듬에는 어떤 영향을 주는지를 이해하는 하나의 수단입니다. 내면에서 자신을 인정하지 못하고 좋아해주지 않는, 아니 어쩌면 초라하고 외로운 자신을 항상 비난하거나 판단하고 비교하는 자신을 보게 될지도 모릅니다. 말더듬은 외부적으로는 불편하고 잘못된 증상이라 생각될 수도 있으나, 내적으로 보게 되면 자신의 영혼이 자기를 돌보아주고 사랑해달라는 표현이며 신호일 수도 있습니다.

보라님이 상담센터를 방문했다. 그녀는 위로는 공무원인 언니와 아래로 대학생인 여동생을 둔 3녀 중의 둘째였다. 현재도 말더듬을 치유하려고 언어치료를 받고 있는 중이었다. 말더듬이 시작된 과거를 얘기하면서 그녀는 어릴 때 엄마로부터 언니와 비교당하면서 자신이 잘못하지 않은 일에 대해서도 항상 혼이 났던 기억을 꺼내며 눈물을 흘렸다. 6학년 읽기 시간에 시옷(ㅅ) 발음이 입에서 나오지 않아 더듬거리다가 말문이 막혔는데, 천천히 읽으라는 선생님의 말씀에 친구들에게 창피해서 읽을 수가 없었다고 한다.

그 후 집에서 몰래 연습도 하고 혼자서 많은 노력도 했다. 대학 졸업 후 첫 직장이 은행 업무였다. 손님을 상대해야 하는 자신이 말더듬으로 어찌해야 할지 하루하루가 너무 힘들었다고 한다. 그래서 스스로를 이기지 못하고 포기하고 말았다. 그녀는 현재의 사무직에서도 사무실이 조용할 때는 아무 말도 못하고, 어느 정도 소음이 있어서 "다른 사람에게 잘 들리지 않겠지."라는 생각이 들 때만 잠깐씩 대화를 한다고 했다. 늘 피하려고만 했지 도전해보겠다는 생각이 없었으며, 정신과에서 우울증과 조울증 진단을 받았다고 했다. 말더듬 때문에 모든 일에 소극적이었고, 나는 해내지 못할 것이라는 생각이 먼저 든다고 한다.

그녀는 직장생활을 하면서도 동생의 등록금과 가족이 늘 우선이었고, 부모님은 언제나 언니와 동생만 챙겼다. 어릴 때부터 그랬던 것처럼 자신은 힘든데 엄마는 한 번도 자신을 챙겨주지 않았다. 말더듬 때문에 직장을 그만두고 마음이 힘들어서 친구와 술 한 잔 하고 늦게 집에 들어왔을 때도 엄마는 고래고래 소리 지르면서 "백수가 무슨 돈이 있어서 술을 먹고 오느냐." 하면서 취업을 안 할 거면 나가라고 했다. 그러자 그동안 쌓여온 억울함과 분노가 한꺼번에 터지면서 그녀는 엄마와 심하게 싸우며 참았던 말들을 다 했다고 했다. "나한테 뭘 해줬느냐."고, "그동안 나를 어떻게 대했느냐."고.

자신에게 돈만을 요구하는 가족들이 싫다고 했다. 지금 직장에서도 두려운 마음이 크다고 했다. "전화가 오면 어떻게 받을까? 혹시 또 말을 더듬지는 않을까? 나에게 전화를 하라고 하면 어떻게 하지?" 그녀는 말하면서 내내 눈물을 흘렸다.

의존적인 블랙독을 지닌 사람들은 혼자서는 아무것도 해낼 수 없을 것 같이 자율성을 잃어버린 사람들이다. 이들은 삶을 너무 부담스럽게 느끼고, 스스로 잘 헤쳐나갈 수 있다는 느낌이 없으며, 자신이 뭔가 부족하고 부적합하다는 생각을 가지게 된다. 그들의 내면 이미지는 세상이 너무나 무서워 엄마를 부르며 울고 있는 미아와도 같은 경우라 할 수 있다. 그들은 자신의 판단을 신뢰하지 못하며, 변화를 두려워하고 회피한다. 변화에 저항하면서 모든 상황이 그냥 그대로 있기를 바란다.

의존적인 블랙독을 지닌 사람들은 자신의 자율을 희생하고 표현을 억제하여 내면에 항상 억압된 분노의 감정이 쌓여 있는 경우가 많다. 이는 의존에 의해 안전감을 느끼면서도 뭔가 갇혀 있는 듯한 느낌과 무기력함을 느끼게 만든다. 이런 블랙독을 내면에 키우는 사람들에게는 긴장과 불안으로 인한 공황발작이나 대인공포증, 말더듬과 같은 심리적 과잉경계로 인한 신경증에 걸리는 경우가 많다.

의존적인 블랙독은 주로 어릴 때 과보호적인 부모나 제대로 보호해주지 않은 부모로 인해 자율성이 훼손되어 발생한다. 이들은 세상 속으로 과감히 뛰어들어 자신의 능력을 독립적으로 발휘하기보다는 세상을 피하여 안전한 집에 머물고자 한다. 과보호적인 부모는 자녀에게 자유를 허락하지 않거나, 그들이 스스로 행동하도록 지원하기보다는 숨이 막힐 지경으로 자녀의 자율을 용납하지 않는다. 이들 부모는 자녀의 선택에 지나치게 간섭하거나, 그들의 일에 대신 결정을 내려 아이의 독립 시도를 방해하는 경우가 많다. 이들은 자녀의 판단을 비난하며, 자녀가 내린 결정에 대해 흠을 잡아 그들의 용기와 자신감을 일찌감치 꺾어버린다.

이에 반해 제대로 보호하지 않는 부모는 부모 스스로 자신의 문제에 빠져서 자녀를 어떻게 돌보는지 알지 못하거나 무관심한 경우가 많다. 이들 부모는 자녀가 필요로 할 때 거의 곁에 없거나, 스스로 무기력하여 자녀에게 적절한 지도와 보호를 제공하지 못하고 방치하는 경우가 대부분이다. 이들의 자녀들은 어릴 때부터 능력의 범위를 뛰어넘는 일을 하거나 어른처럼 행동하기를 강요당하게 된다. 그래서 이들은 어려서부터 내면에 만성적인 불안과 압박감, 피로를 느끼게 된다.

아이는 부모에게 전적으로 의존한 채 태어난다. 부모는 아이가 신체적, 정신적으로 세상에 과감하게 뛰어들 수 있도록 안전한 기반을 만들어줄 책임이 있다.

과보호적인 행동의 경우

- 아이를 실제 나이보다 어리게 대한다.
- 부모가 모든 결정에 관여하거나 대신한다.
- 작은 일까지 부모가 대신 처리해서 스스로 처리하는 법을 배우지 못하게 한다.
- 부모가 자신의 의견이나 가치로 비교하거나 비판한다.
- 부모가 지나치게 충고하거나 지시적이다.
- 부모가 걱정이 많아 항상 위험에 대해 경고한다.

제대로 보호받지 못한 경우

- 부모가 방치하거나 안내와 지지가 없다.
- 어린 나이에 혼자서 힘든 결정을 내려야 했다.
- 가족 안에서 어린 나이인데도 어른의 역할을 해야 했다.
- 너무 많은 기대와 책임감을 항상 느껴왔다.

과보호적인 부모는 지나치게 참견을 하거나 비판적인 경우가 많다. 이들은 사랑과 보살핌이 부족하기보다는 자신의 불안감으로부터 자녀를 지키려는 잘못된 시도 때문에 자녀의 자율성을 망치게 된다. 이들은 지나치게 지배적이며, 자녀들이 진정으로 무엇을 원하는지는 중요하지 않고, 자녀를 자신의 기준과 잣대에 맞추기를 원한다. 이렇게 될 때 자녀들은 자신의 정체성을 상실하게 되어 관계에서 자신의 경계를 세우기가 어려워진다.

제대로 보호하지 못한 부모는 스스로의 문제로 인해 약하고 무력하며, 다른 사람에게 쏟을 힘이 없는 경우가 많다. 이런 부모 밑에서 성장한 아이는 스스로 '부모화'되어 어릴 때부터 부모나 자신을 돌보면서, 무의식에는 항상 안전하지 못하다는 느낌과 아이의 의존성이 억압되어 있다. 이들은 관계에서 자신을 보호해주는 사람에게 무의식적으로 끌리고, 상대가 대부분 결정을 내려주기를 바란다. 책임을 떠맡거나 삶의 주도권을 잡는 것을 회피하며 긴장과 불안 때문에 항상 뒤로 빠지려고 한다.

보라님은 상담이 진행되면서 어린 시절 부모님으로부터 이유 없이 혼났던 겁먹은 한 아이를 만났다. 유치원 때쯤 동네 아줌마와 엄마가 집 마당에서 얘기하고 있는데 그녀는 엄마와 아줌마 사이를 이리저리 뛰어다니며 놀고 있었다. 그런데 언니가 뒤에서 갑자기 미는 바람에 그녀는 엄마 쪽으로 넘어졌다. 화가 난 엄마는 언니는 놓아두고 그녀만 심하게 야단쳤다. 그녀의 기억 속에는 소리치는 엄마, 야단치는 엄마, 혼나는 아이만이 있었다. 그녀는 그 불쌍하고 초라한 아이를 마음으로 끌어안았다. 그리고 그 아이를 위해서 소리 내어 울어주었다.

의존적 블랙독을 지닌 사람들은 상대방이 자신을 학대하고 굴복시켜도 주로 참는다. 이들은 안전감을 원하지만, 그 안전의 대가는 분노의 억압과 일상의 회피로 드러난다. 그녀의 억압된 분노는 목구멍을 좁히고 말의 자연스러운 흐름을 막았다. 상담을 진행하면서 그녀는 이제 가족들을 돌보는 부모노릇을 포기했다. 그동안 자신이 번 돈으로 한 번도 스스로를 위해 써보지 못했는데, 이제는 내면의 아이를 위해서 사고 싶은 것도 사보고, 스스로 자신을 묶고 있었고 인생 전체를 짓누르던 책임감의 무게도 던져버리겠다고 결심했다.

정서적 박탈의 블랙독

 안녕하세요. 저는 23세의 여대생입니다.

저는 얼마 전 사귀던 오빠와 이별을 했는데 이별의 이유는 저의 집착과 소유욕 때문이었습니다. 저의 집착과 소유욕 때문에 오빠가 지쳤다고 하네요. 근데 전 이 집착과 소유욕 때문인지 오빠랑 헤어지고 단 하루도 살 수 없을 정도로 힘이 듭니다. 온몸이 아픈 건 물론이고 이상하게 숨도 못 쉬겠습니다. 그리고 온몸이 저리고 머리도 어지럽고 그렇습니다. 가슴이 너무너무 아프고 열이 납니다.

저는 사랑이라고 생각하는데 이거 집착일까요? 소유욕일까요? 이것을 어떻게 하면 고칠 수 있나요? 전 오빠에게 제발 다시 만나달라고 자존심도 다 버려가며 매달렸습니다. 아니면 나 죽는다고요. 그래도 싫다고 하네요. 그래서 제가 오빠를 잊을 때까지만 옆에 있어달라고 부탁했습니다. 하지만 오빠를 잊을 자신이 없어요. 전 어떻게 하면 좋죠? 어떻게 하면 이 성격을 고칠 수 있을까요?

너무 소심해서 하나라도 신경 쓰이는 일이 있으면 잠도 못 잡니다. 먹지도 못하고요. 그리고 오빠랑 연락이 안 되면 조금도 못 참습니다. 못 참고 오빠랑 연락이 될 때까지 계속 연락을 합니다. 뭐든 빨리빨리 되어야 하고요. 그리고 화가 나면 약간 폭력적으로 변합니다. 이 성격 어떻게 고치죠?

그리고 고치면 오빠가 돌아올까요? 오빠는 이제 제가 싫다는데, 정도 없다고 하는데, 돌아올 수 있을까요? 제가 이 성격 고칠 수 있을까요? 오빠를 잊을 수 있을까요? 사실 오빠가 헤어지자 해서, 칼로 손목도 그었습니다. 약하게 긁힌 정도였지만요. 오빠도 알고 있고요. – 앨리스

 안녕하세요, 앨리스님.

사귀는 오빠와 헤어지고 그 만남과 느낌을 잊지 못하고 힘들어 하시는 마음이 전해져서 가슴이 아프네요. 헤어짐의 이유가 앨리스님의 집착과 오빠를 소유하려는 마음에서 발생했다면, 그 마음이 치유되지 않는 한, 나중에 다시 사랑하는 사람을 만나게 되더라도 같은 모습을 반복하게 될 수밖에 없을 것입니다.

앨리스님 같은 성향을 심리용어로는 상대에 대한 '수동적이고 의존적인 성격'이라고 합니다. 이들의 마음은 중심이 약하기 때문에 상대에게 지나치게 의존되어 있지요. 잠시도 자신에 대한 사랑의 확신으로부터 떨어지지 못하도록 확인하려 하고, 상대의 마음을 붙잡아 자기의 의도대로 하려고 합니다.

이런 태도에 대해 스스로는 상대에게 끝없는 애정과 최선의 사랑을 준다고 생각하지만, 상대에게는 지나친 간섭과 통제로 느껴질 수 있습니다. 자기의 감정에만 집착하여 자기 뜻대로 모든 관심을 붙잡으려는 마음 때문에 상대는 질려버리거나 심한 구속감을 느낄 수도 있지요. 이러한 성향은 어릴 적 부모님의 무관심이나 가

정환경에서 상처가 많을 때 생겨나기 쉽습니다.

평소에는 내성적으로 사람과 잘 사귀지 못하고 조용한 것 같지만, 자신이 좋아하거나 사랑한다고 생각하는 사람이나 자신에게 좀 친절하고 잘 대해주는 사람에게는 상대의 감정과는 상관없이 지나치게 자기 위주로 관계를 규정해버리기도 합니다. 수동적이며 의존적인 성향이 강한 사람들은 언제나 사랑과 관심을 받기를 갈구하며, 두려움 때문에 먼저 사랑을 주지 못하는 경우가 많습니다. 그들의 내면은 사랑과 따뜻함에 굶주린 들개나 밑 빠진 독과 같아서 누구에게나 사랑의 먹이를 빼앗아 채우려 하지요. 그들의 감정은 항상 외로움으로 텅 비어 있고, 물이 채워지지 않는 밑 빠진 항아리처럼 애타는 갈증과 목마름으로 가슴은 어쩌면 한 번도 충만감을 느껴보지 못했을 수도 있습니다.

그들은 내적인 부족감과 결핍감을 타인과의 관계를 통해 상대의 인정과 관심과 사랑으로만 채울 수 있다고 여겨, 자신보다는 외부와 타인에게 항상 관심의 초점을 맞추려고 합니다. 이렇게 상대를 통해 자신의 정체감을 가지려 하는 그들은 사랑하는 상대와 헤어지거나 상대가 자신을 거부하게 되면 정체감의 상실과 혼란을 느끼고, 때로는 자신이 끈 떨어진 연과 같이 느껴져 그들에게는 너무나 견딜 수 없는 일이 됩니다.

하지만 상대를 잃어버리면 죽을 둥 살 둥 하다가도, 다시금 누군가 자신을 사랑해주는 다른 사람을 만나게 되면 언제 그랬냐는 듯이 아무 문제가 없어지기도 합니다. 이들의 자아 정체감은 자신이 만든 것이 아니라 상대가 주는 정체감이기 때문에, 이들은 홀로 외롭게 있는 것을 견디지 못하고 그것을 죽음과 같이 느껴 항상 누군 가를 꼭 필요로 하지요. 그들의 사랑은 겉보기에는 열렬하고 극적 으로 보일지 모르나 실제 감정은 상당히 얕을 수밖에 없습니다.

이들이 느끼는 공허감과 상실감은 그들 내면에 너무나 크게 다 가오기 때문에 작은 욕구라도 상대에게 양보하거나 뒤로 미룬다는 것을 견디지 못합니다. 아주 작은 기대감이라도 무너지면 참기가 어렵지요. 또한 자신이 무엇을 할 수 있는가에 대해 생각하기보다 는 다른 사람들이 그들을 위해서 무엇을 해줄 것인지만 생각하고 기대하는 경향이 많습니다.

이들에게 만약 사랑하는 사람이 생기면, 자기의 입장에만 고정되 어 상대가 자신만을 바라봐주고 사랑해주길 원하고 집착하지요. 하 지만 정작 자신은 상대를 위해 아무것도 하지 않고, 상대를 자기 감 정의 소유물로 여기거나 상대가 자기만을 위해 당연히 모든 것을 해 주어야 한다고 생각합니다. 상대의 감정이나 그들이 처한 현실을 무 시하고 끝없이 더 많은 사랑과 관심만을 요구하는 경향이 있습니다.

이런 성향은 어릴 때 부모의 애정결핍이나 양육자에 대한 신뢰 감의 상실에서 일어나는 경우가 많습니다. 부모가 주지 못한 애정 과 사랑의 결핍은 이들에게 사랑과 관심과 돌봄을 조금이라도 만 족시켜줄 수 있는 상대를 발견하게 되면, 가슴의 빈 공간을 채우기 위해 아무 생각 없이 맹목적으로 달려가게 만듭니다. 이들은 자기 통제와 훈련이 부족하여, 관계가 좋지 않다는 것을 스스로 알면서 도 끝없이 매달리거나, 주기보다는 받기를 추구하여 관계를 이룩 하기보다 무너뜨리기 쉽습니다. 이들은 사랑하는 상대의 정신적인 성장이나 행복에는 관심이 없고 오직 자신이 의존할 수 있는 관계가 필요할 뿐이지요.

앨리스님, 비록 헤어짐이 가슴 아프고 힘드시겠지만 지금의 관계를 새롭게 만들기를 원하신다면 내면의 상처받은 마음과 고통을 잘 이해하고 치유할 필요가 있습니다. 지금의 마음으로는 오빠를 다시 만나거나 다른 사람을 사귀게 되어도 과거와 같은 행동을 반복하거나, 관계를 만들수록 삶이 힘들어질 수도 있습니다. 지금의 앨리스님은 '나'라는 자기 중심과 스스로를 지키는 자기 경계가 없기에 또다시 상대에게 휘둘리거나, 상대 뜻에 따라 모든 것을 맞추려 할 수도 있습니다. 감사합니다.

앨리스님이 상담센터를 방문했다. 그녀는 서양미술을 전공하는 대학 4학년 학생으로서 예쁘고 멋진 아가씨였다. 그녀는 헤어진 남자친구와 2년 가까이 사귀었는데 지난 주에 갑자기 그에게서 "혼자 있고 싶다. 좋아하는 마음이 없어졌다. 투정하고, 보채고, 어린애처럼 구는 것에 이젠 질렸다. 헤어지고 싶다."는 일방적인 통보를 받았다고 한다. 그녀는 충격을 받아 제정신이 아닌 상태에서 "다른 여자 생겼어? 나에게 어떻게 이럴 수 있어?"라며 울면서 소리치고 매달리고, 그의 집 앞에서 전화하면서 새벽까지 기다렸다. 그는 자신도 나름대로 노력했지만 이제는 더 이상 안 되겠다고 했다. 그녀는 괴로움과 고통을 견디지 못해 집에서 손목을 그었다. 다행히 약하게 그었고 동생이 발견하여 치료를 받았다며 손목의 상처를 보여주었다.

그녀는 어린 시절에 성격이 서로 달라 양보하지 않는 엄마와 아빠의 말다툼과 끊임없는 싸움을 지켜보아야만 했다. 아빠는 엄마와의 불화 때문인지 2~3년에 한 번씩 외도나 여자 문제를 주기적으로 반복해왔다고 한다. 현재에도 아빠는 다른 여자랑 교제 중이며 엄마는 이혼을 준비 중이라고 했다.

어려서부터 그녀에게 어른이 된다는 것은 가장 무섭고 싫은 일이었다. 그녀는 성인이 되었지만 마음은 아직도 어린아이에 머물러 있으려 했다. 스스로 자기 인생을 책임지지 않고 누군가가 자신을 예뻐하면서 지켜주기만을 바라고 있었다. 그래서 사귀는 남자친구에게 어릴 적 부모로부터 채우지 못한 모든 정서적 박탈감을 채우려 했고 어린아이처럼 매달리며 집착했다.

정서적 박탈의 블랙독은 어린 시절 아이를 감정적으로 책임져야 할 부모가 자기 문제에 빠져서 아이에게 충분한 시간과 관심을 쏟지 않거나, 부모가 차갑고 애정이 없어 아이와 감정적으로 동조되지 않을 때 발생하는 경우가 많다. 이들은 감정을 의지할 방향성과 안내를 받지 못했고, 그들이 원했던 정서적 욕구를 부모가 알아차리거나 돌보지 못했다. 그들은 자라면서 스스로 "부모님이 왜 나를 낳았는지 모르겠어. 나를 낳지 말아야 했어."라고 느끼게 된다.

때로는 부모가 자녀를 자신의 채우지 못한 욕구 충족의 대상물로 보거나, 아이로 하여금 부모의 감정을 돌보게 한 경우, 또는 이런 부모들의 기대나 소망을 충족시켜주면서 자란 아이들의 경우에 발생하기 쉽다.

정서적 박탈감을 느끼는 블랙독의 외로움과 슬픔이라는 감정의 껍질 뒷면에는 분노의 감정을 없는 듯 숨기거나 감싸고 있는 경우가 많다. 이들은 성인이 되어 제대로 인정받지 못하거나 대접받지 못한다는 느낌이 들면, 특히 소중한 관계일수록 과도한 반응을 나타낸다. 이들의 외면은 성인이지만 내면은 방치된 아이와 같으며, 자신이 얼마나 외롭고 슬픈지 스스로 보지 않은 채 마음을 외부로만 돌리려는 경향이 강하다.

이들은 관계에서 자신이 원하는 것을 말하지도 않으면서 자신을 이해해주지 않는다고 화를 낼 때가 많다. 또한 욕구나 기대가 또다시 좌절당하거나 상처를 입지 않으려고 사람들과 일정한 거리를 두면서 자기의 기분이나 욕구를 드러내지 않은 채 서먹한 관계를 유지하는 경우가 많다.

상대가 아무리 많은 친절을 베풀어도 한 번만이라도 자신에게 소홀히 대하면 무척 실망하면서 그동안 해주었던 무수한 증거들을 무시한 채, 해주지 않은 것에만 집착하여 상대와의 관계를 어렵게 만들기도 한다. 이들은 내면의 블랙독이 가진 습관으로 상대방의 행동을 해석하고 있음을 빨리 알아차리고, 자신의 욕구를 상대에게 분명하고 적절하게 전달하는 법을 배울 필요가 있다.

정서적 박탈의 감정에는 보살핌의 박탈, 공감의 박탈, 보호의 박탈이 있다. '보살핌'이란 따뜻함과 너그러움, 신체적 애정 표현을 말하며, '공감'은 상대의 감정을 이해하고 인정해주는 것이며, '보호'는 삶의 방향을 안내하고 도우며 격려하는 것을 말한다.

이런 블랙독을 지닌 사람들은 자신이 결코 이해받거나 보살핌받지 못할 것이라는 믿음에 집착되어 있다. 이들의 가슴은 깊은절망과 슬픔으로 항상 뭔가 빠진 듯한 느낌과 공허감과 외로움에 쌓여 있으며, 혼자 동떨어져 있다는 감정을 갖는다. 이 블랙독은 상대가 배려하고 있음에도 끊임없는 박탈감으로 더 많은것을 요구하며 만족할 줄을 모르게 한다.

그녀는 상담을 진행하면서 내면의 힘들었던 어린 시절의 상처와 고통을 이해하게 되었다. 그리고는 이렇게 얘기했다. "상담을통해 본 저는 사랑받기를 원하는 '나', 이별을 무서워하는 '나'였어요. 세상 사람들 누구나 만남과 헤어짐을 겪는데 저는 그걸 무서워하고 두려워하고 있었어요. 그리고 어린애 같고 혼란스러워하는 '나'를 보았어요. 저는 자신을 제대로 안 보는 '나'였어요.항상 스스로를 속이고 있었죠. 이제는 자신을 제대로 알고 싶어요. 그리고 저 자신을 제일 먼저 생각하고 나서 다른 사람을 위하고 싶어요. 그래서 당당하고 자신 있는 사람이 되고 싶고, 쉽게상처받지 않는 사람이 되고 싶어요. 따뜻한 사람이 되고 싶어요.이별을 두려워하지 않는 사람이 되고 싶어요. 저는 아빠와 엄마에게 사랑을 받아보지 못해서 사랑받는 느낌을 잘 모르고 상대를계속 의심해왔어요. 모든 남자가 아빠 같다고 믿으면서도 제가만나는 남자친구는 그렇지 않을 거라고 생각하고 싶었죠. 그러나남자친구를 믿지 못하고 의심해왔어요. 스스로 자신을 못 믿었기에 그 누구도 믿지 못했죠. 이제는 나를 믿고 싶어요."

소외된 블랙독

 안녕하세요. 저는 올해 27살의 여성입니다.

어디서부터 말을 해야 할까요? 성격이 급하고 노력과 끈기도 부족하여 언제나 손가락질만 받고 자랐습니다. "나이 먹으면 괜찮아지겠지."라고 생각하면서 지금까지 지냈습니다. 그런데 제 맘대로 안 되더군요. 어디서 어떻게 잘못됐는지. 언제나 이것저것 배우기는 했는데 금방 싫증이 나서 채 일주일도 지나지 않아 그만두고, 그만두고……!

저는 대인기피증, 무기력증, 가족과의 갈등으로 너무 괴롭습니다. 취업 자리를 구하려고 하지만 매번 사람들과의 관계로 금방 나오는 일이 반복되다보니 취업하기가 두렵습니다. 대부분 사람들과의 대화 단절로 문제가 많습니다. 사람들 앞에서 대화를 할 때면 머릿속이 백지처럼 되어서 엉뚱한 말을 꺼내거나 지나치게 오버하고, 때로는 말을 더듬게 되고, 농담으로 한 얘기를 너무 진지하게 받아들여 사람들의 기분을 상하게 만드는 경우가 많습니다. 제가 말을 하게 되면 사람들에게 무시나 멸시를 받을까봐 말하기가 꺼려집니다. 이로 인해 오해도 많이 받고, 남의 구설에 오르내릴 때가 많았습니다. 그리고 전화나 업무에 관해 얘기를 듣다보면 중간중간 끊어 듣는 경우가 많습니다. 그로 인해 실수하는 일이 많습니다.

가족과의 갈등에선 어렸을 때부터 어렵게 꺼낸 의견을 엄마가 자주 묵살하는 일이 많았고, 주변 사람들과 많이 비교를 당하며 커서 그런지 모든 일에 의욕과 자신감이 없습니다. 지금도 엄마의 말을 듣게 되면 암시에 걸린 듯 그 말에 따르게 되고, 이런 성격을 바꾸려고 하면 할수록 또다시 반복되는 패턴에 이제는 포기하고 싶습니다.

사람을 지나치게 의식하는 성격과 이 나이에 아무 소득도 없이 부모님에게 얹혀사는 것이 너무 슬프고 자신이 너무 밉고, 큰 사고를 칠까봐 두렵습니다. 이 상태로 미래를 생각하니 암울하기만 합니다. 일도, 운동도, 움직이기가 귀찮고, 몸이 아픈데 병원도 가지 않습니다. 언제나 마음만 먹고 실행하지 않아요. 좀 달라지고 싶습니다. 성격도 밝고 적극적이고 말도 차분하게 하고 싶습니다. 도와주세요! 제 성격을 고치고 싶습니다. – 장미

 안녕하세요, 장미님.

인간관계의 문제와 가족 속에서의 갈등, 장래에 대한 고민으로 그동안 많이 힘드셨겠습니다. 심리상담은 님에게 변화의 좋은 계기가 될 것이라고 믿습니다. 상담은 기본적으로 본인의 문제에 대한 올바른 이해와 해결책의 방향성을 찾게 해줄 것입니다. 그리고 자신이 이럴 수밖에 없는 이유에 대한 이해는 생활 속에서 저절로 행동의 변화로 나아가게 할 것입니다.

장미님이 겪고 있는 문제는 여러 원인이 있지만 근본적으로는 어릴 때 존중받지 못하고 인정받지 못해서 자존감을 상실했기 때문인 것 같습니다. 이럴 경우 다른 사람들을 지나치게 의식하여 그들의 감정이나 외부 상황을 자신의 감정이나 마음의 상태보다 먼저 고려하게 됩니다. 자신에 대한 불안감은 모든 사회적 상황을 회

피하게 만들기도 합니다.

스스로 느끼기에 성격이 급하고, 노력과 끈기가 부족하며, 언제나 이것저것 배우기는 하는데 금방 싫증이 나고, 일이나 운동 모두가 마음먹은 대로 되지 않아서 달라지고 싶다는 님의 간절한 마음이 느껴지네요. 또한 변화하려고 마음먹고 시도하고 노력하지만 또다시 원래의 상태로 돌아오기를 반복하는 님의 고통이 안타깝게 가슴에 와 닿습니다.

변화와 시도는 내면에 힘이 있을 때 일어나지요. 힘이란 자신을 사랑하고 자신을 진정 괜찮게 봐줄 수 있는 마음이 아닌가 합니다. 그 힘을 자존감이라 하지요. 하지만 장미님의 내면에는 스스로 마음을 한정하는 자기암시와 자신을 사랑할 수 없게 만드는 수많은 자기부정의 최면으로 가득 차 있다는 느낌이 듭니다.

우리는 다른 사람과 비교해서 다른 사람처럼 살 수는 없습니다. 다른 사람과 자신은 다르기에 스스로 자신이 되는 삶이 가장 떳떳하고 사랑하는 삶입니다. 장미님의 성격에는 장점도 있고 단점도 있을 것입니다. 타고난 성격은 고쳐야 할 대상이 아닙니다. 자신을 잘 이해하고 앎으로써 단점은 최소화시키고 장점은 최대화시켜 나가는 과정이 성장의 과정입니다.

어쩌면 그동안 님은 자신을 이해하기보다는 계속해서 외부의 시선을 의식하고 타인과 비교하기만 했고, 그래서 자신이 진정 무엇을 원하고 어떤 삶을 원하는지 알지 못한 채 남들의 삶을 흉내 내거나 따라하는 삶을 살았는지도 모릅니다. 스스로 원하지 않은 삶에는 노력이나 끈기가 부족할 수밖에 없습니다.

성격에 밝음과 적극이 따로 있는 것이 아닙니다. 자신을 있는 그대로 이해하고 받아들일 수 있는 마음 자체가 밝음이요, 적극이지요. 자신의 성격을 고치려고 애쓰기보다는 자신을 더욱 사랑하고 받아들임으로써 진정 자신이 되는 길을 가야 하지 않을까 합니다.

장미님의 내면 무의식에서는 어쩌면 어릴 때부터 부모님이나 주위로부터 받은 자기부정의 손가락질과 어둠의 암시가 지금의 자신을 고통스럽게 최면 걸고 있지는 않은지요? 글에서 읽은 님의 내면은 언제나 밝은 마음과 적극성으로 사람들과 함께 하고자 하는 사랑으로 가득 차 있음이 느껴집니다.

상처가 만든 어둠의 암시와 어릴 적 관계에서 심어진 자기부정의 최면에서 깨어나 진정한 자신을 보게 되시기를 바랍니다. 문제의 해결책은 바깥에 있지 않습니다. 감사합니다.

저는 정말 남들 눈에는 너무도 천진난만하고 순수해 보이는 평범한 소녀입니다.

저도 그런 제 모습을 사랑하고 있고요. 근데요. 어느 순간 사람들을 의심하는 마음이 생겼어요. 정확히 말하면 학창 시절 한 친구와의 신경전을 통해서예요. 그때까지만 해도 그 친구한테만 그런가 싶었는데, 시간이 흐르면서 성인이 되고 날이 갈수록 점점 더 심각해지더군요. 의심하는 마음으로 주위의 눈치를 보는 피해의식이 생긴 것 같아요. 옛날엔 나서기도 좋아했는데, 이젠 이 병이 생긴 이후로 여러 사람 앞에 가기를 꺼려해요. 모두가 나를 의심하고 있는 것 같고, 나를 의식하고 있는 것 같고…….

뭐랄까, 사람들이 모여 있고 침묵이 흐르는 공간일수록 더욱 심하게 의식되고 불안해요. 제 피해의식은 사람들의 눈에 대한 의심에서 비롯되었다고 할 수 있어요. 사람들의 눈이 저를 감시하는 것처럼 느껴져요. 마치 제가 피해의식에 시달리고 있다는 걸 이미 알고 있는 것 같거든요. 그래서 어딜 가든 나를 보고 있는 사람들의 눈이 자꾸 의식됩니다. 자신감도 함께 잃어가고, 대인기피증도 생기고…….

마음속으로는 긍정적인 마인드로 살아가려고 하고 있습니다. 스스로를 위로하고 힘내라고 하고 있으니까. 근데 좀 많이 속상하네요. 스스로의 건강하지 못한 못난 정신으로 상처받고 있는 저 자신이 안쓰럽고 슬퍼요.

우울증에 걸렸는지도 몰라요. 그럼 안 되겠죠. 절 위해서도. 그래서 항상 주문을 외우고 있어요. 긍정적인 책을 보려고 하고 제 삶에 활력소를 주기 위해 노력하고 있고요. 근데 피해의식은 좀처럼 없어지질 않고 더 심해지기만 하네요. 시간이 갈수록 강박감도 함께 커지고 있습니다. 저 자신에 대한 불신도.

제발 치료로 이게 좀 나아졌으면 좋겠어요. 어느 정도의 피해의식은 누구에게나 있다고 생각하거든요. 사람이라면 적당히 눈치 보는 것도 당연하고, 그 정도는 사회생활 하는 데 지장이 없을 것 같아요. 하지만 그것이 심각한 수준이 되었을 땐 사회생활 하기도 힘들고 대인관계도 유지하기 힘들 것 같습니다. 지금의 저는 이겨내려고 하고 있지만 몸이, 정신이 말을 듣질 않습니다. 앞으로 나아갈 자신이 없어집니다. 빨리 치료를 해서 나아지고 싶습니다.

몇 년 허물없이 지내온 애인이 있는데 그 사람이랑 있을 때만큼은 그 사람 눈치를 안 봐요. 옆에 있어도 없어도 전 제 일에 몰두할 수가 있어요. 내 편이란 느낌? 아무튼 사랑하는 사이라서 그런지 그 사람과 둘이 있을 땐 자신감도 넘치고 그 사람에겐 의식, 의심이란 걸 하지 않습니다. 그래서 정말 행복하지요. 단둘이 있을 땐……. 다른 사람과도 이렇게 원활하게 지내야 하는데, 이게 정상적으로 지내는 건데.

사람들 앞에서 제가 집중할 일만 생각하고 상대의 눈을 의식하고 싶지 않습니다. 신체적인 불안도 빨리 줄이고 싶어요. – 무지개

 안녕하세요, 무지개님.

정신적으로 상당히 힘든 생활 속에서도 자신을 지키려 하고 좋아지려는 님의 노력에 따뜻한 마음을 보냅니다. 님의 글에서 느껴지는 문제는 자신에 대한 확신을 상실하고 자신의 정체성을 아직 찾지 못하고 있는 데서 오는 마음의 어려움 같습니다. 자신에게 관심을 맞추기보다 '남이 나를 어떻게 바라보고 어떻게 생각할까?'에 마음이 쏠리게 되면 자신은 점점 위축될 수밖에 없습니다.

현대의 많은 사람들이 무지개님과 비슷한 문제를 가지고 고민하고 있지요. 자신에 대한 사랑을 잃어버린 마음은 상대에게 모든 권리와 주도권을 넘기게 됩니다. 하지만 우리는 남에게 다 맞추거나 잘할 수 없기에 결국은 내부에서 문제가 발생할 수밖에 없지요.

그럴수록 우리는 이런 자신을 더욱 싫어하게 되고, 남이 나를 어

떻게 바라볼까 신경 쓸 수밖에 없지요. 먼저 자신을 이해하는 것이 필요합니다. 자신보다 남에게 맞추려 하고, 때로는 인정받거나 사랑받으려는 그 마음의 원인이 어디에 있는지 볼 필요가 있습니다.

소외된 블랙독은 자신에 대한 불안과 열등감으로 될수록 모든 사회적 현실을 회피하려 하거나, 사람들과 어울리고 섞이는 것을 싫어하여 마치 자신이 관계에서 분리된 아웃사이더가 된 것 같은 마음을 느끼게 만든다. 이들은 항상 집안의 가장자리에 머무르면서 스스로 따돌림을 당하고 있다고 느낀다. 학교나 직장, 친구 관계에서 단절감으로 겉도는 느낌이 들고, 낯선 사람과 있을 때는 불안하고 어색하며, 홀로 있거나 외로울 때는 깊은 슬픔의 감정에 빠져든다.

소외된 블랙독은 "나는 어디에도 끼지 못한다."라는 부정적 신념을 무의식에 새기게 만든다. 다른 사람이 자신을 뜯어보거나 부정적인 평가를 하는 것을 두려워하고, 자신을 어떻게 생각하는지에 대해 지나치게 민감하게 반응한다. 이런 부정적 자기암시는 관계에서 점점 균형을 잃게 만들어 부끄럽고 위축되면서 남들과 다르다는 거리감을 더욱 강하게 느끼게 만든다.

소외된 블랙독의 원인

- 외모, 키, 행동 등의 외부적 특성으로 스스로 열등하다고 느낀다.
- 어릴 때 친구들에게 괴롭힘, 왕따, 거부, 모욕을 당한 경험이 있다.
- 스스로 가족이나 친구, 동료에게 떨어져 있고 다르다고 느낀다.

• 부모가 지나치게 비판하고 비난했으며 비교했다.

이 블랙독을 지닌 사람들은 감정적으로 심한 외로움을 느껴 심장의 두근거림, 위장장애, 편두통, 수면장애나 우울증 등과 같은 신체적 증상에 시달리기 쉽다. 이들은 놀림과 왕따, 괴롭힘에서 뒤로 물러섰기에 고립되면서 독서나 컴퓨터, TV와 같이 혼자 할 수 있는 일에 흥미를 발달시켜 때로는 비사회적 영역에서 전문가가 되기도 한다. 이 블랙독은 주로 청소년 시기에 발생되는 경우가 많은데, 이 시기는 동년배들의 영향이 크고 강하기 때문이다.

소외된 블랙독은 어쩌면 청소년기에 누구나 한 번씩 느끼는 매우 흔한 것일 수도 있다. 삶이란 자기 내면의 불안과 두려움을 향해서 도전하고, 두렵지만 용기를 내어 앞으로 나아가는 것이다. 어쩌면 두려움이란 단지 모르기 때문에 일어나는 '알 수 없음'일 것이다.

인간이 가진 각자의 마음이 세상이라고 한다. 그러기에 자신의 마음을 알지 못하면 어떤 곳을 가더라도 세상은 똑같을 수밖에 없다. 내면의 두려움으로부터 자유로워지지 못하면 우리는 갈등 구조 속에서 살아가게 된다. 외부의 조건이나 상황이 문제가 아니라 그것을 해석하는 내 마음이 문제였음을 이해하게 되면, 소외의 느낌은 외부의 누군가가 주는 것이 아니라 자신을 사랑하지 못하고 스스로를 소외시키는 마음임을 알게 된다. 소외는 단지 자신이 스스로 만든 이미지일 뿐, 실제가 그러한 것은 아닌 경우가 많다. 소외의 감정은 상처받는 것에 대한 저항과 회피가 무의식에 습관화되어 자신의 삶을 스스로 내성적이고 소극적으로 물러서게 만든 것이다.

내성적, 외향적 성격의 차이는 원래 가지고 태어나는 것이 아니라 모르는 상황과 삶의 도전 앞에서 스스로 취하는 선택이다. 그러기에 소외된 블랙독은 과거 상처받은 기억들이 만든 외부 상황에 대한 해석과 반응일 뿐이다.

장미님의 상담후기

처음 상담을 받은 날 나는 조금 충격을 받았다. 나는 나 자신을 잘 알고 있다고 생각했었다. 그러나 아니었다. 원장님의 말씀 하나하나가 가슴을 아프게 찔렀고, 내가 그동안 붙들고 있던 동아줄이 끊어지는 것 같았다. 내가 모르고 있던 나의 상처들을 알게 되었다. 실망도 하고……. 원장님의 말씀이 맞지 않다고 변명하고 싶었고 믿고 싶지 않았다. 그동안 나는 나를 너무 몰랐다. 이런저런 많은 이유들조차 내가 잡고 있던 것들을 합리화하고 진실을 있는 그대로 보지 않으려는 방어였다. 잡을 필요가 없던 것인데, 어느새 그것이 내가 되어버려 두려웠던 모양이다.

그리고 내 안의 밑바닥에 있는 수많은 욕망들을 보았다. 인정받고 싶고, 사랑받고 싶고, 내 마음껏 살고 싶은 상상, 억눌렸던 욕구들, 그래서 그것들을 인정해주고자 했다. 지금껏 잡고 있던 것을 쉽게 놓을 수는 없었지만 두려움에 붙들고 있는 내 손을 달래면서 조금씩 인정하니 편안해졌다. 무언가를 해야 한다는 수많은 당위

성들을 무시해봤다. 죄의식에 대해 자유로워지기 힘들었지만 나 스스로 짐을 지지 않자 미움들이 조금씩 사그라들었다.

지난날 그렇게 벗어나고자 했던 외로움과 혼자 있음을 이제는 스스로 즐기면서 풍요로움을 느꼈다. 나의 성격 형성에 미친 가족들의 영향을 생각하면서 이제는 나의 감정을 억누르지 않고 표현하려 했고, 그러는 가운데 힘이 생기는 것 같았다. 표현함을 통해 사람들과의 관계 속에서 희망을 보았다. 편안한 심신을 가지려 노력하는 가운데 마음은 여유로워졌고, 다른 이를 대할 때도 단절감의 불편이 점차 사라졌다.

상담을 받기 전에는 나의 고통이 외부로부터 오는 것이라고 생각했다. 하지만 내면으로 들어가고 나에 대해서 알아갈수록, 자신을 사랑하지 못하는 마음이 나를 힘들게 하고 있다는 것을 알게 되었다. 내가 자신이 없고 피해의식을 가지게 된 건 과거의 안 좋은 기억 때문인 줄 알았다. 하지만 상담을 통하여 알게 된 사실은 이것이 부모님이 나에게 물려준 수치심 때문이라는 것을 이해하게 된 것이다.

이제껏 내가 나 자신을 사랑하지 않았다는 것도 놀라웠지만 그것이 무슨 의미인지도 깨닫지 못하고 살아왔는데, 이제 조금은 무엇인지 감이 잡히기 시작했다. 늘 다른 사람의 생각에만 촉각을 곤두세우고 정작 내가 힘들면 "그냥 참으면 된다."고, 그렇게 착한 사람이 되려고 한 게 나에겐 도움이 되기보단 해가 된 것을 알았다.

이때까지 내가 사랑받지 못한 것은 내가 가치 없고 그만한 자격이 없기 때문이라고 생각했었다. 이런 마음이 자신을 깎아내리고 스스로를 싫어하게 만들었다. 하지만 이제 그렇지 않다는 것을 안다. 사랑받지 못했다는 마음은 주관적일 수 있다는 것도 아직은 어렴풋하고 잘 잡히지 않지만 어느 정도 수긍하게 되었고, 내가 사랑이라는 것을 믿게 되었다.

나를 돌아보고 나에게 귀를 먼저 기울여야 하는데 이제껏 그러지 못해 나에게 너무 미안했다. 다른 사람을 신경 쓰느라 정작 내가 하고 싶은 일이나 말들을 제대로 하지 못했다. 앞으로는 나에게 이렇게 미안한 행동을 하지 않으려고 한다. 이제 뭐든 잘할 수 있다고 나에게 자신감을 주고 싶다.

상담을 통해서 나는 내 마음의 상처를 녹여내고 받아들일 수 있게 되었다. 인생의 전환점에서 상담을 만난 건 정말 행운인 거 같다.

결함의 블랙독

 안녕하세요.

다름이 아니라 평소에 제 감정표현이 조금 솔직하지 못한 것 같아 인터넷으로 우연히 알아보니 강박성 인격장애에 해당되는 것 같아요. 어릴 때에 권위적인 아버지 밑에서 자랐습니다. 게다가 폭력적이었습니다. 아버지는 평소에는 내성적이고 조용한데, 술만 마시면 정반대의 성격으로 변해 엄마를 폭행했고 동네가 떠나갈듯이 소리 지르곤 했습니다. 저는 장녀로 자라서 어릴 때부터 아버지를 많이 무서워했습니다.

아버지는 거의 매일 엄마랑 싸웠으며, 엄마가 일하러 가고 옆에 없는 상황에서 술 취한 아버지랑 같이 있기 싫었지만 어쩔 수 없이 함께 해야 했던 시간들은 불안과 지옥이었습니다. 누나로서 남동생을 지켜야 하는 책임감 또한 부담이 컸습니다. 심리적으로 안정되지 못했던 것 같기도 하고요.

어릴 때 한 번은 아버지에게 공부를 배웠는데, 저는 겁이 나서 답을 알아도 제대로 못 쓰고 말았습니다. 아버지는 그런 저를 답답해하며 소리치고 때렸던 기억이 납니다. 그때 싫다는 말을 못하고 울기만 했습니다. 그 당시의 감정을 솔직히 말하면 왠지 나를 죽일 것 같고, 말해도 소용없을 것 같은 생각이 들어서 말을 안 한 건지, 단순히 무서워서 말을 못한 건지. 그때의 기억이 떠오르면서 왠지 그때의 영향이 지금의 저를 만든 건 아닌가 생각이 듭니다. 또 피아노학원을 다녔는데 그때 생각으로 선생님이 조금 무서웠던 것 같습니다. 레슨을 받는데 쉬가 마려운데도 말을 못하고 의자에 싸버리는 사건이 있었습니다. 단순히 부끄러워서 말을 못한 것 같지는 않습니다. 나름대로 심리적인 문제가 있었다는 생각이 듭니다.

제 감정을 제대로 표현하지 못해서 대인관계에서 힘이 듭니다. 보통 사람들은 다 화날 상황이라고 느끼는 경우에도 저는 아니라고 합니다. 성격이 좋아서 그렇다고 하기에는 조금 아닌 것 같아요. 직장에서 친한 분들한테 물어보면, 잘하고 있는데 너무 완벽한 대인관계를 하고 싶어 하는 것 같다고 말하는 사람도 있고, 자존감과 자신감이 없어서 그런 것 아니냐고 하는 소리도 듣습니다. 저만 답답하여 자꾸 사람들한테 확인하고 묻기를 반복합니다.

남들은 잘한다고 하는데 저는 왠지 남의 말이 귀에 안 들어오고 아니라는 생각이 자꾸 듭니다. 목에서 뭔가 못한 말, 응어리가 많은 느낌이 들면서 울컥하기도 하구요. '왜 나는 어릴 때 사랑받지 못했나?' 이런 느낌에 눈물도 나고, 다른 가족들의 화목한 모습을 볼 때면 서러워서 혼자 눈물도 막 흘리고 그랬습니다. 부럽기도 하구요.

무의식적으로 참아왔던 감정들 때문에 그런 건지. 심리상담으로 제가 무엇이 문제인지 확실히 알아내어 치료하면 솔직하게 제 감정을 표현하는 데 도움이 되겠지요? 너무나 답답하여 글을 올립니다. 못 고치면 어떻게 하나, 두려움도 앞섭니다. – 눈꽃

 안녕하세요, 눈꽃님.

님은 그동안 나름대로 힘든 상황에서도 자신의 문제에 대한 고민과 이해를 위해 많이 노력해오신 것 같습니다. 강박성 성격장애라고 이름 붙일 것은 없습니다. 님은 단지 어릴 때부터 따뜻한 이해와 사랑을 받지 못했으며, 아버지와 같이 강하고 권위적인 사람에게 눈치 볼 수밖에 없었던 힘들었던 경험이 많았던 것 같습니다. 이런 경험이 만든 상처는 내면의 욕구와 감정을 표현하는 것을 부끄럽게 여기거나 수치스럽게 생각하게 합니다.

사랑받지 못한 마음은 자신을 받아들이거나 사랑하기가 힘들지요. 사랑을 받아본 사람이 사랑을 잘 표현하고 사랑을 잘 알지요. 그러기에 사랑받지 못한 마음은 다른 사람들의 얘기를 자신의 느낌이나 생각보다 중시하고 스스로를 믿지 못하게 되지요. 자신의 감정을 신뢰하지 못하기에 특히 분노나 화날 상황에서 자기의 감

정을 놓아버리거나 억압한 채 상대의 입장과 마음을 먼저 의식하게 되는 경우가 많습니다.

님의 내면에 있는, 인정받고 싶고 사랑받고자 발버둥치는 상처받은 아이의 모습을 생각하니 저의 가슴이 많이 아프네요. 나이는 성인이 되었지만 님의 내면은 아직도 어릴 적 상처의 응어리에서 벗어나지 못하고 있는 것 같습니다. 자신을 표현한다는 것은 자신을 사랑하는 마음에서 나옵니다. 심리상담은 님의 가슴에 응어리진 감정을 녹여내는 역할을 할 것입니다. 자신을 이해하고 받아들이는데도 좋은 기회가 될 것임을 확신합니다. 감사합니다.

눈꽃님이 방문을 했다. 그녀는 20대 후반의 여성 직장인이었다. 상담센터를 쭈뼛거리면서 들어온 그녀는 상담을 시작하자마자 눈물부터 흘리기 시작했다. 그녀는 1남 1녀의 장녀로 살아온 응어리진 과거의 얘기들을 들려주었다.

그동안 꺼내고 싶지 않았던 기억들을 꺼내려고 하니 두려워요. 어릴 적 마당에서 엄마와 얘기하는데 동생이 뒤에서 저를 밀었어요. 저는 마당 앞 도로에 넘어졌고 동생은 엄마에게 혼이 났죠. 근데 정작 제가 엄마에게 더 많이 혼났어요. 이유는 모르겠어요. 집에서 책을 읽는데 소리가 작다고 아빠가 야단을 쳤어요. 울면서 아빠에게 소리가 들리도록 큰 소리로 책을 읽었죠. 전 늘 혼자 놀았던 것 같아요. 항상 부모님께 혼이 났고요. 어떤 이유 때문인지는 모르지만……

초등학교 3학년 때 읽기 시간에 책을 읽다가 더듬더듬 막혀버렸
어요. 한 단어만 반복하면서 그 다음 단어를 읽을 수가 없었어요.
선생님도 친구들도 다 웃고…… 창피했어요.

아빠에게 눈치보고 맞는 엄마가 싫었어요. 술 먹고 들어오는 아
빠의 발걸음이 무서웠고요.

매사에 저는 자신감이 없어요. 잘해나가고 있을 때도 종종 불안
해지는 느낌을 받고, 자신이 없이 포기하고 싶다는 생각이 자꾸 들
어요. "결혼해서 잘살 수는 있을까? 지금보다 더 나은 삶을 살 수
있을까?" 하는 생각과 "내가 엄마가 되었을 때 자식에게 좋은 엄
마가 될 수 있을까? 결혼하지 말고 혼자 살까?" 하는 생각도 들어
요. 대인관계에서 하고 싶은 말을 못하고, 사람들과 친해지기가 어
려워요. 항상 남의 눈치를 살피면서 상대의 표정이나 주위 분위기
가 좋지 않으면 모두가 저 때문에 그런가 싶어 괜히 불안하고 신경
쓰이면서 제가 잘못한 것은 없는지 걱정하게 됩니다.

어릴 때 아빠의 반지 낀 손으로 가끔 머리를 맞았는데, 지금도
생각하면 머리가 아파요. 소화가 잘 되지 않아 늘 체한 느낌이 들
고, 목과 어깨는 긴장으로 항상 무겁고 힘들어요. 엄마에게 잘하려
고 하는데도 늘 야단을 맞아서 지금도 엄마와 대화를 하려고 하면
주눅이 들어요. 엄마는 남동생에게는 잘해주시는 것 같아요. 예전
기억을 떠올리려니 제가 너무 불쌍하다는 생각이 드네요. 엄마는
인내심이 없고 저보다 더 어린애 같아요.

사실 저는 사람들과 대화할 때면 평소 대화도 힘이 들거나 어색
해요. 어디서부터, 뭐부터 이야기해야 할지 막막해요. 괜히 제가

한 말이 오해와 싸움으로 번질까봐 걱정하죠. 다른 사람들은 다 알아든는데, 저 혼자 말귀도 못 알아듣고 이해 못하고 혼자 뒷북쳐요. 직장에서 저 혼자 일이 많은데 일이 너무 많다고 항의할까 싶다가도 상대방의 표정을 살피며 자꾸 겁을 내요.

　요즘 들어 짜증만 늘어가요. 누구든지 저를 건드리면, 욱하고 금방 신경질 낼 것처럼. 그런데 현실에서는 그러지 못하고 속으로 삭이죠. 계속 반복되는 제 삶이 너무너무 싫어서 이제는 문제를 해결하고 싶어요.

　결함의 블랙독은 스스로를 '쓸모없는 사람'이라고 느끼게 만들고, '사랑받긴 틀렸다'는 수치심과 굴욕감을 느끼게 만든다. 수치심은 결점이 드러났을 때 느끼는 결함의 감정과 두려움이며, 눈에 띄는 표면적, 외적 특성과는 달리 주관적으로 자기 존재의 본질에 대한 부정과 한계를 긋는 습관화된 어둠의 감정이다.

　수줍음과 부끄러움은 스스로 외부에 노출되거나, 낯선 사람으로부터 침해를 입지 않게 해주는 자연스러운 경계선 역할을 하기도 한다. 하지만 예측 불가능한 무작위적인 폭력의 지속은 깊은 무력감을 심어주고 자신을 대접받을 자격이 없는 못난 존재이거나 가치 없는 존재로 여기게 만든다. 그리고 "넌 돼먹지 않았어.", "너 때문에 힘들다."는 등 부모의 계속된 부정적 암시나 냉소적이고 권위적인 말투는 아이의 내면에 깊은 자존감의 상처를 입힌다. 어릴 적 아이에 대한 혐오와 경멸의 태도나 눈초리는 무의식중에 아이 내면에 자기 존재를 부정하는 최면을 강하게 확립시킨다.

결함의 블랙독은 스스로를 흠 많고 부족하다고 느끼게 하여, 관계 속에서 누구든 자신을 진정으로 알게 되면 싫어하게 될 것이라는 두려움으로 자기를 숨기거나 허세를 부리거나 과잉행동을 하게 만든다. 이들은 자기비하나 자기처벌적인 자기혐오로 가득차서 스스로에게 "난 바보야, 난 보잘것없어, 난 필요 없는 사람이야, 난 안 돼, 난 쓸모없어."라는 등의 말을 무의식적으로 반복하게 만든다.

다른 사람들이 그들에게 아무리 "넌 괜찮아."라고 설득하고 소리쳐도 이들은 손을 내저으면서 더 큰 소리로 "아니야, 난 문제 있어."라고 외친다. 결함의 블랙독은 왠지 모를 만성적 불행감과 우울감에 빠지게 만드는 가장 주된 자기부정성의 원인이 된다.

결함의 블랙독의 원인

- 어렸을 때 사랑받지 못하고 거부당했다.
- 부모가 지나치게 징벌적이거나 비판적이었다.
- 어떤 행동과 말에도 비난받거나 혼났던 경험이 많다.
- 어릴 때 육체적, 정서적, 성적 학대를 받았다.
- 부모가 불공정하게 비교하거나 다른 형제를 편애했다.
- 부모가 집안의 모든 잘못을 아이의 탓으로 돌렸다.

결함에 따른 수치심은 가정 안에서 세대를 타고 은연중에 전수되어간다. 결함의 블랙독은 스스로를 열등한 존재로 격하시켜 타인과 친밀감을 만들기 어렵게 한다. 이것은 관계에서 자신이 노출되는 것을 두려워하여 어느 선 이상을 잘 허용하지 않으려 하기 때문이다. 이들은 자신이 싫기에 자신을 부정하고, 자기 아닌 다른 사람이 되려고 시도할 수도 있다.

이런 태도는 거짓 자기를 만들어 완벽하게 스스로를 포장하여 자신의 영혼에 난 구멍을 외부에서 보상받으려고 시도하지만, 결국은 메울 수 없는 내면의 허전함과 상실감으로 고통을 더욱 가중시킨다. 감정이 수치심에 묶이게 되면 자신의 분노나 욕구, 필요를 억제하여 자신의 감정은 무시하고 타인의 기분에 맞추려고 한다. 이는 자기의 주관적인 감정을 대상으로 객관화시켜, 자기의 감정으로부터 이질적인 느낌을 가지게 만들어 만성적 우울감에 빠지게 하는 요인이 되기도 한다.

두려움, 슬픔, 분노 등 자기의 내면에 응어리진 최초의 감정을 재경험하고 그때로 돌아가지 못하면 우리는 또다시 고통의 삶을 되풀이하게 된다. 결함의 블랙독에 의한 수치심은 우리가 그것을 안 보려 하거나 숨기는 만큼 신경증의 원인이 된다. 그러기에 이제는 숨기는 것을 그만두고, 자신의 고통스런 감정을 향해서 정직하게 나아가야만 한다. 수치심은 내면의 비밀스러운 부분에 가면을 쓰고 없는 척 안 보려 하지만, 본질적으로 자신의 존재가 결점투성이라는 믿음에서 벗어나지 못하게 만든다. 그들의 내면은 너무나 끔찍하기에 감히 들여다볼 생각을 못하고 남에게 얘기할 수도 없을 것이다. 하지만 자신에 대한 부정적인 시각을 고치려면 그것을 노출시키고 평가받아야 한다.

자신에 대한 진실한 마음과 정직함이 사랑이고 용기이며 치유의 길이다. 자신을 조건 없이 사랑하고 있는 그대로 받아들일 수 있을 때 수치심은 극복된다. 자신을 받아들이는 마음만큼이 바로 그 사람의 진정한 힘이다.

빛을 찾기 위해서는 어둠을 감싸 안아야 한다. 어둠 속에 감추어진 수치심을 표현하고 숨기지 않아야 한다. 어둠 속에 답이 있다. 우리의 얼어붙은 슬픔의 뚜껑을 벗겨내고 과거의 해결되지 못한 상처와 고통이 만든 슬픔을 드러내야만 한다. 어릴 적 상처받은 수치심이 치유되지 못하고 오래 끄는 이유는 누군가 그 자리에서 그 느낌을 인정해주고 풀어나가게 도와줄 사람이 없었기 때문이다.

자신의 내면을 바르게 이해하지 못하면 과거 악순환의 습관에 말려들게 되고, 비슷한 상황을 또다시 만나면 예전의 상처를 반복하게 된다.

결함의 블랙독이 생활 속에서 일어날 때의 습관

- 자신의 진실한 감정을 숨긴다.
- 상대방에게 질투나 소유의 감정을 많이 느낀다.
- 자신을 끊임없이 남들과 불공정하게 비교한다.
- 상대에게 자신이 괜찮다는 확신을 계속 요구한다.
- 상대에게 자신을 지나치게 낮춘다.
- 상대가 자신을 비난, 비판, 학대하도록 허락한다.
- 타당한 비난에도 방어적이거나 적대적이다.

- 자신이 성공하더라도 사기꾼이라는 느낌이 든다.
- 일이 잘 안되거나 관계에서 거절당하면 지나치게 위축된다.

상담 때 눈꽃님에게 자신의 장점 10가지와 단점 10가지를 적어보라고 했다. 그녀는 단점은 너무나 빠르고 명백하게 적어나갔지만, 장점에 대해서는 "남을 배려하려고 한다. 상대 얘기를 잘 들어준다."는 두 가지를 써놓고는 한참을 망설이면서 쓰지를 못했다. 내가 보기에 그녀는 충분히 예쁘고, 자기 맡은 일에 성실하고, 남을 배려하는 따뜻한 마음을 지닌 아가씨였지만, 스스로는 결점투성이에 성격이 밝지 못하여 어느 누구도 자신을 좋아하지 않을 것이라고 믿고 있었다. 그녀는 자신감 없는 자신, 두려움 많은 자신, 대인관계 못하는 자신, 감정에 솔직하지 못한 자신, 남의 눈치를 보고 상대 표정만 살피며 상대 표정이 안 좋으면 자신이 무엇을 잘못한 것은 아닌지 걱정하는 자신, 뒤에서 욕먹을 것만 같은 자신, 아무리 엄마에게 최선을 다해도 동생만 챙기는 엄마에게 소외된 자신 등을 어떻게 좋아할 수 있겠냐고 반문했다.

그녀는 인정과 칭찬에 목말라 있었다. 그녀의 억압된 분노는 한 번도 표현해보지 못했기에 불안과 두려움으로 자리 잡고 있었고 슬픔과 외로움으로 외부에 표현되었다. 상담을 진행해나가면서 그녀는 스스로에게 끝없이 "괜찮아.", "화내도 괜찮아.", "자신을 표현해도 괜찮아."라고 마음속으로 외쳐나갔다. 문제는 자신이 아니라 부모였다. 스스로 자기부정의 암시와 습관에 길들여져 있었던 것이지, 실제 현실의 자신은 괜찮은 사람임을 그녀는 점점 더 많이 인식하게 되었다.

스스로 가진 '생각과 사실'의 차이에 대해서 인식하면서 그녀는 부정적 암시로 습관화된 생각이 수치심과 같은 어둠의 감정들을 만들고 있음을 깨달았다. 또한 그 감정은 생활과 관계에서 긴장과 불편을 무의식적으로 반복케 하는 악순환이 되고 있음을 인식하게 되었다.

그녀는 남에게 인정과 칭찬을 구하지 않고 스스로 자신에게 작은 일에서부터 인정을 허용해나갔다. 조금씩 자신감이 생기자, 먼저 직장 동료와 엄마에게 자신의 생각과 감정을 있는 그대로 표현해보기 시작했다. 처음에는 상대가 어떻게 생각할까 두려웠지만 조금씩 표현해보았다. 그녀는 상대의 반응이 어떻게 나오든 그것은 상대의 몫이지 자신이 어떻게 할 수 있는 것이 아니라는 것을 알게 되었다. 상대의 반응까지 책임지려던 과거의 습관들이 얼마나 힘들고 어리석은 것인지 명확하게 인식하게 되었다.

내면의 심판관과 친해지면서 스스로를 비난하고 평가하기를 그만두고 자신을 더욱 허용하면서 그녀는 어떤 선택도 괜찮음을 알아나갔다.

눈꽃님의 상담후기

상담을 하면서 지금까지 내가 살아온 모든 경험과 생각들이 뿌리째 흔들렸다. 정말 혼란스러웠고 힘든 나날을 보냈다. 하지만 한 주 한 주 상담을 하면서 하나씩 나에 대해 알게 되었고, 힘들었지만 일상생활에 적용해나갔다. 생각으로 인식한 것을 행동으로 실천하기는 정말 쉽지 않았다.

하지만 나는 예전의 눈치 보면서 살아온 날들로 두 번 다시 돌아가고 싶지 않았다. 앞으로 다시는 이와 같은 삶은 살지 않겠다고 다짐하면서 이를 악물고 행동으로 옮기려고 노력했다.

얼마 살지 않았지만 그동안 경험했던 느낌, 생각, 인생관, 가치관, 모두를 버리더라도 고통에서 이기고 싶었다. 점점 나를 좋아하게 되었다. 나는 이제 나를 믿는다. 나는 괜찮은 사람인 것 같다. 그래서 행복하다.

실패한 블랙독

 안녕하세요.

저는 37살이며 아이 하나를 둔 가장입니다. 현재 심한 대인공포와 시선공포증으로 고통받고 있습니다. 저는 사람들이 많은 곳에 가면 식은땀이 나면서 사람들이 의식되고, 이상하게 나만 쳐다보는 것 같은 정서불안에 시달리고 있습니다. 사람들과 대화할 때면 긴장으로 눈에 너무 힘을 주다 보니까 금방 피로해지고, 사람들이 제 눈빛이 이상하다고 합니다.

어릴 때는 정말 밝고 명랑했던 제가 지금은 너무 부정적이고 우울하게 변했습니다. 힘을 내보려 하지만 번번이 좌절하네요. 아마도 성격으로 굳어진 듯합니다. 중학교 때까지만 해도 조금 내성적이긴 했지만 누구보다도 밝고 적극적인 제가 이렇게 되다니, 그때의 감정과 괴리감이 너무나 크게만 느껴져 힘이 나지 않습니다. 발단은 이렇습니다.

초등학교 때 제가 좀 내성적인 면이 있어서 자기 이름 말하는 것도 부끄러워하곤 했습니다. 그런데 그게 너무 싫어서 강하게 보이고 싶었고 소위 학교 일진이 되어 폭력적으로 변했고, 무조건 제 마음대로 하려고 했습니다. 이게 중학교 때 일인데, 그 당시는 제가 잘못하는지도 몰랐습니다. 그러다 보니 고등학교 가서 3년 동안 왕따 아닌 왕따로 지냈고 자살도 생각해보았습니다.

저희 집은 좀 보수적이고, 어릴 때부터 부모님은 저에게 간섭을 심하게 하였습니다. 그래서 성격이 더 내성적이고 독립심을 키우지 못한 것 같습니다. 사회생활 하면 다들 독립심 강하게 스스로 잘하는데, 학창 시절 저는 아르바이트 자리 하나 구하는 것도 너무 힘이 들었습니다. 부모님이 한마디 하면 마음이 또 흔들리고, 소위 말하는 마마보이 같기도 하구요. 그래서 그런지 부모님이 무슨 말만 하면 요즘은 마음속에서 먼저 화가 나고 부정적인 감정부터 일어납니다.

지금도 부모님과 안 좋은 상태이구요. '가화만사성'이라는 말이 있잖아요. 모든 근본은 가정에서부터라고 생각하는데 집안 분위기부터가 아직도 저를 어리게 보고, 자꾸 부모님의 생각을 강요하니까 제 머리는 자꾸 배배 꼬이는 듯합니다. "어릴 때부터 좀 독립적으로 키워주지. 별것도 아닌데 정말 살기 힘드네." 이런 생각을 하루에도 몇 번씩 합니다.

이런 생활과 감정적 분노는 결혼 후 더욱 심해진 것 같습니다.

아내는 은행에 근무하는데, 아내에게 왠지 위축되고 열등감에 자주 다투게 됩니다. 벌써 8년째입니다. 군 제대 후 계속 자살 충동으로 정신과에서 우울증 약을 처방받아 복용하고 있습니다. 단전 호흡도 해보고 신앙생활도 해보았지만 불안심리와 의처증, 대인기피, 시선공포가 항상 꼬리표처럼 저를 따라다니는 것 같습니다. 제 인생은 실패한 것 같아요. 정말 좋아질 수 있을까요. 혼자서는 아무리 노력해도 힘드네요. – 카페리

 안녕하세요, 카페리님.

님께서는 어렸을 때는 밝고 적극적이었는데 언제부터인가 자신감을 잃어버리고 대인공포와 시선공포, 불안과 의처증으로 부정적이고 우울한 삶을 지속하였는데, 이제 새롭게 자기 주도적이고 독립적이며 과거의 밝고 적극적인 모습으로 돌아가고 싶은가 봅니다. 사람의 성격은 원래 내성적이거나 외향적이지도 않으며, 밝고 적극적이거나, 어둡고 소극적이지도 않습니다. 누구나 내면에 이 모두를 가지고 있지만 스스로 어디에 초점을 맞추고 선택하느냐에 따라 자신의 현실을 창조합니다. 님의 삶은 어쩌면 스스로 자신이 누구인지도 모른 채 그때그때의 상황에 따라 남들에게 맞추어 진실한 자신의 모습보다 더 강하고 능력 있는 척 보여주려고 노력한 것 같습니다.

스스로를 부끄러워하여 남들에게 들키지 않으려고 외부적으로는 강한 척, 당당한 척, 남자답게 보이고자 선택한 중학교 때의 폭력적인 삶은 결국에 고등학교에서 약함이 들통나고 왕따의 경험을

주었습니다.

카페리님은 어쩌면 스스로 자신으로서의 주관이 없는 것은 아닐까요? 님은 집안이 보수적이고 간섭이 많았다고 합니다. 물론 집안의 분위기나 간섭이 님의 삶에 영향을 주었을 것입니다. 하지만 님의 삶은 자신의 선택과 책임의 문제이지, 집안 분위기와 부모님이 님을 어리게 보는 데만 있지는 않습니다. 님은 어쩌면 삶의 선택의 순간에 항상 뒤로 물러서면서 그 책임을 자신이 아닌 부모나 외부의 탓으로 돌리고 있는 것은 아니었을까요?

님은 얘기합니다. "부모님이 한마디 하면 마음이 또 흔들리고, 소위 말하는 마마보이 같기도 하구요. 그래서 그런지 요즘은 부모님이 무슨 말만 하면 먼저 마음속에서 화가 나고 부정적인 감정부터 일어납니다." 님은 외부적으로는 부모님이 두렵거나 의존하고 싶어 말 잘 듣는 마마보이였지만, 내면에는 분노와 적개심으로 잘못을 부모님의 탓으로 돌리고 있습니다.

이제 님은 결혼하여 한 아이의 아빠이며 가장이 되었습니다. 그러나 님의 마음은 어릴 적 과거의 자신에게서 한 발짝도 나아가려고 하지 않습니다. 과거의 경험은 기억 속에만 존재할 뿐, 현재에 그것을 어떻게 바라보고 해석하는지는 님의 선택이며 책임입니다. 현재의 순간에 자신을 정직하게 바로 알고 자신이 처한 문제와 현실을 받아들일 수 있을 때, 님은 자신감 있는 삶을 창조할 수 있을 것입니다.

돌아갈 곳은 없습니다. 현재 님의 대인공포와 시선공포가 님 스스로에게 무엇을 책임지지 못하고 있는지 묻고 있는 것은 아닐까요? 현실에서 무엇을 회피하고 있는지 자신을 바르게 이해하는 것이 님의 문제를 해결하는 데 도움이 되지 않을까 합니다. 감사합니다.

카페리님이 상담센터를 방문했다. 중소기업에서 관리직에 있는 그는 호리호리한 키에 깔끔한 양복을 입은 모습이었으며 정중히 인사했다. 그는 자신의 문제를 해결해보려고 신경정신과와 마음수련, 최근에는 답답하여 점까지 보러 갔다고 했다. 그는 자신을 이중적인 성격의 소유자라고 생각했다. 외부에서 보기엔 외향적으로 보이지만 실제로는 상당히 내성적이며, 남에게 말을 먼저 꺼내기를 싫어하고, 사람들을 굉장히 의식하며 긴장을 많이 한다고 했다. 직장에서 회식을 할 때면 빨리 긴장을 풀려고 술잔을 되도록 빨리 기울이고, 남이 보지 않는데도 뭔가를 보여주어야 할 것 같은 압박감과 긴장으로 눈에 너무 힘을 주다보니 금방 피로하고, 눈빛이 이상하다는 말을 들을 때마다 더욱 위축된다고 했다.

선생님인 그의 아버지는 어릴 적부터 그의 방과 책상을 자주 뒤지고, 가방과 노트 필기를 일일이 점검하며 깔끔하지 못하다고 화를 내고 잔소리를 많이 했다.

그는 어릴 적 경험 때문인지 남에게 노출되는 것을 몹시 부끄럽고 수치스럽게 생각하여 자꾸 남에게 들키지 않으려고 했다. 그는 잘하려고 했지만 언제나 잘못되지 않을까 불안했다. 학창 시절 외모와 관계 문제로 힘들어할 때 부모님은 항상 자신보다 못한 사람과 비교해야지 학생이 그런 생각을 하는 것 자체가 글러먹었다고 핀잔을 주었다. 하지만 공부는 잘하는 사람과 비교하면서 아버지는 이렇게 얘기했다. "'행복은 성적순이 아니잖아요'라는 영화가 있는데 그건 절대 말도 안 되는 소리다. 행복은 무조건 성적순이다. 공부 못하면 절대 행복해질 수 없다." 용돈도 짜게 주면서 돈을 어디에, 무슨 용도로 썼는지 자주 물었고, 용돈을 아껴 쓰라며 돈 쓰는 것을 자주 통제하고 간섭했다. 학창 시절에는 공부 얘기, 졸업 후에는 취업 이야기 외에는 가족 간에 얘기를 나누어본 적이 별로 없다고 했다.

그는 어릴 때부터 무엇인가 해야 할 것이 있는데 즉시 해놓지 않으면 마음이 불안하고 조급증이 나서 견딜 수가 없었다고 한다. 그의 조급증은 집중력을 떨어뜨리고 스스로 삶을 더욱 구속과 긴장으로 몰아넣으며 스트레스를 쌓이게 했다. 그는 자신을 부정적이며 충동적이라고 했다. 화, 특히 부모님에 대한 화를 절제할 줄 모르고 질투심이 많았다. 그는 자신의 현재 모습이 부모님 때문이라고 여겨 화가 많이 나 있었다. 하지만 그는 자신의 문제가 진정 무엇인지는 보려고 하지 않았다.

실패한 감정에 습관적으로 휩싸인 블랙독은 일의 성취와 경력에 있어서 아무리 자신이 노력해도 안 될 것이라는 패배감을 느끼게 만든다. 때로는 자신이 뭔가를 성취해도 성취의 느낌보다는 뭔가 잘못되었다는 부정적이고 불안한 감정에 휩싸이게 만들기도 한다. 실패의 감정은 고통스럽고 스스로를 위축시킨다. 이

들은 자신의 문제를 회피하여, 인생에 필요한 능력이나 자기계
발, 경력을 쌓아 새로운 도전과 책임을 밟아나가는 모든 일을 피
하려고 한다. 어차피 자신은 안 될 것이므로 노력할 이유가 없다
는 패배적 사고방식에 빠지게 한다.

실패의 블랙독은 부정적인 것은 확대하고 긍정적인 것은 최소
화한다. 이들은 실패에 대해 우울하게 느끼면서 새로운 변화에
희망을 가지지 못한다. 자신감을 상실한 이들은 칭찬받을 만한
일을 한 경우에도 마음 깊은 곳에서는 자신이 실은 사기꾼 같다
고 느끼는 경우가 많다. 자신의 성취는 요행과 실수라고 여기며,
다른 사람들이 자신의 참모습을 모르도록 더 유능해 보이려 애
쓰며 속여왔기에, 언젠가는 자신의 진면목이 드러날 것이라며
불안해한다. 이러한 블랙독의 습관은 현실에 그대로 반영되어
일을 그르치거나, 너무 끌다가 기회를 놓치게 하여 실패의 구실
을 만드는 역할을 하는 경우가 많다.

실패한 블랙독의 원인

- 어릴 적 성적이나 운동 등에서 부모의 비교나 판단, 비난이 심했다.
- 부모의 기준이 자신이 도달하기에 너무 높았다.
- 학교에서 학업이나 운동에서 많이 떨어져 열등했다.
- 적절한 기준과 자제나 책임을 배우지 못했다.
- 삶에 필요한 기술과 훈련을 배우지 못했다.

실패한 블랙독의 습관

- 자기 인생에 필요한 능력을 계발하지 않으려 한다.
- 자신의 능력보다 낮은 수준의 일이나 사람이 편하다.
- 안전하고 편한 일만 찾는다.
- 직장을 자주 옮기거나, 열의가 없다.
- 주도적으로 하거나 결정을 내리길 두려워한다.
- 자신의 능력을 과소평가하고 실수나 약점을 과장한다.
- 성공적인 배우자를 찾아 대리만족하려 한다.
- 스스로 실패자라고 느끼고 있다.

이들은 자기의 문제에 직면하기보다는 자신을 기분 좋게 느낄 수 있는 회피 방법을 찾으며, 인생에서 실패의 느낌을 없애기 위해 성공이라는 영역을 아예 없애려 한다. 이들의 실패는 타고난 결핍이나 재능의 부재나 부적합에서 오는 것이 아니라 단지 회피에서 오는 것임을 알아야 한다.

카페리님의 상담후기

모두가 내 마음이었던 것을…….

처음 이곳을 찾을 당시만 해도 저는 거의 자신을 포기한 상태였습니다. 올 때부터 '효과가 있으면 있고, 없으면 없고'라고 생각하는 상태였으니까요. 혼자 죽을 고비 다 넘겨가며 숱한 고통의 나날을 왜 그렇게 보냈던 걸까요. 지금도 제가 이렇게 극복 수기를 적고 있다는 사실이 믿기지가 않습니다.

상담을 시작했습니다. 이런저런 이야기에 상담카드를 작성하고 상담에 들어갔습니다. 평범한 이야기들……. 저는 대인공포와 시선 긴장으로 불안해 죽겠는데 뭔가 획기적인 건 없고 계속 평범한 이야기만 하시더군요. 얘기 중에 저에게 껍데기 인생을 살고 있다는, ‘껍데기’란 표현을 들었습니다. 기분이 나쁘면서 자꾸만 그 말이 머릿속에서 떠나지 않고 계속 맴돌았습니다. 그리고 저의 지난날 힘들고 불편했던 과거를 상세하게 적어오라고 하시더군요. 적어갔습니다.

상담 중에 최면이라도 걸어서 절 어떻게 좀 제정신인 상태로 돌려놓으실 줄 알았습니다. 그런데 이게 웬걸? 또 그저 평범한 이야기만 하시더군요. 그리곤 하루 중에 있었던 이야기들을 일기처럼 적어보라고 하시더군요. 그리고 집에 왔습니다. 다시 가고 싶은 생각이 안 들더군요. 일기도 안 적고, 그냥 포기하다시피 했습니다. 여전히 불안의 나날을 보냈죠. 그런데 자꾸 마음 한구석에 무언가 걸리는 게 있었습니다.

첫날 상담한 내용…… 나는 껍데기 인생인가, 나는 가면을 쓰고 있는가. 창을 멍청히 보고 있었습니다. 그 순간 나 자신이 정직하게 보이기 시작했습니다. 내가 정말로 어떤 암시와 최면에 빠져 있는지 보이기 시작했습니다.

내 속에는 정말로 정말로 힘들고 아픈 진짜 내가 있는데, 이 껍데기뿐인 지금의 나는 남들의 눈치나 보고 남들을 의식하고 사는, 완전히 이건 나를 죽이는 행위를 하고 있었습니다. 저 사람은 나를 이렇게 보지 않을까, 또는 저렇게 보겠지, 돌겠다, 죽고 싶다 등 끊임없이 나를 못살게 굴고 나를 죽이는 이런 생각들이 자꾸만 아픈 자아들을 만들어가고 있었던 겁니다. 이런 나를 보면서 갑자기 자신이 너무나 초라하고 불쌍해서 눈물이 흘렀습니다. 그 순간 뭔지 모를 어둠의 창이 깨어지면서 마음의 문이 열려버렸습니다. 더 이상은 나를 학대하던 이 잔인한 생각들조차 할 수 없게 되어버리더라고요. 그런데 정말 이상하죠? 마음이 너무 편안한 거예요.

사람들이 옆에 있어도 아무렇지도 않고, 시선이 의식되지도, 불안하지도 않았습니다. 이거 완전 다른 세상인 거예요. 저 자신도 지금도 놀라고 있습니다.

단 한순간의 깨달음으로 이렇게 다른 세상에 살 수 있었는데, 그 힘든 세월을 생각하니 너무나 가슴이 아프더라고요. 모두가 스스로 만든 껍데기가 하는 장난에 불과했던 것을……

정확한 내용은 모르는데, 왜 원효대사가 중국으로 불법을 배우러 떠나던 중 산 속에서 길을 잃고 잠이 들었다는 이야기가 있잖아요. 목이 너무 말라 무슨 바가지에 담긴 물을 마셨는데 너무 달고 맛있었던 거예요. 아침에 일어나보니 해골바가지에 담긴 물을 저녁에 마셨던 거죠. 거기서 깨달음을 얻고 다시 돌아온 것처럼, 저 역시 그런 마음이 드는 것 같습니다. 감사합니다.

카페리님과 같이 한순간에 의식이 변화되는 경우가 가끔은 있지만 드문 경우였다. 결국 치유란 의식의 변화와 성장이다. 외부적으로 드러난 신경증이나 신체적 고통은 뇌나 호르몬의 문제일 수도 있으나, 근본적으로 삶의 경험에 대한 의식의 자기 해석이거나, 그 해석에 대한 습관적인 반응인 경우가 많다. 그가 고등학교 이후 그토록 괴롭히던 대인공포와 시선공포, 불안이라는 문제가 실은 내면의 초라한 자신을 보지 않으려는 회피와 외면이라는 진실을 보는 순간, 심장의 뜨거운 눈물이 최면의 껍질을 깨버리고 진실을 드러냈다. 실패한 블랙독의 느낌은 실제가 아니라 자신이 만든 암시나 최면이다. 스스로 만든 생각이 아닌 진실을 확인해보려는 사람에게는 누구에게나 문이 열려 있다.

종속의 블랙독

안녕하세요. 제게는 아들이 둘 있습니다. 권위적이고 제멋대로인 성격의 남편도 있습니다. 요즘은 내내 기분이 급격하게 가라앉습니다. 심장이 자주 벌렁거리고 우울증세도 조금 있는 것 같습니다.

가장 큰 원인은 큰아들 때문입니다. 가정환경 때문에 큰아들은 자신감을 완전히 잃어버렸습니다. 거기다 겁도 많아서 사람들 앞에서 자신의 의사표현도 제대로 못하고 더듬거립니다. 또 사람들이 많은 곳에 가면 아이가 어쩔 줄 몰라 하며 주위를 너무 신경 쓰다 못해 제가 볼 때 과잉행동을 한다든가, 아니면 바짝 얼어 있습니다. 병원에서는 과잉성 행동장애(ADHD)라고 합니다. 초등학교 6학년 때부터 신경정신과에서 계속 치료를 받았고, 미술치료도 받았지만 나아지지가 않네요.

제가 생각할 때 원인은 태어나서부터 지금까지 쭉 이어진, 아이에 대한 아빠의 무시와 함부로 대했던 태도 때문이라고 생각합니다. 무차별적인 언어폭력과 육체적인 폭력. 아빠는 평소에는 괜찮다가도 술만 마시고 오면 소리치고 저와 아이들을 불러놓고 했던 말 또 하고, 또 합니다. 걸음마를 시작하기 전부터 아이는 아빠가 늦게 술 마시고 들어오는 발소리만 들어도 불안해했습니다. 그것은 저 또한 마찬가지지만요.

그런 상황이 중학교 3학년생이 된 지금까지 이어졌기 때문에 그동안 아이는 자신감을 완전히 잃어버렸다는 생각이 듭니다. 제가 아이를 따뜻하게 보듬지 못한 탓도 있습니다. 남편의 행동을 제재하지 못하고 술 먹고 소리치는 남편이 두렵고 무서워 피하려고만 했습니다. 저 하나 참으면 잘될 거라는 생각에 아이들한테 행하는 무차별적인 행동을 막아주지도 못했습니다. 지금 생각하면 제 탓도 정말 크다는 생각을 합니다.

요즘은 남편과 나는 만나지 말아야 할 인연이었다는 생각도 듭니다. 아들은 조금 있으면 고1이 되는데 학교 성적은 물론이고 왕따까지 당하는 것 같습니다. 그런 거 알면서도 앞에 나서지 못하는 못난 엄마라는 죄책감에 요즘은 죽고 싶을 정도로 괴롭습니다. 학원을 보내고 싶어도 아이가 너무 사람들 앞에 자신 있게 나서지 못해서 학원도 마음 편히 보내지 못하겠습니다. 어제는 학원에 수강신청하러 같이 갔다가, 아이가 당황해서 상담 중에 안 가겠다고 계속 말을 해서 결국 신청 안하고 집으로 와버렸습니다.

선생님, 이런 아이가 상담으로 심리적 상처를 치유할 수 있을까요? 상담으로 자신감을 얻을 수 있다면 상담을 받아보고 싶습니다. – 초록별

 안녕하세요, 초록별님.

초록별님의 고민과 자식에 대한 걱정은 이곳을 찾는 많은 사람들이 힘들어하고 고통받는 내용이기도 합니다. 부모의 자녀에 대한 심한 언어폭력과 육체적 학대는 영혼의 내부에 큰 구멍과 상처의 흔적을 남겨서 자녀가 성장할수록 사회의 적응력이나 대인관계에서 문제를 일으킵니다. 그리고 폭력과 학대는 아이의 내면에 사랑과 신뢰보다는 분노와 적개심을 심어서 자신감을 잃어버리게 합니다.

이런 상황에서 엄마조차 남편의 심한 독선의 희생자였기에 아이를 감싸주거나 보호할 수 없었을 것입니다. 부모와 집안의 분위기가 바뀌지 않는 상황에서 아이 스스로 자신감을 갖기는 거의 불가능할 것입니다.

걸음마 때부터 아버지에게 겁먹고 행동이 바짝 얼어 있었다면, 아이는 외부 관계에서 힘 있고 강한 폭력 앞에서는 두려움의 습관이 몸에 배여 긴장하고 얼어붙을 수밖에 없습니다. 그러기에 아이는 혼자 있고 싶어 하고, 자기만의 공간에서만 자유롭기에 사람을 기피할 수밖에 없습니다. 어쩌면 왕따는 너무나 당연한 것이지요.

이런 환경에서는 아이가 스스로 결정하지 못하고 아무런 자기 주장도 할 수가 없습니다. 아이는 가장 가깝고 신뢰받고 보호받아야 할 부모와의 관계에서조차 욕구를 표현하거나 배려받지 못했기에 외부 관계에서는 더욱 움츠리고 자기를 표현하기 힘들 것입니다.

아이는 부모의 칭찬과 지지, 격려를 먹고 자라는 사랑과 영혼의 나무이지요. 만약에 아이가 부모 감정의 희생물이 되거나 부모의 사랑이 부족하다면 아이는 자랄수록 사람들 앞에서 더듬거리고, 안절부절못하며, 불안해하는 것이 당연할 수밖에 없을 것입니다. 아이가 그동안 마음으로 받았을 고통과 내면의 불안을 생각할 때 가슴이 아프네요. 자신감은 자신을 믿고 사랑하며 좋아하는 마음이기에 부모로부터 칭찬과 지지를 받지 못한 아이는 세상을 두려움으로 인식하고 위축될 수밖에 없을 것입니다.

물론 엄마도 이런 아이를 보는 심정이 힘들고 안타깝고 어느 때는 깊은 죄의식까지 느껴지실 것입니다. 하지만 지금이 아이에게는 엄마의 사랑과 따뜻한 지지가 필요한 때가 아닌가 합니다. 아이는 어쩌면 아빠에 대한 깊은 적개심과 아빠로부터 자신을 보호해주지 못한 엄마에 대한 원망으로 언젠가는 분노가 폭발할지도 모릅니다.

우리는 누구나 인생에 고통과 나름의 힘든 문제를 가지고 살아갑니다. 인생의 행복은 그러한 고통과 문제를 회피하지 않고 헤쳐나가는 과정 속에서 얻어지는 결과물이 아닐까 합니다. 심리상담은 아이와 초록별님이 자신을 이해하는 데 큰 도움이 되고 많은 힘을 주게 될 것입니다. 하지만 먼저 아이의 변화보다는 부모님들 스스로가 무엇을 위해서 결혼을 유지하는지, 현재의 시점에서 자신들이 무엇을 바꾸어야 할 것인지를 고민하는 것이 우선이 아닐까 합니다. 집안 분위기의 변화 시도나 노력만이 아이를 바꿀 수 있는 힘이 될 것입니다. 문제 아이의 뒤에는 언제나 문제 부모가 있습니다. 부모의 변화 노력과 자기반성이 없이 어떻게 아이의 마음을 열 수 있겠습니까? 감사합니다.

초록별님이 아들과 함께 상담센터를 방문했다. 아이는 대인기피증이 심한지 고개를 숙이고 눈도 맞추려 하지 않았고, 위축되어 자신에 대한 어떤 얘기도 하지 못했다. 친구나 선생님과 대화할 때면 원하는 답을 못 줄 것 같아 눈치 보고, 남들이 기분 나빠하거나 자신을 이상하게 생각할까봐 관계를 피하고 혼자 있으려 했다. 하지만 집에서는 컴퓨터를 하다가 자기 뜻대로 되지 않을 때면 여동생이나 엄마에게 심하게 화를 내거나 폭력적으로 변한다고 했다.

치유란 의식의 변화를 요구한다. 하지만 아이는 아직 자신에게 어떤 일이 일어났으며, 왜 자신의 삶이 힘든지, 내면의 분노와 불안은 어디서 오는 것인지 이해하지 못했기에 변화하려는 의지 또한 없었다. 우리의 삶이란 어쩌면 어릴 때 받은 상처의 경험과 기억을 영혼의 내면에 고통으로 새기고는 평생 그것을 지워나가는 과정일지도 모른다.

아이는 놓아두고 엄마와 상담을 진행하기로 했다. 가족은 하나의 에너지와 기운으로 뭉쳐 있기에 가족 중 한 사람의 변화는 가족 모두의 변화를 가져올 수 있고, 가족 중 한 사람의 고통은 가족 전체의 고통이 되는 것은 자연스러운 일이다.

남편은 대위로 제대하여 현재는 제약회사 영업직 팀장이라고 한다. 그는 스스로 자수성가한 사람이었고 돈에 대한 집착이 심했다. 자신의 기준이 엄격하여 틈이 없는 바위 같은 사람이었다. 남편은 술을 좋아하는데, 한 번씩 술을 마시고 들어오면 자기 뜻대로 되지 않는다고 온갖 욕설을 하고 밤늦게까지 소리 지르고,

그러다 지치면 잠들곤 했다. 가족에게 하루하루는 괴롭고 불안하며 동네사람들에게 창피하여 지옥 같은 생활이었다. 그동안 그녀도 우울증으로 약을 먹었지만 차도가 없었고, 최근에는 불면증이 심하고 가슴이 두근거리는 심장의 이상과 머리의 두통으로 종합검진을 받아보았지만 이상이 없다고 했다.

종속의 블랙독은 "내 뜻이야 어찌됐던 당신이 원하는 대로 할게요."라는 무의식의 습관적 행동이다. 이들의 삶은 언제나 타인에 의해 조종당하는 느낌 속에서 살게 된다. 이들의 내면에는 주위 사람들의 눈치를 보면서 부모나 형제자매, 친구나 교사, 애인과 배우자, 직장 상사나 동료, 심지어 낯선 사람까지 기쁘게 해주어야 한다는 신념과 암시가 자리 잡고 있다. 자신을 제외한 모든 사람을 기쁘게 해야 한다는 마음은 삶을 숨 막히게 하고, 부담감 속에서 지치게 만든다. 이 블랙독은 스스로 원하는 것과 자신이 느끼는 욕구의 감정에 초점을 맞추지 못하게 만들어 이들의 삶에는 기쁨과 자유는 없고, 오직 구속과 회피만 있을 뿐이다.

이 블랙독을 지닌 사람들은 쉽게 포기하고, 스스로 자기 인생의 결정권을 제한하여 운명에 휩쓸려가며, 모든 일을 수동적으로 받아들이며 살아가게 된다. 고난이 닥치거나 문제가 생기면 스스로 할 수 있는 것은 없다고 생각하며, 모든 일이 어느 날 갑자기 기적적으로 좋아질 때까지 참거나 기다리려고만 한다.

이들은 남들의 요구에 일정한 선을 긋지 못하고, 부당한 요구나 어려운 부탁에 대해서도 "아니오."라고 대답하지 못하며 자신의 경계선이 없다. 상대가 아무리 자신을 괴롭히고 부당한 행동을 해도 저항하거나 방어하기 어렵다. 때로는 이런 모습이 대인 관계나 남들에게 좋은 인상을 주어 주변 환경에 잘 적응하는 착한 사람으로 보이기도 한다.

종속의 블랙독은 자신이 누려야 할 인생의 당연한 권리를 스스로 박탈함으로써 자존감을 약화시킨다. 어릴 때 위압적인 부모 밑에서 억눌린 채 자신의 감정이나 욕구를 드러낼 기회를 가지지 못한 아이는 자율성을 키울 수 없다. 이들은 자기의 감정이나 욕구는 하잘것없고, 다른 사람이 원하는 대로 따라야 한다고 생각한다. 관계에서 다른 사람들의 요구나 명령에 따르는 것에 너무나 익숙해져서, 어른이 되더라도 자신이 실제 무엇을 원하고 바라는지를 모르는 경우가 많다.

이런 사람들은 부모가 원하는 직업을 갖거나, 위압적인 배우자의 요구에 묵묵히 따르고, 자녀들의 변덕에 쉽게 복종한다. 과거 가부장적인 문화와 유교의 전통은 이런 사람을 희생적이고 현모양처라는 이름으로 포장했지만, 그들의 복종과 상냥한 허식 밑에는 엄청난 좌절과 분노가 내면에 들끓고 있는 경우가 많다.

우리나라의 잘못된 유교적, 권위주의적 가부장 제도는 이렇게 남들을 위해 희생하는 착한 아이와 모범생의 역할을 최면시켜 권력과 힘에 순종하게 하며, 자신으로서의 삶은 잃어버리고 체면과 보여주는 삶을 중시하게 만든다. 은연중 이런 교육은 강한 자아는 이기적이며 자기 욕구의 주장은 좋지 않은 것이라는 암시를 내면에 새겨 자기의 감정을 포기하도록 만들고, 남들과의 갈등은 되도록 피하며 주변 환경에 잘 적응하는 순종적인 사람을 만들려고 한다. 그 결과 내면의 분노와 적개심은 억압되고 표현되지 못하여, 우리나라만의 독특한 '화병'이라는 심리적 증상을 만들어낸다.

이들의 복종과 순종하는 행동 뒤에는 죄책감으로 인한 자기희생과 벌받을 것을 두려워하는 굴종의 감정이 자리 잡고 있다. 이것은 피해의식으로 내면에 자리 잡아 직접적으로 자기 주장이나 분노를 표현하지 않고 뒤에서 험담을 하거나, 변명을 하거나, 수동적으로 불만을 표시한다.

종속의 블랙독이 일어나는 원인

- 부모가 지나치게 권위적이거나 지배적이었다.
- 부모의 뜻대로 따르지 않으면 아이에게 화를 내거나 벌로 위협했다.
- 아이가 스스로 선택하는 것을 부모가 허락하지 않았다.
- 어릴 때부터 부모의 힘든 얘기를 들어야 했다.
- 부모가 원하는 것을 들어주지 않으면 죄책감을 느끼게 했다.
- 어릴 때 자신의 요구, 권리, 의견을 존중받지 못했다.

상담을 진행하면서 초록별님은 스스로 보지 않으려 했던 자신의 진실 앞에 힘들어했다. 모두 세상 탓이라 여기고 남편 탓만 했지, 진정으로 단 한 번만이라도 자신의 인생을 스스로 책임지려는 마음이 없었음을 보았다. 자기 하나 희생하고 참으면 모든

것이 잘될 것이라 생각했는데 행복하지 못한 자신의 삶과 고통
받는 아들을 보면서 그녀는 깊게 반성했다. 자수성가하고 돈에
집착하는 남편의 힘든 마음 뒤에는 그녀의 삶에 대한 책임감 없
는 태도도 하나의 원인으로 작용했으며, 남편의 내면에 어릴 적
부모에게서 받은 상처 때문에 부모와 세상에 대한 원망과 두려
움이 많음을 이해하게 되었다.

조금씩 그녀의 주장과 감정과 생각을 남편과 나누면서 남편이
무엇을 원하는지, 그녀는 무엇을 원하는지, 아들은 무엇을 원하
는지, 서로 대화하기 시작했다. 과거에는 두렵고 피하기만 했지
만, 이제는 남편의 잘못된 행동에 맞서기도 했다. 문제는 외부가
아니라 자신이 진정 변하는 것임을 깨닫게 되었다.

28세의 초등학교 교사이며 미혼인 작은나무님은 우울과 서운
함, 억울함, 원망의 감정이 해소되지 못하여 정신과 상담과 약물
치료를 2년 이상 받은 상태에서 상담센터를 방문했다. 그녀는 개
인적으로 피곤하고 자기의 일이 엉망일 때도 학교의 전체적인
일이나 다른 교사의 부탁을 거절하지 못했다. 그녀는 거절을 하
거나 자기의 욕구를 드러내거나 자기 주장을 하는 것은 나쁘고
이기적이라는 생각을 가지고 있었다. 학교에 많은 신경을 쓰면
서 열심히 하는데도 그녀는 항상 구석에 몰리는 느낌이 들고, 의
존하려는 마음으로 몸과 마음이 지쳐 있었다.

그녀는 네 명의 자매 중 셋째였으며 엄마는 그녀가 7살 때 암

으로 돌아가시고, 아빠는 계속 술을 마시다가 고등학교 1학년 때 뇌졸중으로 돌아가셨다고 한다. 어려운 집안 환경 때문에 그녀는 초등학교 1~2학년까지 남의 집에 양녀로 갔다가 다시 집으로 돌아왔다. 언니들과 동생은 서로 잘 지내는데 그녀는 네 자매 안에서 언제나 소외된 느낌이 들었고, 서로 싸우게 되면 항상 자매들 속에 외톨이가 되거나 "너 잘났다."며 미움을 받았다. 그녀는 학창 시절 열심히 공부하여 자신의 학비를 벌면서 대학을 나왔지만 언니들은 초등학교, 동생은 중학교밖에 나오지 않았다.

몇 년 전 언니와 다툼이 있었는데 그때 언니로부터 "너 때문에 내 인생 망쳤다."라는 말을 들은 뒤로는 지금까지 떨어져 지내며 만나지 않는다고 했다. 그녀는 양심적이고 도덕적으로 열심히 살아왔건만 주위에서는 그녀를 이기적이고, 자신의 감정을 잘 드러내지 않으며, 왠지 준 것이 없는데도 미운 사람이라고 느끼는 것 같았다.

그녀는 그런 비난을 견디기 힘들었고, 다른 사람을 거스르지 않으려고 의식을 하다보니 관계는 긴장과 불안의 연속이었다. 그녀는 자신의 생각과 감정을 믿지 못하여 생각과 의견을 드러내지 못했다. 그녀의 꿈은 뿌리 깊은 큰 나무가 되어 주변 사람들을 따뜻하게 보호해주는 편안한 사람이 되는 것이었다. 상담이 진행되면서 집단상담 기간에 자신을 대신할 별칭을 한번 지어보라 했을 때 그녀는 자신을 '작은나무'라고 불러달라고 했다.

그녀는 외롭고 힘들 때면 커다란 나무와 햇살, 시원한 바람과 그늘이 담긴 그림을 자주 그리곤 했다. 그녀는 언제나 자신의 인생이 여름의 따가운 햇볕을 막아주는 시원한 그늘을 가진 큰 나무가 되기를 원했다.

하지만 그녀의 인생은 큰 나무와는 달리 사람 앞에만 서면 움츠러들고, 감정을 표현하기를 두려워하며, 상대의 눈치를 보는 삶이었다. 그녀는 그런 자신을 싫어도 어쩔 수 없이 지켜보아야 했다. 큰 나무가 되어 많은 사람들에게 그늘이 되고 힘이 되어주고 싶었지만 그렇지 못한 자신의 인생을 한없이 부끄러워했다. 점점 힘들어지는 자신이 싫다고 했다.

그러던 어느 날 그녀는 이렇게 말했다.

“들판에 홀로 외롭게 서 있는 큰 나무보다는 숲 속의 작은 나무가 되고 싶어요.” 떨리는 눈망울에 이슬이 맺히며 그녀는 자신이 큰 나무가 아닌 그냥 자신일 뿐이라고 얘기했다. 이제는 추구하는 마음의 혼란을 놓아버리고 자신의 감정과 욕구에 진실해지고 싶다고 했다. 떨면서 얘기하고 있었지만 그녀는 가슴에 오랜 세월 숨겨온 어둠의 장막을 찢고 있었다. 나무는 큰 것도 작은 것도 구별이 없이 그냥 나무일뿐인데, 왜 스스로 큰 나무가 되려고 그토록 오랜 세월 자신을 힘들게 만들어야 했을까?

종속의 블랙독은 자신이 해야 할 일의 한계를 정하지 못하고 자신의 능력과 책임보다 버거운 짐을 떠맡아 많은 일을 하면서도 자신의 몫을 주장하기가 어렵다. 이들은 겉으로는 편안하고 문제없이 잘 지내는 듯이 보이지만, 속으로는 자신이 이용당하고 있다는 느낌에 분노와 적개심을 가지면서도 밖으로 드러내지는 않는다.

이들은 어린 시절부터 힘 있는 사람들에게 지배당하거나, 생존을 위해서 쉽게 복종한다. 이런 습관은 성인이 되어서도 공격적이거나 주도적인 사람과 친밀한 관계에 빠지는 경우가 많다. 이들은 배우자나 애인을 만날 때 가장 이기적이고 자기중심적인 사람을 선택하여, 상대는 주는 것 없이 받기만 하고 자신은 주기만 하는 역할의 인생을 편안하게 받아들이기도 한다.

그러기에 관계를 맺을수록 필연적으로 분노가 쌓이고 나중에는 분노가 극에 달하여 문제가 발생하게 된다. 이들은 자신으로부터는 많은 것을 박탈하지만, 상대를 살피고 느끼는 눈이 발달하여 다른 사람의 욕구와 고통을 민감하게 느낌으로써 희생적으로 남을 돕는 직업에 종사하는 경우가 많다. 이들은 지나치게 '예스맨'이다. 이는 동료나 주위 사람들이 옳기 때문이 아니라, 그들을 기쁘게 해주기 위해서 그들의 의견에 동조하려는 것일 뿐이다.

완벽하려는 블랙독

 저는 학생입니다. 미국 유학 중이구요.

저는 발표를 할 때 너무 떨어요. 숨이 차고, 목소리가 떨리고, 다리가 후들거리고, 제 심장 소리가 남들에게 들릴 것처럼 뛰어요. 발표뿐이 아니라 남들 앞에 나가기만 하면 온몸이 떨려요. 어릴 때부터였어요. 몇 학년 때부터인지는 잘 기억나지 않지만……

초등학교 때 일어나서 책 읽으라고 했는데, 너무 목소리가 떨리는 거예요. 우는 것 같이……. 그때부터 무서워했죠. 심지어 중학교 때는 제 번호와 같은 날이 오면 아픈 척 했어요. 발표하는 것이 너무 두려워서. 고등학교 때부터 유학 와서는 더 힘들었어요. 여기선 발표하는 게 되게 많거든요. 오죽 힘들었으면 구하기도 힘든 청심환을 사러 몇 시간 동안 돌아다녔을까요.

전 솔직히 공부를 잘하는 편이에요. 평소엔 친구들과도 활발한 편이구요. 근데 이렇게 남들 앞에만 서면 너무나 쉽게 떨리니깐 두렵고 자신감이 점점 사라져요. 특히 미국에선 수업 시간에 자기 의견을 자유롭게 발표해야 하고 스피치 시간도 많아서 견디기가 너무 힘들어요. 이것만 좀 고치면 정말 될 것 같은데, 더 완벽하게 리더십도 발휘할 수 있을 것 같은데.

그리고 이와 관련 있는지 모르지만 신체적으로 '과민성 대장증후군'을 2년 전부터 앓기 시작했습니다. 병원에서 내시경 검사도 하고 약도 먹었지만 효과가 없었고, 한의원에서 침을 맞고 한약을 복용할 때는 일시적으로 괜찮다가 약을 끊으면 원래대로 돌아갑니다. 1일에 2~4번 정도 설사를 합니다. 몸무게가 거의 10kg 정도 빠졌습니다. 병원에서는 자율신경이 깨졌다고 하는데 뚜렷한 치료법이 없다고 합니다. 이 병도 제가 가진 심리적 문제와 연관이 있겠지요?

다른 사람한테 털어놓을 수가 없어요. 너무 창피하기도 하고. 제가 다음 주 주말에 한국에 갑니다. 한 달 정도 머물 예정이에요. 심리치료가 가능할까요? 한 달 안에? 제발 도와주세요. – 물결

 안녕하세요, 물결님.

물결님과 같이 발표할 때 떨림과 두려움으로 많은 사람들이 저희 센터를 찾아와 심리상담을 합니다. 물결님의 느낌은 전형적인 대인 공포로서 이것은 내면 무의식의 불안이 원인인 경우가 많습니다. 또한 '과민성 대장증후군'은 물결님의 불안과 삶의 스트레스를 장에서 소화하지 못한 채 흘려보내고 있음을 애기하는 것 같습니다. 정신적 불편함은 결국 신체적 증상으로 드러나게 마련입니다. 그러기에 신체적 증상이 주는 메시지를 잘 해석하여 삶의 태도를 바꾸어나갈 때 우리는 진정한 변화와 성장의 길로 나아갈 수 있을 것입니다.

물결님은 의식적으로는 "안 떨어야지." 하고 생각하면서 무의식 안에 일어나는 긴장과 불안을 억누르지만, 심장의 고동과 과민성 대장염은 숨기려는 님의 진실을 드러내 보이고 있지요. 고등학교 때 미국에 유학 가셔서 힘든 과정을 나름대로 열심히 하시고 공부도 잘하신다니, 자신이 원하는 꿈을 향해 노력하시는 모습이 아름답고 사람들에게 많은 도움을 줄 것이라 확신합니다.

물결님은 자신보다 타인을 너무 의식하고, 다른 사람이 보았을 때 완벽해 보이려는 경향이 있는 것 같습니다. 항상 너무 잘하려는 마음이 지나치게 긴장시키고 불편하게 만들고 있지 않나 싶습니다. 발표할 때 긴장하고 떨리는 것은 자연스러운 현상인데 님은 떨고 있는 자신을 부끄러워하거나 용납하기 어려워하는 것 같습니다.

인정받으려는 마음과 잘하려는 마음은 남을 의식하기에 긴장을 만들 수밖에 없습니다. 점수와 결과를 중시하는 우리나라의 교육에서는 항상 평가받고 그에 따른 상벌이 그때그때 주어지기에 배움의 과정 자체를 즐기기보다는 드러난 결과에 집중되어 긴장과 불안을 만들기 쉽지요.

공부도 잘하고 친구와도 활발한 편이라고 얘기하지만, 진실한 공부는 결과치의 점수도 중요하지만 자신의 내면을 잘 이해하고 알아가는 과정입니다. 떨림을 고치면 완벽한 리더십을 발휘할 것이라고 하셨는데, 완벽한 리더십은 없습니다. 리더십은 스스로 가진 편안함과 자신만의 경험과 지혜를 다른 사람과 함께 나누는 과정이라 할 수 있습니다. 그리고 다른 사람에게 털어놓을 수 없어 창피하다는 마음은 관계에서 자신의 약점이나 안 좋은 모습은 숨기고, 외부적으로 완벽하게 보이려는 긴장이 아닐까 합니다. 그리고 대장염은 스스로 님의 삶과 개성을 실현하는 데 불안함을 표현하고 있는 것 같습니다. 자세한 사항은 상담을 통해 얘기 나누는 것이 좋겠네요. 감사합니다.

완벽하려는 블랙독은 아무리 노력해도 여전히 부족하다는 느낌과 만족을 모르는 높은 기대 때문에 항상 압박감을 느끼며 삶을 편안히 쉬지 못하고 긴장하며 살게 만든다. 만족을 모르는 이들의 삶은 쉽게 초조해지고 짜증을 내며, 자신을 혹사시킴으로써 스트레스로 인한 두통이나 대장염에 걸릴 위험이 많다. 이들의 인생은 늘 바쁘게 일하고, 성취해야 할 것들로 가득 차서 시간이 부족하며, 수많은 계획들 때문에 조금도 즐길 수가 없다.

이들은 스스로 세운 기준에 충족되지 못하면 자신에 대해 끊임없이 좌절하고 화를 내며, 만성적 분노와 심한 불안과 쫓기는 마음을 가진다. 항상 시간을 의식하고 지속적인 압박감을 느끼며 자신을 더 많은 책임 속으로 밀어 넣는다. 그리고 이 블랙독은 잘한 일보다는 잘못한 부분에 초점을 맞추고 자기를 비난하며 후회의 아쉬움을 누그러뜨리지 못한다. 또한 자신의 기준과 잣대를 다른 사람에게 들이대어 상대가 나름의 능력으로 최선을 다하고 있는데도 비판하거나 못마땅해한다. 이들은 열심히 노력하면 인생이 완벽해지고 멋진 성공을 성취할 것이라고 믿으며 목표를 향해 나아가지만, 분투 끝에 얻기를 희망하는 만족과 평화는 결코 오지 않는다.

완벽의 3가지 유형

- **강박적 완벽** 모든 것을 완벽하게 정리하려는 사람들이다. 작고 하찮은 일에도 세부 사항까지 주의를 기울이고 사소한 실수라도 두려워한다. 자기 뜻대로 일이 돌아가지 않으면 좌절감을 느끼고 마음의 평정을 잃는다. 이들이 쉽게 걸리는 강박증은 인생의 모든 부분을 제대로 통제하지 못한다는 불안을 느낄 때 생각으로 통제하려는 하나의 방편이기도 하다.

- **성취지향적 완벽** 주로 일중독자들이 많다. 이들은 만성적인 짜증과 분노 속에서 살아간다. 끊임없는 계획과 추구의 스트레스는 주위에서 혼자만 열심히 일하고 다른 사람들은 모두 게으르고 책임감이 없는 것처럼 느껴지게 만들어, 타인에게 만성적 분노를 야기하여 관계를 어렵게 한다. 이들은 지나치게 목표지향

적이고 효율성을 중시하다보니 삶에서 일은 있지만 인간은 빠져
버리는 경우가 많다.

- **지위지향적 완벽** 사회의 인정이나 지위, 부, 권력과 같은 외적인
성취물로 내면의 결함이나 소외의 핵심감정을 보상하려는 마음
을 말한다. 이들은 높은 단계의 성공으로 자신을 몰아붙인다. 대
부분 이들의 인정받으려는 욕구는 열등감의 자기보상인 경우가
많다. 관계 속에서 진정한 행복과 따뜻함은 잃어버리고 부와 권
력으로 인정받기 위해서 때로는 수단과 방법을 가리지 않고 자
신의 욕망을 향해서만 달려간다.

완벽하려는 블랙독의 원인

- 부모의 사랑이 조건적이어서 그 조건을 만족시켰을 때 사랑해주
었다.
- 부모가 기대에 못 미치면 심한 수치심을 심어주었다.
- 부모가 완벽하려는 블랙독을 가지고 있다.
- 부모가 자녀에 대해 너무 높은 기대나 기준을 가지고 있었다.
- 아이가 잘해도 칭찬과 관심, 지지, 인정이 부족했다.

모 은행의 지점장인 50대 초반의 한민 씨가 상담센터를 방문
했다. 한민 씨는 최근 약해져가는 일에 대한 성취감과 집중력을
더욱 높여서 젊은 시절의 패기와 열정으로 돌아가기를 원했다.
그는 새로운 업무를 맡으면서 더 많은 자신감을 가지고자 했다.
한민 씨의 삶은 성취에 대한 강한 동기부여를 가지고 자기 안의

가능성을 살려서, 할 수 있다는 마음가짐으로 노력하면 무엇이든 이룰 수 있다는 신념으로 살아온 것 같았다.

그는 내면의 긍정성을 더욱 끌어올려 직장에서 리더로서의 역량과 일에 대한 집중력을 키우길 원했다. 그런데 몇 년 전부터 신체적 활력도 떨어지고 알 수 없는 불안과 두려움에 위축되어가는 자신을 바라보면서, 그렇게 약해져가는 자신을 용납할 수가 없었다.

그는 아들 둘을 두고 있었다. 아들들은 그의 기준으로 볼 때 열심히 살지 못하고 그들의 인생을 낭비하는 것 같아 그는 항상 간섭과 통제를 가하며, 좀 더 노력하지 않는다고 불만이 많았다. 아들들은 점점 커가면서 아버지와의 관계와 대화가 단절되었고, 그를 피하는 것 같았으며, 집에 들어가면 각자의 방에서 인사 정도만 하고 나오지를 않았다. 직장에서는 업무태도나 능력 면에서 자신의 마음에 드는 직원을 찾아보기가 어렵고 항상 잘못된 부분이 쉽게 눈에 띄어서 잔소리와 지적을 많이 한다고 했다.

그는 다섯 살 때 아버지를 여의고 장남으로서 집안에 대한 책임감을 가지고, 성공과 성취지향적 삶을 살아온 표본이었다. 그는 인생에 뭔가를 이루기 위해서는 자기를 억제하고 절제하며 철저히 노력해야 한다고 생각했다.

그는 효율성을 중시하며 쉬지 않고 적극적으로 최선을 다해 살아왔다. 하지만 그의 내면은 생존에 대한 두려움과 인정받으려는 욕구로 가득 차 있었다. 그는 스스로 생존에 대한 불안과 두려움으로 만든 기준과 잣대를 아들이나 직원들에게 들이대며,

그들에게 자신의 것과 다른 생각이나 삶의 방식이 있음을 인정하지 못했다. 이런 그의 태도는 그들의 장점을 살려주거나 그들이 가진 긍정성은 보지 않고, 항상 잘못된 것이나 하지 않은 것에 초점을 맞추어 못마땅해하고 불만을 품게 만들었다.

상담을 하면서 그는 집중력과 자신감이 외부에서 만들어지는 것이 아닌, 스스로 자신을 알아가는 내적 변화에 따르는 것임을 수용하는 데 많은 어려움을 느꼈다. 하지만 상담이 진행될수록 자신의 가치기준에 따라 자기중심적으로 판단했던 분별심이 사실은 내면의 두려움과 나약함을 숨기거나 방어하려는 마음이었음을 보았다.

그의 마음속에는 삶에 대한 신뢰보다는 생존을 불안해하는 어린 시절의 절망감이 자리 잡고 있었다. 남편으로서 대접받고 아버지나 상사로서 인정받으려면 어떤 목표를 성취해서 보여주어야 하고, 그렇지 않으면 무시당하거나 버림받을 것이라는 부정적 자기암시가 잠시도 그를 쉬지 못하게 했다. 그는 주말에 아무것도 하지 않고 집에서 TV를 보거나 낮잠으로 시간을 보내면, 그런 자신에 대해 깊은 회의와 죄의식을 느꼈다. 쉴 수 없는 마음은 언제나 불평과 짜증이 가득했다.

그는 잠시도 쉬지 못하고 달려오기만 한 자신의 인생을 돌아보면서, 정작 중요한 따뜻함과 사랑을 잃어버리고 사는 것은 아닌지 반성하게 되었다. 그동안 돌보지 못했던 내면의 이런 자신을 보면서 그는 점차 외부적인 간섭과 통제를 줄여나가고 스스로를 좀 더 편안하게 쉬어주려고 노력했다. 아들과 직장 동료들과의 관계에서도 될수록 부정적인 면보다 잘하는 장점을 보려고 많이 노력했다.

그는 자신에게 있어 완전이라는 개념이 과거에는 부족하고 나약하고 초라한 자신을 변화시켜 당당하고 강하고 멋진 자신으로의 변화였다면, 현재는 긍정적인 자신과 부정적인 자기 모습 그 모두를 빠짐없이 인정하고 받아들이는 것이라고 했다. 이렇게 마음이 변화하면서 자신뿐만 아니라 다른 사람의 부정적인 부분에 대해 보다 따뜻한 관심과 이해로 다가가면서 관계가 더욱 가벼워지고 편안해졌다고 했다.

인정과 칭찬

나로 하여금 내 인생을 살 수 없게 만든 장애가 있다면
그것은 인정과 칭찬이었습니다.
그것을 구하는 마음은 언제나 나로 하여금
나로 있지 못하게 만들고
다른 사람들을 의식하게 만들었습니다.

남이 나를 보는 시선과 평가는 내 삶과 인생의 선택에
중요한 결정권자였습니다.
외부로 향한 이런 마음은 홀로 고요히 있을 때면
긴장이 풀리면서 나를 방종하게 만들었습니다.
인정과 시선이 없는 시간과 장소는

게으름과 본능의 삶이 지배하였습니다.

오랜 세월 나를 붙든 그것은

나를 나로 있지 못하게 했지만

그 짐을 벗기도 두려웠습니다.

이제껏 ‘나’라고 세워둔 모든 가치가 무너질 것만 같았습니다.

어느 날 아침 눈을 떴을 때 가면이 벗겨졌습니다.

나를 알던 주위의 많은 사람들이 실망하며 나를 떠나갔습니다.

외면당하는 고통과 아픔은 힘들었지만

내면은 가벼워지고 있었습니다.

이제는 홀로 있을 때나 함께 할 때나 언제나 똑같은 ‘나’입니다.

이해를 구하지도 않고, 가슴이 원하는 길로 달려갑니다.

하늘을 보게 되었고 꽃과 나무를 알게 되었습니다.

모두가 살아 있습니다.

그래서 사랑인가 봅니다.

5

치유로 가는 길

우리 삶을 고통과 불행으로 만드는 것은 우리가 두려워하는 대상이나

사실 자체가 아니라, 우리 안에 있는 두려움의 생각과

그 생각이 만든 감정들 때문이다. 두려움은 저항하고 회피하며

보지 않으려 할 때만 힘을 가진다. 나의 여동생과 같이 수용하고

저항을 멈추게 되면, 그것은 또 다른 지혜와 사랑이 된다.

증상이 주는 메시지

마음의 질병은 대부분 충족되지 못한 갈망에서 일어나기 쉽다. 충족되지 못한 갈망은 자신의 진정한 감정이나 욕구, 바람 등을 부모나 주위의 여건 때문에 포기했기 때문이다. 이로 인한 내면의 갈등과 고통이 만든 신경증은 스스로 삶의 순리를 놓쳐버리거나 자신이 누구인지를 잊어버리고, 자기 리듬과 자기 장단을 상실하게 만든다. 자신의 리듬과 장단을 놓치거나 잃어버리는 순간, 우리는 타인의 장단에 놀아나면서, 삶의 관계에서 중심을 잃고 허둥댈 수밖에 없다.

삶의 관계를 오케스트라 연주에 비유하자면, 우리가 저마다 자신이 선 자리에서 자신의 악기로 자신의 순서에 따라 전체의 화음을 들으면서 자신만의 소리를 낼 때 조화롭고 감동적인 작품이 창조된다. 하지만 자신의 악기가 맨 뒤에서 가끔 한 번씩

치는 북이라서 사람들의 주목을 받지 못한다고 하여 앞줄의 바이올린이나 피아노가 되기를 바란다면 전체 작품은 만들어질 수없다. 삶의 향연에는 각자의 역할과 소명이 있다. 마음의 질병은우리에게 자신이 어떤 '끼'와 '재능'을 가졌는지를 스스로 알고남이 아닌 자신으로서의 삶을 수용하고 받아들일 것을 요구하고있는지도 모른다.

또한 마음의 질병은 두려움을 느끼는 에고에서만 생겨난다. 사랑을 느끼는 마음에는 어떤 갈등이나 고통도 없다. 그러기에신경증의 증상은 분리된 이기심이며, 빼앗거나 받으려고만 하는탐욕의 마음이며, 미움과 인색, 완고와 적의가 만든 에고의 산물들이다.

스스로 사랑을 믿지 못하고 두려움을 선택한다면, 우리는 두려움이 만든 신념체계의 대립에 갇히고 고립될 수밖에 없다. 마음이 일으키는 증상들은 자신의 생각으로 그린 이미지의 투영이자 자기한정에 사로잡힌 부정적 암시들일 뿐이다.

두려움은 바깥에 있는 것이 아니라 내면의 마음이 만든 생각과 환영의 산물들이다. 자신이 만든 두려움의 정체를 꿰뚫어볼때 우리는 마음이 만든 대립과 갈등, 저항과 모순이 무엇인지 알게 된다. 모든 신경증의 증상들은 자신의 두려운 상념과 감정에반응하여 만들어낸 결과물일 뿐이다.

그리고 삶의 본질은 통일성과 온전함 안에 질서와 조화를 유지하려 하지만, 에고가 가진 욕망의 사슬은 스스로를 양극성과대립의 세계 안에서 분별하고 선택하게 만든다. 분별과 선택의 결정을 거쳐 선택된 것은 의식에서 표현되고 욕망으로 충족되지만, 선택에서 받아들여지지 않거나 거부된 것들은 무의식의 그림자 안으로 억압된 채 신경증이라는 증상을 통해 표현되기를 원한다. 증상은 결국 고통을 통해서 무의식에 억압하고 숨기려 했던 모든 것들을 정직하게 드러내는 역할을 한다.

이런 신경증의 증상들이 고착화되는 형태를 마음의 구조로 설명하면 다음과 같다. 먼저 우리가 삶의 진실과 순리의 법칙을 무시하고 마음의 평정을 잃게 되면, 우리는 외부에 나타난 신체적 현상과 고통의 감각에 중심을 잃고서 두려움에 빠지게 된다. 그러면 신체는 감각과 신경을 통해 그 증상을 다시금 혼란된 마음에 알리고, 두려움에 묶인 마음은 그때부터 육체와 신경이 느끼는 고통에 사로잡히고 만다. 이때 고통에서 벗어나고자 하는 마음은 육체를 고통에서 구해내려고 애쓰게 되면서 의식 내면에서 싸움이 일어난다. 그러면 신경과 육체는 더 많은 긴장이나 불쾌감을 느끼게 된다.

이런 느낌이 일어날 때 우리는 그 느낌에 집중하여 그 느낌 안에 있는 두려움이나 고통의 감정을 있는 그대로 느끼기보다는 '어떤 병'이라고 병명을 붙이면서 생각으로 그 병명에 사로잡혀 버리거나 그 병명에 암시를 받아 더욱 깊은 자기최면에 빠져들게 된다.

예수님은 "진리가 너희를 자유롭게 할 것이다."라고 했다. 증상은 자신에 대한 무지와, 순리를 무시한 채 살아가는 삶의 태도에 대한 경고일 수도 있다. 스스로 붙들고 집착하는 생각의 최면이 깨지면, 응고되고 뭉쳐 있던 생명은 다시금 순리에 따라 흘러갈 것이다. 어쩌면 증상이 우리에게 하고 싶은 말은 외적인 것에 대한 끊임없는 추구, 두려움 안에서 스스로 움켜쥐려는 충돌과 갈등, 자기중심적인 이기심, 만족을 모르는 탐욕, 사랑을 주기보다는 받기만 바라는 피해의식의 분노, 내 뜻대로 따르지 않는 모든 것에 대한 적의, 변하지 않으려는 완고함 등에 대한 경고일 것이다.

또한 증상은 무의식으로 내려간 자기부정성과 상처의 외부적 표현이다. 이것은 중심에서 한쪽으로 치우쳐진 우리의 가치와 기준들을 반대쪽으로 밀어냄으로써 마음의 편협함을 바로잡으려는 시도이다. 이것은 실제 삶에 무엇이 부족하고 무엇을 채워야 하는지를 알려주며, 스스로 숨기고 있는 것을 보게 함으로써 우리로 하여금 정직하지 않을 수 없게 만든다. 그러기에 증상은 고치거나 제거해야 할 대상이 아니라, 스스로 그것들을 자세히 살펴서 인정하고 받아들여야만 할 것들이다.

치유란 어쩌면 증상을 바르게 해석하고 이해해가는 과정일 것이다. 증상은 우리에게 행복과 사랑을 선택하도록 끊임없이 호소하고 정보를 주고 있지만, 우리는 내면의 소리에 귀를 닫고 외부로만 달려간다. 육체는 병들지 않는다. 병드는 것은 인간 자신이며, 그의 생각이며, 그의 영혼은 아닐까?

고통에 대한 이해

인간은 누구나 삶을 살아가면서 예기치 못한 사건이나 해결하기 어려운 문제를 만나며, 그로 인해 때때로 정신적 고통을 겪거나 마음의 불편을 경험한다. 이런 고통과 불행의 원인은 사람 수만큼이나 각각 다르고 다양할 수 있다. 하지만 다른 사람이 아무리 큰 고통과 불행을 경험하더라도 각자가 느끼는 고통의 무게감에 있어서는 자신이 만나는 작은 고통이 더욱 힘들고 어려울 수밖에 없다.

몇 년 전, 알고 지내던 대학 친구가 지방 출장을 마치고 돌아오던 중 빗길에 과속으로 운전을 하다 미끄러져 교통사고로 죽음을 맞이했다. 몇 개월에 한 번씩 같이 계모임도 하고 함께 만나면 즐거운 시간을 가졌기에 그 친구의 갑작스러운 죽음은 나와 다른 친구들에게도 큰 충격이었다.

병원 영안실로 친구 몇 명이랑 함께 달려갔을 때, 그 친구의 어머니와 가족이 몹시 슬퍼하는 모습을 보며 마음이 많이 아팠고 우리도 깊은 슬픔에 휩싸였다. 서로 인사를 나누고 내가 대표로 친구의 영전에 향을 피우게 되었다. 슬픔과 경건함으로 향에 불을 붙이고 향로에 향을 꽂는 순간, 옆에 있던 향불이 나의 손등에 떨어졌다. 그 순간 나는 "앗 뜨거!" 소리치며 얼른 손등 위의 향불을 쳐냈다.

주위를 둘러보며 경망스러운 나의 행동이 약간 무안했고 부끄러웠다. 그리고 절을 하면서, 손등에 향불이 떨어지는 그 짧은 순간에 친구의 죽음에 대한 슬픔과 고통의 마음은 온데간데없고 손등에 떨어진 뜨거움밖에 느끼지 못하는 나를 보았다. 그 순간, "아! 친한 친구의 죽음이 아무리 슬프고 고통스러워도 내 손등 위에 떨어진 작은 향불의 고통만도 못하구나."라는 생각이 나의 머리를 스치고 지나갔다.

우리는 누구나 자신이 경험하는 고통과 문제가 가장 크고 힘들다고 느끼는 경향이 있다. 그래서 문제나 고통을 자세히 살펴보고 이해하려고 하기보다는 될수록 빨리 문제와 고통을 회피하거나 벗어나려고만 한다.

고통은 우리가 자신에게 정직해지기를 요구한다. 그것은 스스로 자신에게 진실하지 못하고 자기 행복과 반대를 선택하거나 자기 사랑을 어떻게 배신하고 있는지에 대한 다양한 얘기를 보여준다. 하지만 사람들은 고통의 소리를 들으려 하거나 이해하려고 하지 않는다. 단순히 그것을 자기 스스로 만든 것이 아니라 외부에서 온 나쁜 것이기에 삶에서 쳐내고 없애버리려고만 한다. 이러한 태도는 고통을 연장시킬 뿐만 아니라 고통이 주는 의미를 알 수 없게 만든다.

지금껏 상담센터를 찾아오는 많은 사람들은 다양한 마음의 고통을 안고서 방문했다. 병원에서 진단받은 정신적 병명으로는 우울증, 불안증, 불면증, 강박증, 대인공포증, 공황장애, 말더듬 등과, 심리적으로는 분노, 무기력, 부부갈등, 남녀 사이의 이별이나 성격 문제, 가족 문제 등 참으로 많은 종류의 이름을 가진 문제들을 가지고 찾아왔다. 하지만 고통과 문제들을 상담하면서 내가 느낀 점은, 외부에 드러난 정신적 병명과 심리적 갈등은 단지 그 사람의 내부에 숨겨진 마음의 고통에 대한 표현일 뿐이라는 것이다.

사람들이 가진 마음의 고통을 이해할 때, 그것을 단순히 육체의 두뇌 호르몬이나 기타 물질의 부족이나 과다로 보느냐, 아니면 인간 내면의 의식과 무의식의 본질적인 문제로 보느냐에 따라 상담 방법이나 치유 시스템의 적용에는 많은 차이가 날 것이다.

현재 우리나라의 많은 신경정신과에서는 정신적, 심리적 고통을 다룰 때 두뇌의 화학작용이나 신경학적인 기제와 생리적 작용에 의한 것으로 바라보는 경향이 많은 것 같다. 그래서 치유에 있어서도 내담자들이 가진 무의식의 심리적, 정신적 작용과 같은 내적 문제는 극히 제한해서 볼 수밖에 없는 것 같다.

인간 내면의 정신적, 심리적 문제를 단순히 뇌의 기능적인 측면으로 바라보게 되면, 뇌 물질의 조절과 호르몬의 변화를 통해서 문제를 해결하려고 할 것이다. 이때 치유는 주로 약물치료에 의존하게 된다. 이에 반해 인간을 의식이라는 본질적 측면으로 인식하게 되면, 인간의 뇌는 단순히 신체의 하드웨어이며 신경과 호르몬은 하드웨어 속을 원활하게 오가는 신경망과 물질일 뿐이다. 그런데 의식과 정보는 하드웨어 속을 오가는 소프트웨어에 해당한다.

물론 정신적인 고통의 문제가 단순히 뇌 호르몬의 부족이나 과다, 신경회로의 이상에서 오는 경우도 많지만, 그보다는 뇌 속

을 드나드는 왜곡된 정보처리 시스템과 의식의 잘못된 인식으로
인한 부조화가 뇌의 물질과 호르몬으로 표현되는 경우가 더욱
많은 것 같다.

병드는 것은 몸이나 뇌가 아니라 인간 자신이며 의식 자체이
다. 의식은 두뇌를 통해 사고작용을 하지만, 두뇌 자체가 의식
전체는 아니다. 의식은 우리 두뇌뿐만 아니라 마음, 정신, 인식,
무의식 등 모든 것을 포함하고 있다. 우리는 정신적, 심리적 고
통에 대해 단순히 두뇌 호르몬의 화학작용이라는 관점을 벗어나
인간 내면의 무의식의 상처와 그에 따른 외적 습관과 마음의 힘
듦을 폭넓게 인식할 필요가 있다.

우리 내면에 깊숙이 감추어진 상처와 그로 인한 습관들은 어
린 시절 부모의 학대나 차별, 반목이나 가정불화, 부모의 사망이
나 이혼, 형제 간의 차별과 비교, 학교에서의 왕따나 소외, 육체
적 질병이나 손상, 사업의 실패나 배신, 성적인 폭력이나 무지,
관계의 갈등이나 경제적 고립 등 수많은 부정적 사건들이 의식
과 무의식의 내면에서 이해되거나 치유되지 못하여 일어난다.
결국 치유되지 못한 상처의 고통은 현재의 삶을 힘들게 만들고
불행한 감정에 휩싸이게 하는 중요한 습관이 되는 것이다.

인간은 누구나 상처를 가지고 있다. 상처는 부유한 가정이나
가난한 가정에 차별이 없으며, 삶이라는 무대 속에서 스스로 느
끼는 상처의 무게는 학력이나 남녀에 관계없이 같을 수밖에 없
다. 하지만 부정적 사건의 경험이 만든 내면 무의식의 심리적 고

통과 갈등은 이것이 깊고 오래 반복될수록 현재 삶의 외부에 비정상적인 행동이나 심리적 부적응 상태를 만들기 쉽다.

치유되지 못한 정신적, 심리적 내상과 외상은 자신뿐만 아니라 그의 가족, 배우자나 주변 사람들에게도 심각한 문제를 일으킨다. 그러기에 외부로 드러난 정신적 고통은 내면의 슬픔과 아픔에 대한 신호이며, 우리 내면에 무엇이 부족한지, 삶이 어떻게 스스로 참된 행복의 길을 따르고 있지 못한지를 보여준다.

고통은 이런 내적 부조화를 보완해달라는 메시지일 것이다. 사람을 병들게 하는 것은 외부적인 조건일 수도 있지만, 그보다는 그 상황에 대한 각자의 해석과 수용의 여부가 더욱 중요하다. 마음을 치유하는 길은 외부 조건을 변화시켜나가는 것이 아니라, 자신의 관점이나 감정, 사고의 부정적 패턴이나 삶에 대한 저항감을 잘 이해하는 내면적, 주관적 인식의 변화를 요구한다. 의식의 변화나 확장 없이는 치유는 오지 않는다.

때때로 고통의 내적인 이해 없이도 약물이나 외부의 도움으로 일시적 호전을 가져올 수는 있지만, 그것은 문제를 단순히 덮어둔 것에 지나지 않기에 언젠가는 무의식의 방어막이 약해질 때 다시 올라올 수밖에 없다.

외부에 드러난 심리적 고통은 삶의 태도에 있어서 무엇을 받아들이지 못하고 저항하거나 거부하고 있는지를 얘기하고 있다. 삶은 끊임없이 변화하고 흐르고 있지만, 우리는 자기가 선 자리에서 스스로 만든 생각을 고정시키거나 집착하여 바꾸려고 하지 않는다. 우리는 어쩌면 변화를 싫어하며 원래의 패턴을 유지하거나 더욱 공고히 지키려고만 한다. 그러기에 변화에는 불안과 고통이 뒤따르게 마련이다. 고통이 없다면 사람들은 자기 자신의 역할과 이미지의 최면에 빠져서 자신이 선택한 길만을 옳다고 고집하여 사랑과 순리를 배반하고 불안과 두려움 안에서 물질적 환상을 좇아 쾌락과 힘의 논리에 빠져 살게 될지도 모른다.

치유는 고통이 없었던 과거의 상태로 다시 되돌리려는 시도가 아니라, 우리로 하여금 미지의 두려움과 변화를 향해 나아갈 것을 요구한다. 고통은 우리가 하고 싶은 대로 하려는 욕망을 방해하며, 우리가 하고 싶지 않은 것을 억지로 하게 만들어 스스로 변하지 않으려는 마음에 강제적인 변화를 요구한다. 삶은 수용과 변화의 자연스러운 흐름의 과정이기에 이를 거부하고 방어하며 저항하는 마음에게는 고통을 통해 직접 힘들게 겪어서 변화를 수용할 수밖에 없게 만든다.

고통은 불행한 삶을 바로잡아 행복으로 나아가기 위한 전환점이며, 인간의 행복을 방해하는 장애물이 아니라 행복으로 나아가기 위해 무엇이 부족한지를 알려주는 안내자이다. 그리고 그것은 우리의 삶을 진실과 겸손으로 이끌기 위한 영혼과 신의 선물이다. 자신의 내면에 귀를 기울여 고통이 자신에게 들려주는 진실의 소리를 듣는 사람은 치유의 선물을 생명과 사랑으로부터 받게 된다.

치료와 치유의 차이

치료는 몸에 나타나는 증상의 진행을 늦추거나 성공적으로 통제하는 작용의 모든 활동을 말한다. 하지만 신체적 질병을 치료한다고 해서 질병의 원인이 되는 감정과 정신적 문제까지 완화시킬 수 있는 것은 아니다. 이런 치료는 거의 대부분 증상이 재발하거나 다른 증상 형태로 나타나는 경우가 많다.

치료의 과정은 증상을 가진 환자 중심이 아니라 전문가인 의사를 중심으로 펼쳐지는 수동적 과정이다. 즉 환자는 적극적으로 자신의 증상에 도전하여 의문을 제기하거나 변화를 시도하지 않은 채, 의사의 처방된 치료방법에 자신의 모든 권리를 넘기고 약물에 의존하는 경우가 많다.

하지만 치유는 정서적, 신체적, 영적 회복을 방해하는 모든 부정적인 사고와 생활패턴을 변화시키려는 직접적인 의도를 가지고 자신의 태도와 과거의 기억, 신념 등을 전반적으로 검토하는 작업을 포함한 적극적이고 자기주도적인 과정을 말한다. 이는 자기 인생의 진실이 무엇이고, 자신을 삶 속에서 어떻게 사용하고 있으며, 어디로 나아가야 할지 등에 관한 전반적인 지혜를 포함하고 있다.

치료의 관점에서는 증상과 질병을 동일한 것으로 보지만, 치유는 증상보다는 병 그 자체가 말하고자 하는 내용을 보려고 노력한다. 몸은 단순히 의식이 내보내는 정보들을 표출할 뿐이기에 질병에 걸렸다는 것은 몸 자체가 잘못되었다는 뜻이 아니라,

정신적 갈등이나 의식의 조화와 질서가 무너졌음을 알려주는 신호일 뿐이다. 증상은 건강하고자 하는 신호이자 정보의 제공자이다. 치료는 증상을 없애려 할 것이지만, 치유는 증상이 말하려는 내용을 들으려 하며 부족한 것을 보완하려 할 것이다.

생각과 사실의 차이

사람들은 자기 생각의 구조에 빠져서 실제 일어난 사실과 진실을 '있는 그대로' 보지 못하고, 무의식의 상처가 투영된 안경과 이미지로 사실을 해석하거나 반응, 대응하는 경우가 많다.

생각은 스스로의 기준과 잣대로 미래의 어느 때에 성취해야 할 '이상적인 나'를 마음속에 세우는데, 그러면 '현실의 나'는 이상적인 나의 기준에 미치지 못하기에 항상 갈등과 자학 구조에 빠질 수밖에 없게 된다.

'현실의 나'는 생각과 이상이 만든 '미래의 이상적인 나'에 의해서 평가되고 판단된다. 이럴 때 우리는 스스로를 있는 그대로 받아들이지 못하고 '미래의 이상적인 나'가 성취될 때까지 불안하고 힘들 수밖에 없다.

현재와 미래의 차이는 사실과 생각의 차이만큼 갈등을 만들어, 현실을 주체적이고 편안하게 수용하지 못하게 한다. '미래의 이상적인 나'는 스스로의 욕망이 만든 그림자일 뿐이지만, 그것이 '현실의 나'에 대한 심판자가 되어 현재의 삶을 누리지 못하고 편안히 쉬지 못하게 만드는 경우가 많다.

생각과 사실에 대한 분리의 밑바닥에는 두려움이 존재한다. 스스로 삶을 창조하고 행복을 만들어내려면 이러한 갈등 구조로부터 자유로워져야 한다. 세상은 내 마음의 반영이기에 세상은 내 마음 안에 존재한다. 수많은 사람들이 세상을 더욱 좋게 만들려고 마음의 바깥에서 수많은 시도를 했지만, 인간이 지닌 고통과 분열, 갈등은 과거나 지금이나 별반 차이가 없다.

때때로 사람들은 과거를 그리워하기도 한다. 세상이 무섭고 허망하고 야속할 때, 이것은 세상이 진정 그러한 것이 아니라 세상을 바라보는 내 마음이 세상을 그렇게 그려내고 있을 뿐임을 알아야 한다. 내 마음의 갈등 구조가 단지 세상이라는 거울에 투영된 것일 뿐이다.

자신 안의 습관화된 생각이 감정을 일으키고, 감정과 생각이 결합되면, 신체적 감각이 느껴지면서, 우리는 처음 일으킨 생각을 더욱 진실과 사실인 양 굳게 믿는 경향이 있다. 우리는 스스로가 만든 생각의 구조대로 세상을 보면서, 그에 맞는 체험들을 만들어낸다. 그리고 자기 생각의 구조는 보지 못한 채 외부 세상이 그러하다고 규정한다.

어쩌면 우리가 상처를 받는 까닭은 실제 사실 때문이 아니라, 외부 상황을 사실과 달리 자의적으로 해석하기 때문일 수도 있다. 그래서 10명이 똑같은 상황을 겪더라도 그것에 대해 느끼는 감정과 상처는 서로 다를 수밖에 없을 것이다. 그러기에 우리의 행복과 불행을 좌우하는 것은 '과거에 내가 어떤 일을 겪었느냐'보다는 '현재 내가 그때의 경험을 어떻게 해석하고 있느냐'가 더욱 중요하다.

지난날 나의 삶 또한 어릴 적 고통과 상처가 만든 기억과 경험이 많았다. 이로 인해 과거에는 그때의 경험과 기억을 부정적으로 해석함으로써 스스로를 위축시키고 나의 가능성을 한정했었다. 하지만 현재에는 그때의 경험과 기억이 나를 성장시키는 밑거름이 되었으며, 고통과 상처받은 사람들을 이해할 수 있는 촉매제라는 생각으로 해석이 바뀌었다. 머릿속 과거 기억과 경험의 상황은 그대로이지만 단지 해석을 바꿈으로써 과거의 상처받은 경험이 현재는 자랑스럽고 당당한 자신감을 주는 것으로 변화된 것이다.

전진과 성장은 새로운 어떤 것을 성취하는 것이 아니라 세상을 보는 자신의 생각을 바르게 인식해가는 과정일 것이다. 사실은 언제나 있는 그대로이지만, 그것을 해석하는 우리의 사고방식과 생각의 흐름이 착각을 일으키고 있다는 것을 인식할 필요가 있다. 이런 생각의 분별과 착각을 집착이라 하며, 이런 마음의 집착이 일으키는 고통은 신경증의 원인이 된다.

세상은 자기 생각의 반영이기에 세상을 판단하기 이전에 자신을 보아야 한다. 우리가 자신이라고 세워 놓은 대부분의 정체성은 뿌리 깊은 수많은 암시와 사물과 감정에 대한 자기 동일시가 만든 최면일 수도 있기 때문이다.

자신을 싫어하는 사람들

35세의 주부인 선경 씨는 너무나 오랫동안 반복적으로 씻거나, 더러운 것을 보면 침을 뱉는 강박증으로 상담센터를 찾아왔다. 그녀는 5살 된 아들 하나를 키우면서 강박이 겹친 우울증과 무기력으로 아이를 돌보는 것이 힘들었고, 식사 준비나 집안 정리조차 할 기력이 없는 자신을 엄마나 주부로서 자격이 없는 사람이라고 많이 자책했다.

10년 이상을 강박증으로 고생한 선경 씨는 평범한 사람처럼 집안일을 하고 아이와 남편을 뒷바라지하며 사는 것이 꿈이라고 말했다. 정신과의 약물치료와 인지행동치료를 받았지만 효과는 그때뿐이었고 현실 속에서 그녀는 번번이 원래의 상태로 되돌아갔다. 그녀는 이런 자신을 의지가 약하고 게으르고 독립적이지 못하다고 자책했으며, 강박증상에 지쳐 자살도 여러 번 시도했다고 한다.

그녀가 행하는 강박의 증상은 삶의 불안을 생각으로 통제하려는 마음과, 무의식의 상처와 성적 에너지를 보려 하지 않고 분노의 감정을 억압하고 있는 마음에서 비롯된 것 같았다. 또한 그녀의 강박증은 어린 시절 그녀에게 일어난 일에 대한 부정과 회피, 상처를 보지 않으려는 마음을 보여주었다. 그녀는 스스로 순수해지고자 하는 마음으로 흰옷을 즐겨 입었고, 손을 자주 씻었으며, 더러운 것을 보거나 더러운 생각이 일어날 때 침을 뱉으면 더러움이 자신에게서 떨어진다고 생각한 것 같았다. 그녀는 병원에서 10년 이상을 강박증으로 치료받아왔지만, 최근에는 더욱 심해진 마음의 우울과 강박행동 때문에 힘들다고 했다.

상담이 진행되면서 선경 씨는 어릴 적 동네 오빠의 성추행과 가족들의 외면 그리고 가출 등 스스로를 지키고 생존하기 위해 강박활동을 할 수밖에 없었던 자신 안의 불쌍하고 초라한 내면 아이를 발견하면서 많이 울었다. 그녀는 자신의 존재 자체를 싫어했으며, 자기의 인생은 'X'라고 여겼으며, 자기 존재가 없어졌으면 좋겠다고 얘기했다. 분노와 신경질, 아웃사이더로 살아오면서 밖으로는 강한 척 포장했지만, 속으로는 사랑받고 인정받기 위해서 그 얼마나 처절하게 살아왔던가?

인간은 누구나 동물과 같이 내면에 공격성과 성적 욕망이 본능적으로 자리 잡고 있다. 하지만 사회화된 우리는 공격성을 표현하는 것은 나쁜 것이라고 억압하고, 성적 에너지는 죄의식 때문에 없는 척, 아닌 척 숨기려고만 한다. 하지만 억압하고 숨길수록 무의식에 숨어 있던 이런 에너지는 마음이 방심하는 순간 튀어나올 수밖에 없다. 생각은 생각일 뿐 사실이 아니다. 생각이 일어나는 것은 그냥 자연스러운 것이다. 하지만 이런 생각을 통제하려는 마음이 고통을 만들어낸다. 생각을 없애거나 통제하는 것은 불가능하다. 그냥 흐르도록 붙잡지만 않으면 된다. 그녀의 강박증은 생각의 고통이자, 내면의 불안으로부터 도피하는 유일한 수단이었다. 손을 씻으면 깨끗해지고 침을 뱉으면 삶의 불안과 더러움을 통제할 수 있을 것이라는 마음이 무의식중에 강박행동을 반복하게 했다.

상담을 받으러 오는 사람들의 문제와 고통은 불안, 우울, 강박, 대인공포, 공황장애, 불면 등 그 모양은 다르지만, 그들이 가진 공통적인 특징 한 가지는 자신을 받아들이지도, 사랑하지도, 좋아하지도 않는다는 것이다. 그들은 하나같이 자신감을 가지고 당당히 살고 싶다고 말한다. 하지만 자신감은 외부의 객관적인 조건의 성취가 아니라 주관적인 자신에 대한 믿음과 신뢰라는 것을 그들은 놓치고 있다.

어릴 때부터 받아온 자기부정의 암시와 최면은 너무나 뿌리 깊게 무의식에 각인되어 있다. 그들에게 자신의 장단점을 얘기해보라고 하면, 장점을 찾는 데는 어려움을 느끼지만 단점들에 대해서는 쉽고 편하게 잘 얘기한다. 신경증이나 마음의 고통은 자신을 '있는 그대로' 받아들이거나 사랑할 수 없는 자기최면에 빠진 영혼의 내적 고통이다. 자신의 존재를 부정하는 이 불치의 병은 설령 신과 세상 모든 사람이 "당신은 아주 멋지고 괜찮다."고 아무리 얘기해도 스스로는 아니라고 강하게 자신을 부정한다.

자신을 받아들이지 못하는 사람의 특징은 사고와 인식이 많이 왜곡되어 있거나 부정적 암시로 인해서 사실과 진실을 있는 그대로 보지 못한다는 것이다. 그들은 이미지나 관념의 색안경을 끼고서 생각의 틀 안에서 세상과 자신을 평가한다.

발표 문제로 상담센터를 찾은 24살의 여대생인 혜은 씨는 대학 졸업을 앞두고 취직할 때 면접에 대한 두려움을 극복하려고

했다. 명문대를 우수한 성적으로 다닌 그녀는 사람들 앞에 나서기를 두려워했다. 심장이 쿵쾅거리고, 손에서는 땀이 나고, 조금 지나면 머리가 하얗게 변해버려, 자신이 무슨 말을 해야 하는지를 잊어버린다고 한다. 그동안 발표 때마다 떨리는 현상 때문에 자신의 의견을 발표하지 못하고 포기한 경우가 많았으며, 어떤 때는 아프다는 핑계로 학교에서 조퇴를 하거나 수업에도 발표가 없는 과목만 찾아다녔다고 한다.

겉으로 잘하기 위해 완벽히 포장할수록 우리의 내면은 더욱 떨리고 약하고 초라할 수밖에 없다. 혜은 씨는 스스로를 평가할 때 자신은 '아니다'고 했다. 자신은 부족하다고 했다. 그녀는 끊임없이 남들과 비교하면서 자신을 평가하고 거부해왔다.

자신을 신뢰하지 못하는 사람은 누구도 믿을 수 없으며 삶 자체를 믿지 못한다. 마음의 고통과 부조화는 스스로를 받아들이지 못하는 내적인 저항과 거부 때문이지, 외부 환경이나 사람들 때문이 아니다. 부정적 자기암시와 인식의 왜곡 속에 세워진 가치와 관념의 무게가 클수록 외부에 투영하는 자신에 대한 저항감은 커질 수밖에 없다.

외부에 보이는 부조화와 고통의 어둠은 자기부정의 내적인 투영일 뿐, 실제 사실과 삶이 그러한 것은 아니다. 우리의 주관적 마음이 스스로 삶을 창조하고 만든다. 부정적 자기인식과 가치는 자기의 외부에 어둠과 고통의 삶을 창조할 수밖에 없다. 내적인 부정성을 그대로 둔다면, 외부를 향한 어떤 조건의 변화도 자신을 긍정적으로 변화시키기는 힘들 것이다. 고통에 대한 치유는 누군가가 자신에게 줄 수 있는 것이 아니다.

누군가가 우리를 인정해주고 받아주면 그 사람에게 호의와 좋은 마음을 가지듯이, 우리의 내면 또한 자신을 괜찮다고 받아주고 인정해줄 때 마음의 문이 열린다. 마음으로 자신을 향한 따뜻한 관심과 사랑이 내면의 모든 어둠을 녹여낸다. 자신을 부끄럽게 여기고 거부하는 마음은 마음을 닫게 하고 부정적 어둠의 세계로 자신을 내몰 수밖에 없다.

자신감과 당당함은 외부 조건에서 나오는 것이 아니다. 스스로를 받아줄 수 있는 마음, 자신을 조건 없이 수용할 수 있는 사람만이 다른 사람들을 조건 없이 있는 그대로 봐줄 수 있다. 부정적 자기최면과 암시의 왜곡을 걷어낼 때 자신 안의 자부심은 저절로 드러난다. 스스로를 받아들이는 자부심은 상대와의 관계에서 자신의 긍정적인 부분을 더욱 아름답게 보이도록 한다.

선경 씨와 혜은 씨는 처음에는 스스로 부정하고 거부해온 자신의 상처받고 초라한 모습을 보지 않으려고 했다. 하지만 내면의 상처받고 외롭고 초라한 자신을 향해 진심으로 마음의 문을 열면서부터 그들은 타인에게 사랑받고 인정받고자 애쓰기보다는 자신을 따뜻함과 관심으로 더욱 챙기려고 노력했다.

자신의 감정과 느낌에 정직해지고 솔직하게 표현할수록 그들은 자신 안에 뭔가 힘이 쌓여가는 것 같다고 했다. 마음의 고통과 질병은 자기의 영혼을 속이고 자신을 부정한 배신에 대한 경고일 것이다.

사랑과 두려움

인생의 갈림길에서 어떤 길을 선택하는 데 있어서 선택의 기준이 되는 가장 근본적인 마음의 중심을 뽑으라고 한다면 아마도 '사랑을 선택하느냐, 두려움을 선택하느냐'일 것이다. 마음의 고통을 가지고 상담센터를 방문하는 사람들의 내면은 대부분 삶을 선택하는 순간에 습관적으로 사랑보다는 두려움을 선택하는 것을 많이 확인하게 된다.

삶은 어쩌면 순간순간 선택의 과정이 모인 결과일 것이다. 스스로 사랑을 많이 선택한 사람들은 삶의 안팎에 사랑이 가득 차겠지만, 두려움을 많이 선택한 사람들은 그들 앞에 불안과 피해의식의 삶이 나타날 수밖에 없을 것이다.

종교의 많은 성자와 선지자, 그리고 인생의 철학자들은 하나같이 사랑만이 실재이며 두려움은 인간의 마음이 만든 미혹이요, 환상이라고 얘기한다. 하지만 우리들은 우리의 존재 자체가 사랑과 빛임을 믿지 못하여 두려움 속에서 온갖 마음의 갈등과 문제를 실체인 양 믿고 집착하면서 고통의 짐을 만들고 있다. 실재인 빛과 사랑이 무엇인지는 말이나 글을 통해서는 알 수가 없다. 실재는 오직 경험과 체험으로만 알 수 있기 때문이다.

이 삶이 원래 사랑만이 실재이고 두려움은 인간의 마음 안에서만 존재하는 환상과 미혹이라면, 우리가 느끼는 두려움의 정체를 바르게 이해할 때 사랑은 저절로 우리의 삶에 드러나게 될 것이다. 두려움이란 마음에 엉겨붙어 있는 갈등 구조가 만든 내면의 반영일 뿐이다. 세상은 내 마음의 반영이며, 내 마음이 세상이기에 세상은 각자의 마음 안에 존재한다. 그러기에 아무리 외진 곳에서 사람들과 떨어져 있어도 자신의 집착하는 마음으로부터 벗어나지 못하면, 그 마음이 있는 곳이 바로 똑같은 세상일 수밖에 없다.

두려움은 '나'라는 에고가 자신을 보호하고 지키고자 하는, 생존을 위한 본능적 매커니즘이다. 사랑이 '나'라는 에고 없이 상대와 하나 되려는 마음이라면, 두려움은 상대와 나를 분리함으로써 환상의 '나'를 지키려는 에고의 마음이다.

외부와 자신의 내부에 분리와 분별의 마음이 커질수록 두려움도 커질 수밖에 없다. 두려움은 자신이 안전하다고 느끼는 공간으로 자신을 축소시켜 자신을 한계 짓고 마음의 그릇을 작게 만든다. 두려움은 신체를 긴장시키고 움츠리게 만들며, 새로운 삶의 도전과 기회 앞으로 나아가지 못하게 하거나 움직일 수 없게 만든다.

두려움은 느낌이나 감정의 패턴이다. 따라서 에고는 두려움을 회피하기 위해 감정과 느낌이라는 실재 그 자체를 경험하려 하지 않고, 대신 머릿속 생각의 구조에 빠져들게 만든다. 이는 심장을 죄여 생명의 흐름을 위축시키는 요인이 된다. 위축되고 꽉 죄인 두려움의 에너지가 가슴 위쪽으로 흐르게 되면 불안과 긴장을 야기하고, 두려움의 에너지가 가슴 아래쪽으로 흐르게 되면 자기부정과 무기력의 우울로 흐르기 쉽다.

현재 40세인 나의 여동생은 24년째 투병 중이다. 어머니가 일찍부터 장사하러 나가야 했기에 어머니의 사랑과 관심을 받아보지 못했던 여동생은 중학교 때부터 시름시름 앓기 시작했다. 처음에는 류머티즘 관절 이상이 몸에 나타나 여러 가지 치료를 해보았지만 차도가 없었다. 하지만 동생의 질병이 자신의 면역체계를 스스로 잡아먹는 '루프스'라는 희귀한 병이라는 것을 20대에 알게 되었다. 루프스라는 질병은 결국 여동생의 신장을 파괴하여 젊은 나이에 인공신장을 이식하여 1일 4회의 복막투석을 10년 이상 해오고 있다.

여동생은 오랜 투병생활 때문에 직장도 잃고 결혼도 하지 못한 채 자신과 질병을 많이 원망하면서 죽으려고도 했다. 그러다가 언제부터인가 여동생은 자신의 질병을 친구처럼 받아들이면서 삶을 수용하려고 노력했다. 하지만 루프스의 수치와 복막투석으로 왔다 갔다 하는 몸의 상태는 생존에 대한 불안과 하루하루 죽을 것 같은 두려움으로 항상 힘든 싸움을 해야만 했다. 그래서 여동생은 마음의 불안과 두려움을 해결하고자 명상과 수행으로 자신을 다스리려 열심히 노력했다. 하지만 1달에 2번 가는 대학병원의 정기검진에서, 검사 후 나오는 루프스 수치와 인공신장의 상태는 결과를 기다리는 여동생에게 항상 힘들고 불안케 하는 두려움의 대상이었다.

두려움은 피하거나 회피할 것이 아니라 사랑과 하나라는 것을 머리로는 이해하고 받아들이려 했지만, 실제의 두려움 앞에 막상 부딪치면 어찌할 수가 없었다. 여동생은 두려움을 잊으려고 병원 복도의 벽에 머리를 찧거나 때로는 준비해간 바늘로 허벅지를 찔러도 보았지만 두려움은 없어지지 않았다. 그러던 어느 날 병원에 있던 여동생에게서 전화가 왔다.

여동생은 울고 있었다. 걱정이 되어 무슨 일이냐고 묻자 여동생은 "오빠, 정말 두려움이라는 에너지를 저항하지 않고 받아들이는 순간 사랑과 하나임을 느꼈어."라고 했다. 여동생이 느낀 감격스러운 기쁨이 전화를 타고 나의 가슴으로 전해져왔다. 내 눈에서도 저절로 눈물이 흘렀다. 병원을 나온 여동생은 곧바로 나를 찾아왔다. 여동생은 약간 들떠 있었고 힘 있고 자신감이 넘치는 밝은 얼굴을 하고 있었다. 그녀는 자신이 병원에서 겪은 경험담을 내게 자세하게 들려주었다.

그녀는 혈액검사 후 의사의 결과를 기다리며 병원 대기실에 앉아 있었다. 대기실에서 결과를 기다리는 이때가 여동생에게는 가장 힘든 시간이었다. 검사의 수치에 따라 신장과 몸의 상태는 행과 불행의 높낮이를 오가게 된다. 혹시 수치가 나쁘게 나오지는 않을까, 신장에 문제가 생긴 것은 아닐까, 잘못되면 어쩌지…… 다시금 두려움이 온몸을 엄습하고, 불안을 느끼지 않으려 저항하고 있는 자신의 모습이 보였다. 저항할수록 불안은 심장을 더욱 불규칙적으로 크게 뛰게 만들었고 손발은 저리고 땀이 났다. 미칠 것 같은 마음에 가져온 바늘로 허벅지를 찔러보았지만 불안은 없어지지 않았다. 그동안 불안과 두려움의 느낌에서 벗어나고자 수많은 노력을 해온 여동생은 그 순간, 불안을 통제하려는 마음을 포기해버렸다. 그리고 불안에게 이렇게 소리쳤다. "불안아! 이제 나는 더 이상 어떻게 할 수가 없다. 불안아! 너에게 항복한다. 불안아! 네 멋대로 해라."

죽을 것 같은 마음으로 불안을 통제하려는 마음을 포기하는 바로 그 순간, 심장에서 무언가 놓여지는 느낌이 일어났다. 그리고 온몸을 감싸고 있던 불안의 느낌이 갑자기 기쁨의 에너지로 바뀌기 시작했다. 불안과 두려움의 에너지를 저항하지 않고 있는 그대로 느끼는 그 순간, 억눌렸던 감정과 생명이 흐르기 시작했다. 불안과 두려움의 감정은 단지 또 다른 사랑의 에너지였으며 자기 마음의 표현이었다. 여동생은 이 한 번의 경험 후 두려움이라는 감정은 마음이 만든 저항임을 알게 되면서 두려움을 있는 그대로 받아들이게 되었다. 받아들이지 못하는 마음이 고통이었지, 받아들이려고 마음먹는 순간, 그것은 더 이상 문제도 고통도 아니었다.

사랑은 결합시키는 법칙이며, 이원성을 하나로 묶는 전체성의 원리이다. 사랑은 영혼의 무한한 보물창고를 여는 열쇠이며 행복과 기쁨의 원천이지만, 두려움은 에고의 분리된 마음이며 이원성의 한쪽에 집착하는 허상의 마음이다. 사랑은 모든 것을 하나로 결합시키려 하지만, 두려움은 집착과 움켜쥠으로 마음을 갈등 구조 속으로 분열시킨다. 사랑은 현재를 있는 그대로 수용하지만, 두려움은 조건과 성취를 위해 끊임없는 추구와 판단으로 현재를 받아들이지 못하는 마음이다. 사랑은 믿음과 맡김의 편안함을 창조하지만, 두려움은 긴장과 고통을 만들 뿐이다. 사랑은 수용하고 허용함으로써 분별심을 내리게 하지만, 두려움은 비교와 판단, 자기한정과 자기부정을 놓지 않으려 한다. 두려움은 진짜처럼 느껴지지만 생각이 만든 허상일 뿐이다. 사랑만이 실재이기 때문이다. 두려움은 실제로 일어난 것과는 상관없는 자기 생각의 저항일 뿐이다. 두려움은 생각의 구조 속에서만 존재하기에 여동생이 느낀 것과 같이 실제의 두려움 안에 진실로 단 한 번만 머무르면, 두려움 또한 사랑과 같은 생명의 흐름임을 알게 된다.

형준 씨는 46세의 고등학교 교사였다. 아직 미혼인 그는 상담 센터를 찾아와 두려움과 분노로 내면에 쌓아온 고통을 얘기했다. 28년 전 고등학교 국어시간에 시를 써서 발표하는 시간이었다. 형준 씨가 쓴 시는 선생님과 학우들에게 좋은 인상을 주었다. 하지만 당시 국어선생님이 그에게 던진 한마디 말 때문에 그는 28년을 고통 속에서 자기를 증명하기 위한 삶을 살아야만 했다. 국어선생님은 그에게 "너 이거 네가 쓴 것이 아니라 어디에서 베낀 거 아니냐?"고 했다. 친구들은 웃었고, 그는 선생님에게 아무 말도 항변하지 못했다. 이때 이후 그는 자신을 드러내는 것을 두려워하였고, 남들이 자신을 어떻게 평가하는지에 대해 강박적으로 의식하게 되었다.

상처는 자기 내면의 두려움이 만들어내는 너무나 주관적인 것
이다. 잠재의식에 저장된 두려움은 비슷한 외부의 상황과 경험
에 대해서 저항하거나 회피하게 만들기 쉽다. 상처는 두려움이
옮기는 전염병이다. 두려움은 영혼의 밝음을 갉아먹는 마음의
가장 큰 감정이다. 이는 자신의 진정한 실체인 사랑을 믿지 못하
게 만들고 삶을 신뢰하지 못하게 하는 마음이다. 두려움의 마음
은 움켜쥐고 삶을 통제하고 방어하려 한다. 그것은 자신의 무한
한 생명의 가능성을 한계 속으로 한정시켜 앞으로 나아가지 못
하게 만든다.

하지만 두려움은 원래 실체가 아니기에, 빛이 어둠 속에 조금
이라도 스며들면 어둠이 없어지고 낮이 오면 밤의 어둠은 저절로
사라지듯이, 사랑이 드러나면 두려움은 스스로 녹아 없어지게 된
다. 두려움의 밑바닥에는 분별심으로 상처와 진실을 은폐하려는
마음과 현실로부터 도망치려는 회피의 마음이 자리 잡고 있다.
성경에서 선악과를 따먹은 뒤 나뭇잎으로 몸을 가리고 숲 속에
숨었던 아담과 하와 같이, 두려움은 거짓말과 자신의 모든 것을
부끄러워하는 수치심을 만들어낸다. 그러기에 자신의 두려움을
인정하지 않고 저항할수록 두려움은 더욱 커지고 영속화된다.

상담이 진행되면서 형준 씨는 상처를 움켜쥐고 있는 자신의
두려움을 바라보게 되었다. 상처는 그 선생님이 준 것이 아니라
스스로 붙들고 놓지 않으려는 마음이었음을 알게 되었다. 그의
내면에 그토록 오랜 세월 붙들고 있던 상처를 놓을 수 있게 한 것
은 용서였다. 그는 과거의 기억 속에서 살고 있던 국어선생님을

용서하였고, 두려움 안에서 진실을 회피해온 자신을 용서했다. 용서는 사랑으로 가는 지름길이며 영혼을 밝히는 등불이다.

인생의 매 순간 선택에는 항상 두 가지 마음이 존재한다. 하나는 사랑을 선택하는 마음이고, 다른 하나는 두려움을 선택하는 마음이다. 두 가지 선택 중에서 스스로 어떤 것을 선택할 것인지 결정할 수 있도록 신은 인간에게 자유의지를 주셨다. 자유의지는 선택할 수 있는 권리이며, 선택한 것은 외부세계에 창조를 일으킨다. 둘 중에 어느 편에 설 것인지 우리는 순간순간 선택해야만 한다. 중립이란 있을 수 없다. 모든 순간 우리는 사랑과 두려움 중에서 하나를 선택할 수밖에 없다. 앞에 놓인 두 개의 버튼 중에서 어떤 버튼을 누를 것인가?

우리 삶을 고통과 불행으로 만드는 것은 우리가 두려워하는 대상이나 사실 자체가 아니라, 우리 안에 있는 두려움의 생각과 그 생각이 만든 감정들 때문이다. 두려움은 저항하고 회피하며 보지 않으려 할 때만 힘을 가진다. 나의 여동생과 같이 수용하고 저항을 멈추게 되면, 그것은 또 다른 지혜와 사랑이 된다.

두려움의 실체는 단지 ‘모르는 것’ 혹은 ‘무지’일 뿐이다. 모르기에 우리는 두려워하지, 알게 되면 그것은 아무것도 아니다. 그러기에 진정한 자유는 자신이 가장 두려워하는 일에 도전하고 용기로써 대담하게 행해볼 때 성취할 수 있다. 성장이란 모르는 현실과 상황을 향해서 용기를 가지고 기꺼이, 즐겁게 나아갈 때 일어난다. 삶의 미래와 관계의 새로운 영역은 모르기에 두려울 수밖에 없다. 하지만 두려움을 회피하지 않고 그 속에 온전히 있을 수만 있다면, 두려움은 말할 수 없는 생명의 아름다움을 우리에게 선물할 것이다.

우리의 선택이 우리의 삶이다. 스스로 선택하지 않은 삶은 결코 자신에게 일어나지 않으며, 선택에 대한 책임은 외부가 아닌 자신에게 있음을 아는 것이 진정한 자유다. 두려움은 적이 아니라, 사랑을 보기 위한 배경일 뿐이다. 사랑만이 실재이다.

6

자기치유의 방법

사랑은 자신에게서 시작되어야 한다. 스스로를 채우지 못한

부족감은 허전함과 가슴의 텅 빔으로 인해 관심을 외부로 향하게 하거나,

상대에게 갈구하고 집착하게 만든다. 하지만 외부에서 주는

사랑과 인정은 아무리 채워넣어도 가슴의 빈 공간을 채울 수가 없다.

사랑은 스스로 자신을 받아들이고 인정할 수 있을 때 채워진다.

가슴에는 누구에게나 사랑의 샘이 있다. 그것은

아무리 써도 다시금 채워지는 생명의 샘이다.

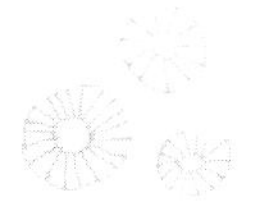

이완하기

이완은 사전적 의미로는 '바짝 조였던 마음이 풀려 늦추어지는 것', '잘 통제된 분위기나 굳어서 뻣뻣해진 신경과 근육 따위가 원래 상태로 풀어지는 것'으로 되어 있다. 오늘날 우리 사회는 '빨리 빨리'와 결과를 향한 지나친 효율성을 강조한다. 이런 태도는 하루가 다르게 변화하는 추세 속에서 뒤쳐지지 않고 따라 잡기 위해 어쩔 수 없이 긴장할 수밖에 없도록 만들고 있다. 하지만 빠른 변화는 외부의 현실과 주관적인 감정 사이에 불균형을 만들고, 이는 불안이나 우울을 일으키는 스트레스의 주요 원인이 되어 삶에 많은 부조화와 고통을 만들어낸다.

생존을 위한 불안과 책임감, 성공하고자 하는 욕망은 몸과 마음을 바짝 조여 신경을 굳게 만들며, 성인병과 마음의 다양한 질병을 일으킨다. 이런 스트레스는 신체적으로는 혈압 증가, 심장박동 상승, 동맥의 수축, 소화불량을 일으키고, 심리적으로는 우울증, 무기력, 강박증, 불안증, 공황장애 등의 고통을 일으키는 신경증의 원인이 된다. 신경증은 삶의 갈등과 변화의 상황에서 스스로 너무 많은 책임과 부담을 느낄 때 일어난다. 이때 신경의 통로는 평소에 받아들여 소화할 수 있는 용량보다 과다하게 받아들이려 하면서 긴장이나 심리적 압박이 일어나게 된다.

이완이란 단순히 느슨함이나 무기력이 아니다. 이완은 긴장된 마음의 습관적, 부정적 패턴을 깨어 있는 마음으로 바라보게 하는 자기이해와 자기통찰의 가장 오래된 치유수단이자, 심신건강과 편안함의 밑바탕이다.

우리 사회는 요즘 웰빙(wellbeing)이 화제이고 많은 분야에서 웰빙하기 위한 방법과 수단들이 유행하고 있다. 하지만 웰빙 혹은 잘사는 것은 삶이 단순히 자기 뜻대로, 자기 욕망대로 됨을 의미하는 것은 아닐 것이다.

에고의 뜻과 욕망이 자기 영혼의 소망과 일치한다면 진정한 웰빙이 되겠지만, 우리 대부분은 두려움이 만든 에고의 뜻과 욕망을 추구할 뿐 내면에서 진정으로 원하는 것이 무엇인지를 보려 하지 않는다. 에고와 내면의 불일치는 결국 삶에 긴장을 만들게 하고 육체적, 심리적 고통을 야기할 수밖에 없다.

이완된 마음은 외부의 욕망과 내면의 원함을 조율하고 조화롭게 만든다. 이완은 삶과 세상을 바꾸려는 것이 아니라 단지 삶을 있는 그대로 보려는 것이다. 이완은 마음에 여유를 줌으로써 혼란된 무의식의 습관대로 반응하지 않고, 감정 자체를 거부하지도 않으면서, 일어나는 감정과 느낌에 대한 기존의 반응하는 방식을 변화시키게 한다.

무기력과 우울은 양극성의 한쪽을 향해 달려가던 마음이 힘들어 포기하면서 그 자리에 머물러, 머리로는 달려가려 하지만 몸은 움직이지 못하는 의지의 상실이다. 두려움과 불안은 삶의 자연스러운 흐름과 변화를 수용하거나 받아들이지 못하고, 저항하거나 고정하려는 습관적 관성의 마음에서 일어난다. 이완은 그릇된 희망이나 두려움을 쫓아가지 않고, 고통을 억압하거나 피하지 않으면서 내면의 창조적 생명의 흐름을 발산하게 하는 수단이 된다.

질병과 고통에 대해 기존 의학은 질병에 대한 기능적 조치는 취했지만, 질병과 고통의 의미나 가치를 해석하는 것에 대한 중요성을 환자들에게 심어주지는 못하는 것 같다. 질병과 고통은 조화와 질서의 깨어짐이며, 변화의 요구이며, 무엇이 잘못되었는지에 대한 주의 집중을 요구한다. 의학은 장기와 신체 부위를 치료하지만 병든 인간 자체를 치료하지는 않는다.

이완은 이런 의학적 태도에 대한 본질적인 문제를 해결할 수 있는 길을 안내한다. 이완은 병과 고통의 수용을 통해 내면에서 거부된 갈망을 이해하게 하여, 스스로 삶에서 원했지만 아직 만들지 못하고 있는 것이 무엇인지를 알게 한다.

모든 종교와 철학은 집착하지 않는 이완된 마음을 최고의 지혜로 여겨왔다. 무예와 예술에서는 힘 빼기를 강조하고, 격투기의 고수들 또한 긴장을 놓을 것을 요구하며, 학문과 연구에서조차 이완된 평상심을 강조한다. 물에 빠진 사람이 힘을 뺄 수 있다면 살 수 있을 것을, 살려고 애쓰는 마음이 몸에 힘을 넣게 하여 물에서 빠져나올 수 없게 한다.

이완은 긴장된 몸 안에 정체된 생명의 흐름을 다시 흐르게 하는 회복력이며, 집착과 저항의 마음이 만든 고통의 짐이 허상임을 알게 하는 지혜력이다. 수많은 성자와 깨달은 사람들은 '놓아라', '버려라', '받아들여라', '저항하지 마라', '사랑하라', '있는 그대로 보라', '순리대로 살라' 등의 말로 이완에 대해 표현했다. 이완은 에고의 양극성 안에서 일어나는 투쟁과 고통을 조화시키는 힘이며, 우리를 물질이 아닌 영혼의 내면으로 돌아가게 하는 지혜의 디딤돌이다.

자기의 내면으로 들어가는 이완법

1단계: 소리듣기

편안히 자리에 앉아 귀를 열고 주위에 어떤 소리들이 있는지 귀의 감각에 초점을 맞추어 들어본다. 외부에는 수많은 생명의 소리들이 흐르고 있지만, 우리는 자기 생각의 소리에 빠져서 실제의 소리를 듣지 못하는 경우가 많다. 먼저 생각을 내리고, 귀의 감각에 초점을 맞추어, 자신이 앉아 있는 하나의 공간 안에서 한 순간에 들리는 수많은 소리를 한꺼번에 들어본다. 머리의 생각으로 들을 때는 생각의 초점으로 듣기 때문에 이 소리 들렸다, 저 소리 들렸다 하며 생각의 초점을 두는 곳에 따라 소리가 나뉘어

들리지만, 감각인 귀로 듣게 되면 몇 가지 소리든지 한 공간 안에 있는 모든 소리를 한꺼번에 들을 수 있다.

이것은 생각의 구조 속에 빠져 있는 자신을 생각으로부터 실제 살아 있는 감각으로 가장 빨리 이완시켜 나가는 방법이다. 긴장은 생각이 만든 집착이며, 고정된 사고의 습관이다. 한 생각 일으킬 때 그 생각에 부수된 수많은 갈등과 긴장도 함께 일어난다. 느낌과 감정을 생각으로 붙잡지 않고 흐르게 할 때 생명은 원래의 흐름으로 나아간다.

2단계: 어깨와 목에 힘 빼기

사람들이 긴장을 느낄 때 몸을 바라보게 되면 어깨와 목에 자연스럽게 힘이 들어가는 것을 보게 된다. 우리가 생활에서 마음으로 느끼는 모든 부담감과 생각의 짐들은 가장 먼저 어깨와 목에 걸려 보이지 않는 기운으로 얹히게 된다. 긴장은 어깨와 목을 굳게 하고 묵직하게 눌리게 한다. 소리 듣기에서 마음을 어깨와 목으로 돌려 스스로 붙잡고 있는 어깨와 목의 짐들을 내리듯이, 눈을 감은 채 마음으로 어깨에 집중하여 '짐을 내린다', '긴장을 푼다'라고 생각하면서 어깨와 목을 바라본다. 이때 척추를 바르게 세우면 위에 쌓인 기운이 더욱 쉽게 아래로 내려간다.

3단계: 가슴의 중앙에 집중하며 호흡하기

양 젖꼭지의 중앙에 있는 가슴을 우리는 마음의 문이자 영혼의 문이며 사랑의 문이라고 한다. 상처받은 마음과 긴장은 마음의 문을 닫게 하여 심장의 생명 흐름을 좁게 만든다. 먼저 가슴을 이완하여 긴장을 풀고 편안히 바라본다. 호흡이 들어오는 것을 바라보면서 "사랑해요"라고 마음으로 자신에게 되새기며, 호흡이 나가는 것을 바라보면서 어깨와 가슴을 이완한다고 생각하며 "감사해요"라고 자신의 내면에 얘기한다.

이때 호흡은 억지로 통제하려 하지 말고 그냥 지켜보는 마음이 중요하다. 호흡은 억지로 하려고 의도를 가지는 순간 흩어지거나 불편해지기 쉽다. 숨이란 자신이 의도적으로 쉬는 것이 아니라 자신 안의 생명이 저절로 쉬는 것이다. 그래서 우리가 숨의 들고 나감을 그저 바라보기만 하면 저절로 일어나는 것이 호흡이다.

가슴의 문 안에는 상처받은 많은 감정과 고통들이 억압되거나 응어리져 있다. 스스로를 위하는 따뜻함만이 가슴의 문을 열 수 있다. 문 안에 살고 있는 상처받은 마음은 외부로부터 자신을 지키려고 문을 굳게 닫고 외부와 단절하려 할 수도 있다. 이럴 경우 마음은 감정의 느낌과 분리되어 생각의 구조 속으로 빠져들고, 삶을 생각으로만 통제하려 하면서 감정을 잃게 된다.

사랑은 가슴의 심장(하트)에서 나오지만, 두려움은 머리(사고)에서 움직인다. 호흡을 하면서 가슴에 따뜻함과 밝은 사랑의 에너지를 준다는 마음으로 "사랑해요"와 "감사해요"를 반복하면서 가슴과 심장의 느낌에 집중한다.

감사하기

감사하는 마음은 에고의 혼란된 생각에서 빠져나와 내면의 참 생명과 참 사랑으로 돌아가게 만드는 가장 빠른 지름길이다. 예수님은 천국에 가고 싶다면 즉 행복하고 싶다면 "범사에 감사하라."고 했다. 감사하는 마음은 혼란된 마음이 만든 어둠과 두려움을 놓아버리게 한다.

욕망과 갈망은 마음과 에너지를 위로 끌어올려 자신이 추구하는 목표만 바라보게 할 뿐, 주변이 모두 하나로 움직이고 함께 숨 쉬고 있음을 알지 못하게 만든다. 이는 자신의 심장을 죄어서 협심증을 만들고, 에너지를 위로 상기시켜 편두통이나 신경증에 걸리게 한다. 신경증의 증상 중에서 심장의 조임은 주로 대인공포, 공황장애, 우울증 등으로 드러나고, 위로 상기된 에너지는 불안과 두려움에 대한 강박증이나 결벽증, 불면증 등으로 잘 드러난다.

에고의 욕망은 반복된 두려움의 습관패턴에 따라 반응하기 때문에 감사함보다는 시기심과 피해의식, 분노에 더욱 쉽게 반응한다. 질병과 상처는 충족되지 못한 욕망의 표현이다. 감사는 욕망의 긴장에 작은 틈을 허용함으로써 고통이 인간의 관념과 생각이 만든 주관적 가치의 잣대임을 알게 한다. 이완의 휴식과 틈새 속에서 생각의 혼란이 가슴의 감정으로 내려갈 때 감사는 저절로 일어난다.

작년 봄에 친구의 아내가 아파서 병문안을 간 적이 있었다. 과거에 겪었던 유방암이 다시 재발하여 최근에 갑자기 간과 다른 장기로 급속히 전이되면서 암의 상태가 3기를 지났다고 했다. 찾아갔을 때 친구의 아내는 중환자실에서 항암치료와 힘든 투병생활을 하고 있었다. 각각 초등학교 6학년, 중학교 3학년인 아이 둘은 물론이고 친구조차 몸과 마음이 많이 지쳐 보였다. 마침 그날이 일요일이었는데, 교회에서 예배가 끝나고 목사님과 동료 교인들이 병문안을 와서 얘기를 하고 있었다. 잠깐 복도에 나온 나는 항암치료로 머리카락이 모두 빠지고 초췌한 친구 아내에 대한 안타까움으로 기분이 가라앉고 마음이 많이 무거웠다.

친구를 찾아 다시 중환자실로 들어섰을 때는 목사님과 교인들이 친구의 아내를 위해서 마지막 기도를 올리고 있는 중이었다. "주여! 이 사랑하는 자매님에게 기적을 내려주셔서……." 기도의 내용을 옆에서 들으면서 나는 과연 이곳에 입원해 있는 환자와 보호자들이 진정으로 바라는 기적이 무엇일까 생각해보았다. 아마도 그것은 '병이 없었던 지난날로 다시금 돌아가는 것이며 이렇게 병문안 올 수 있는 나와 같은 건강이 아닐까?'라는 생각이 들었다. 그렇다면 우리는 언제나 기적 속에서 살고 있으면서도 왜 그 기적을 누리지 못하고 항상 부족감과 욕망의 추구에 허덕이고 있는 것일까? 그것은 아마도 지금 가지고 있는 것과 누리고 있는 것에 대한 감사함을 잃어버렸기 때문일 것이다.

기적은 어떤 특별한 것이 아니라 감사가 바로 기적은 아닐까? 내가 가진 사소한 작은 행복들을 진정 당연한 것이 아니라 감사함으로 받아들일 때 우리의 내면에 일어나는 행복감은 10배, 100배 커질 것이다. 기도를 들으면서 나는 자신이 가지고 있는 것에 진심으로 감사함을 느꼈다. 건강한 아이와 아내, 내가 가진 직장, 나와 함께 하는 많은 사람들, 주위 자연과 환경, 형제와 어머니…….

두려움과 부족감은 항상 누리지 못하게 만들고, 무언가를 채워야 한다고 속삭인다. 하지만 감사의 마음은 지금 현재 가진 것에 대해 충분히 누리게 만들며 삶 자체를 충만함으로 가득 채우게 한다.

친구의 아내는 결국 작년에 세상을 떠났다. 아이 둘을 남기고 젊은 나이에 떠난 것이 안타까웠다. '그래, 삶의 행복이란 아쉬움 없이 범사에 감사하면 되리라.' 친구 아내의 죽음 이후 나는 작은 일에도 감사하는 마음을 내도록 노력하면서 내 삶에 새로움과 살아 있음을 날마다 느끼려고 했다.

감사할 줄 아는 사람이 진정 강한 사람이 아닐까? 삶의 여유로움은 자신이 가진 것에 감사하는 마음에서 나오는 것 같았다. 지금 자신의 곁에 있는 사람과 물건에 감사하지 않는다면, 나중에 더 많은 물건을 갖고 더 좋은 사람을 만난다고 해서 감사할 수 있을까? 모든 것을 얻게 되어도 감사하지 못하고 더 많은 것을 추구한다면, 우리는 언제 삶을 누릴 수 있단 말인가?

감사함이 있다면 세상과 자신은 언제나 이대로 완전하고 충분하다. 우리는 항상 부족감과 불만족 속에서 익숙하게 살아왔기에 충분하다는 느낌과 만족의 행복감이 낯설게 느껴질 수도 있다. 행복이나 기쁨의 누림이란 조건의 만족과 성취가 아니라 스스로 내면에서 일어나는 '범사에 감사함'을 누림은 아닐까?

나를 받아들이기

사랑에는 나눔과 조건이 없지만 이해를 돕기 위해 사랑을 다음의 두 가지로 나누어보려 한다. 하나는 자신을 '받아들이는 사랑'이며, 다른 하나는 자신을 세상과 관계 속에서 '쓰는 사랑'이다. 사랑의 시작은 먼저 자신을 사랑하는 마음에서 시작하여 세상과 상대를 향해서 그 사랑을 쓰는 과정일 것이다.

우리는 누구나 사랑받고 싶고 인정받고 싶어 한다. 마음의 잔에 사랑의 물이 부족하다면, 그 잔에 스스로 사랑을 채워넣었을 때 우리는 상대에게 사랑의 물을 편안히 권할 수가 있다. 그렇지 못할 경우에는 자신의 잔에 부족한 것을 상대에게 나누어주었기에 상대가 얼른 자신의 잔을 다시 채워주기를 바라게 된다. 이때 상대가 자신의 잔을 채워주지 않거나, 상대만 마시고 늦게 채워주면 화를 내고 짜증을 낼 수밖에 없다.

사랑은 자신에게서 시작되어야 한다. 스스로를 채우지 못한 부족감은 허전함과 가슴의 텅 빔으로 인해 관심을 외부로 향하게 하거나, 상대에게 갈구하고 집착하게 만든다. 하지만 외부에서 주는 사랑과 인정은 아무리 채워넣어도 가슴의 빈 공간을 채울 수가 없다. 사랑은 스스로 자신을 받아들이고 인정할 수 있을 때 채워진다. 가슴에는 누구에게나 사랑의 샘이 있다. 그것은 아무리 써도 다시금 채워지는 생명의 샘이다. 이 사랑의 샘은 자신을 온전히 받아들이고 수용한 사람에게만 발견되는 신의 선물이다. 그러기에 우리는 먼저 가슴으로 돌아가 자기의 영혼에 숨겨진 샘물을 찾아야만 한다. 가슴의 샘물을 발견하는 사람은 아무리 사랑의 잔을 나누어주어도 영원히 목마르지 않을 것이다.

나를 받아들이는 마음이란 자신의 좋은 점, 잘난 점이나 남이 인정하는 것만을 받아들이는 것이 아니라, 내면의 부정적 상처와 두려움 모두를 거부하거나 저항하지 않고 '있는 그대로' 수용한다는 의미일 것이다.

자신을 있는 그대로 받아들이도록 돕기 위해 나는 '아이 수(I 受)'라는 집단 프로그램을 만들어 내담자들과 시행하고 있다. 이 프로그램의 목적은 거짓된 '나'를 자신의 외부에서 하나씩 제거해나가면서 진실한 자신이 누구인지를 인식하기 위한 것이다. 그래서 내담자들로 하여금 진실하지 않은 자신이 무엇이며, 왜 그런 자신에 집착해왔는지를 깨닫게 하는 데 초점을 두었다.

이 프로그램에서는 스스로 진짜 자신이라고 믿고 살아온 고정된 역할들을 이해하고, 그러한 역할의 '나'로 자신을 한정하는 대신 역할은 고정된 것이 아니라 스스로 언제든지 선택할 수 있는 자유로운 것임을 받아들이게 한다.

그리고 고정된 역할을 지키기 위해서 자신의 신념체계가 만든 이미지들을 이해하게 한다. 이미지는 상처받은 마음에서 다시는 상처를 경험하지 않으려는 방어와 신념체계가 만든, 세상을 보는 그 사람만의 틀이자 안경이다. 이미지는 비슷한 모든 상황을 같은 색깔로 색칠한다. 자신의 이미지가 왜 생겼으며, 자신이 어떤 이미지에 집착되어 있는지를 알고 그 이미지로부터 자유로워질 때 우리는 진실한 자신으로 더욱 가까이 나아갈 수 있다.

이미지의 유지는 반복되면서 습관을 만든다. 습관은 무의식화되어 있기 때문에 역할과 이미지를 잘 알지 못하면 인식하기가 쉽지 않다. 습관은 그 스스로 믿음의 관성에 의해서 그 습관에 알맞게 자신을 맞추고 그에 따른 사건과 현실들을 창조한다. 이런 역할과 이미지와 습관의 모습들 뒤에는 '상처받은 어릴 때의 자신'이 가슴에 응어리져 있다. 상처받아 초라하고 못난 이런 자신을 따뜻한 이해와 사랑으로 수용하려는 마음이 이 프로그램의 핵심이다.

나를 받아들이는 마음이라는 뜻의 '아이 수(I'受)' 프로그램에 참여하면서, 48세의 산마루님은 지금껏 자신을 얼마나 부정하며 살아왔는지 알게 되었다. 그는 어릴 적 받았던 슬픔과 고통의 상처들은 보지 않은 채 외부에서 수행과 명상, 물질적 인정과 성취 등으로 행복한 삶과 진정한 자신을 찾으려고 많은 노력을 했다. 하지만 이제 그는 외부에서 채우고 인정받으려 했던 수많은 노력에도 불구하고 혼자 고요히 있을 때 내면이 왜 공허할 수밖에 없었는지 이해가 된다고 했다.

항상 술에 취해 현실과 책임감을 내팽개치고 소리 지르며 무기력하기만 했던 아버지. 현실이라는 버거운 짐을 지고 어떻게든 어린 자식들과 함께 생존하려고 발버둥치시던 어머니의 불안과 두려움. 그의 가슴 밑바닥에는 어린 시절 묻어둔 외로움과 두려움의 이미지와 삶에 지친 한 초라한 아이가 있었다.

이제 그는 그동안 부정하고 보지 않으려 했던 가슴속의 그 초라하고 불쌍한 아이를 위하여 음악을 들으며 일어나서 춤을 추고 목이 터져라 소리를 질렀다. 두 눈에는 눈물이 흘렀고, 그동안 자신을 묶고 있던 목마름의 굴레를 떨쳐버리겠다는 듯이 마음껏 소리치며 미친 듯이 움직였다. 하지만 그의 마음만은 이상하리만큼 고요하고 흔들리지 않았다. 그는 이제 비로소 집을 떠난 탕자와 같이 자신의 아버지가 계신 편안한 집으로 돌아갈 준비가 되었다고 말했다.

이제까지 그에게 삶이란 생존하기 위한 투쟁이며, 앞으로만 달려가는 브레이크 없는 자동차와 같았다. 무겁게 그의 어깨를 내리누르던 책임감의 짐은 그의 삶을 항상 통제했고, 그는 가족과 주위를 통제하며 살아왔다. 세상을 향해서 스스로 두려움이 만든 역할과 이미지의 두꺼운 가면을 쓰고서, 그것이 인생인 양 살아왔다. 무시당하지 않으려 항상 완벽하고 강해지고자 했으며, 내면의 고통과 분노와 두려움의 부정적 감정은 자신의 것이 아니라고 부정하면서 성취와 일을 통해 인정받고자 하는 자신만이 있었다.

또 다른 내담자인, 심한 우울증에 시달리던 20대 후반의 연꽃님은 5남매의 막내였다. 그녀는 다섯 살 때 아버지가 돌아가신 후, 가장이 된 엄마와 오빠, 언니의 따뜻한 관심과 사랑을 받지 못했고 생존을 위해서 심부름과 집안일을 도맡아 했다. 그녀는 한 번도 자기 주장을 하거나 욕심을 부릴 수가 없었다. 그녀는 언제나 힘들어하는 엄마나 주위 사람들로부터 인정받고 사랑받고자 자신의 욕구나 욕망은 드러내지 못한 채 다른 사람의 눈치와 분위기에 맞추는 삶을 살 수밖에 없었다.

그녀는 그토록 오랜 세월 소외되고 버림받은 내면의 어린 자신을 움켜쥐고 "미안해, 미안해." 하며 목 놓아 울었다. 그녀 가슴속의 5살 난 아이는 불안과 두려움에 고개 숙이고 눈치만 살피고 있었다. 그녀는 "이제 다시는 너를 외롭게 남겨두지 않을게."라며 자신을 꼭 안아주었다.

자신을 받아들이는 마음으로 지난날의 상처를 치유하고 영혼으로 돌아가는 길은 뜨거운 눈물과 용서의 과정이다. 프로그램을 진행하면서 나 자신 또한 다른 사람들이 느끼는 진실을 보면서 내 안의 상처와 어둠들이 눈물과 함께 녹아나가는 것을 보았다.

고통은 용서와 수용을 위한 배움의 과정이다. 과거와 현재 속의 아픔과 상처를 거부하고 저항할 때는 고통이 되었던 것들이, 단지 받아들이고 수용하는 순간 그것은 더 이상 고통도 상처도 아닌, 새로운 자신을 사랑하고 성장케 하는 밑거름이 된다.

사미인 도신은 열네 살이었는데 승찬스님을 찾아와 절하고 말했다.

"자비를 베푸시어 저를 자유롭게 해주십시오."

스님이 물었다.

"누가 너를 묶었느냐?"

"묶은 사람은 없습니다."

"어찌 다시 자유를 찾느냐?"

도신은 말끝에 크게 깨달았다.

상담을 진행하면서 나는 때때로 도신과 승찬스님이 나눈 이 대화를 자주 떠올려본다. 사람들은 스스로 간직한 온갖 잡다한 편견과 두려움에 묶인 자기 생각의 정체는 알지 못한 채, 세상과 상대가 자신을 힘들게 하고 고통스럽게 만든다는 암시와 최면에서 빠져나오지 않으려 한다. 자신을 혼란과 고통에 빠뜨린 것은 자신의 생각밖에 없다.

"수고하고 무거운 짐 진 자들아 다 나에게로 오라. 내가 너희를 쉬게 하리라."는 예수님의 말씀과 같이 짐은 스스로 받아들이지 못하는 저항과 거부가 만든 마음의 환상일 뿐 실재는 아니다.

행복은 돈과 지위나 직업 같은 외부적인 조건도 중요하지만, 그것보다는 주관적으로 느끼는 자기만의 감정이 더욱 중요하다. 그래서 객관적으로는 같은 환경일지라도 그것을 받아들이는 마음에 따라서 저마다의 행복과 불행은 차이가 날 수밖에 없다.

진실한 자신이 되는 것을 가로막고 있던, 마음의 주변에 세워둔 수많은 부정적 생각의 벽돌들을 하나씩 걷어내기만 하면, 자신을 온전히 받아들이는 마음이 드러난다. 이렇게 벽돌을 하나씩 걷어내는 과정은 자신이 원래 '갇힌 나'가 아니라 열려 있고 하나 된 생명 속에 있는 충만함을 가진 '새로운 나'임을 느끼게 해준다. 나를 받아들이는 마음은 사랑의 시작이며, 자신이 자신으로서 바르게 서는 마음이다. 이를 자기에 대한 신뢰나 믿음이라고 하며, 자신감을 키우는 원천이 된다.

우리는 사랑받고 인정받기 위해 남들에게 잘 보이려 애쓰며 살고 있다. 하지만 남이 주는 사랑과 인정은 아무리 채워도 충만해지지 않고 공허감만을 키울 뿐이다. 외부가 아닌 자신 안에서 스스로를 받아들이고 인정해줄 수 있는 사랑만이 모든 사랑의 시작이다. 자신을 사랑하지 않는 사람이 어찌 남을 사랑할 수 있겠는가. 자신을 받아들이는 사랑은 내면에 본래 가지고 있는 충만한 사랑을 발견하는 행복의 시작이다.

용서하기

제자 베드로가 예수님에게 물었다. "주님! 한 사람이 저에게 죄를 지을 경우 저는 몇 번을 용서해주어야 합니까? 일곱 번이면 족합니까?" 예수님은 말씀하시기를 "일곱 번까지가 아니라 일흔 번씩 일곱 번이라도 죄를 용서해야 한다."고 하셨다.

우리 내면의 상처받은 마음을 회복하고 치유하는 과정은 어쩌면 용서의 과정일 것이다. 용서는 자신에게 상처를 준 그 사람의 잘못된 행위를 없는 것처럼 잊겠다는 것이 아니며, 다시금 그 사람과의 관계를 회복하거나 그 사람을 좋아하게 되는 것도 아니다. 용서는 다만 그 사람과 그 사람이 자신에게 행한 행위에 묶여 있는 내 마음의 집착을 놓아주는 것일 뿐이다. 그러기에 용서는 상대방을 위한 것이 아니라 진정 자신의 자유를 위한 것이다.

베드로는 상대를 위해 분노의 감정을 억누르거나 참는 것을 용서라고 생각하여 잘못을 행한 상대를 최대 일곱 번까지 용서할 수 있겠다는 마음이었다. 하지만 예수님이 말씀하신 용서의 초점은 상대를 위한 것이 아니라 자신을 위한 것이며, 용서란 과거의 상처로부터 자신을 자유롭게 해주는 것임을 아셨기에 용서는 하면 할수록 스스로를 자유롭게 한다고 하신 것이다.

상처받은 마음이 만든 내면의 얼어붙은 슬픔은 우리를 그 기억과 경험에서 벗어나지 못하게 만들고, 자존감에 깊은 상처를 주며 스스로를 부정하고 분노케 한다. 하지만 부정과 분노의 감정은 상대에게 같은 고통을 되돌려주어야 한다는 복수심과 피해의식을 만들어 자신의 삶을 더 깊은 좌절과 고통 속으로 밀어 넣는 경우가 많다.

용서는 우리 내면의 상처받은 감정을 자유롭게 풀어준다. 용서는 우리 안에 내면화된 부모나 주변 사람들의 무시와 비교, 학대의 응어리진 감정을 녹여준다. 그동안 우리를 힘들게 만든 것은 상처에 붙잡혀 있던 분노와 집착이었다. 우리는 과거의 불행한 기억과 고통을 떠올리고 분노를 되새김질하면서 상처를 입힌 사람을 용서할 수 없으며 용서하지 않겠다고 마음에 새겨왔다.

하지만 용서할 수 없는 분노와 원한에 집착하는 마음은 상대가 아닌 자신을 향하게 하여 자신의 인생을 더욱 불행하게 만들 뿐이다. 상처에 대한 복수심과 자신이 얼마나 상처받았는지를 알리고 싶어 상대를 비난하는 마음은 우리 자신의 마음을 더욱 작고 편협하게 만들 뿐이다. 상대의 잘못에 대해 서로 얘기하는 것은 잘못이 없지만, 그것에 집착하고 매달린다면 그것은 자신의 인생을 좀먹는 자기학대가 되어, 자신으로 하여금 영원한 패배자의 삶을 살게 할 뿐이다.

얼마 전 공무원인 38세의 미혼 여성이 상담센터를 방문했다. 우울증으로 병원에 다니며 6년 정도 약을 먹어왔지만 최근 들어서는 몸 전체가 돌아가면서 원인 없이 아픈 것 같아 찾아왔다고 했다. 그녀는 그동안 우울증 치료를 위해 명상이나 요가도 하면서 많은 노력을 해왔지만 우울한 감정은 잘 정리되지 않는다고 했다.

상담을 하던 중 그녀는 중학교 2학년 때의 기억을 무의식에서 떠올렸다. 국어시간에 작문 숙제가 있었는데 그녀는 숙제한 공책을 집에 깜빡 잊어버리고 놓고 왔다. 선생님은 수업 시간 내내 그녀를 교실 뒤편에 있는 벽 사이 조그만 틈에 서 있게 했고, 반 아이들은 모두 웃었다. 그녀는 너무나 창피하고 부끄러웠던 그 때의 자신을 기억해냈다. 수업 시간 내내 벽 사이에 서 있었던 그녀는 무언가 현실로부터 분리된 느낌, 그녀와 사람들 사이에 알 수 없는 어떤 어둠의 두꺼운 막이 생기는 것을 느꼈다고 한다. 가슴에 묻어둔 오래된 기억을 끄집어낼 때 그녀는 머리가 갑자기 쭈뼛 서는 느낌이 들었다고 한다. 그녀는 왜 스스로 사람들에게 다가가지 못하고, 현실의 관계 속에 자신이 항상 동떨어져 있는 느낌이 들었는지를 이해하게 되었다.

그 당시 그녀가 받은 마음의 상처로 인한 충격은 그녀의 삶 자체를 알 수 없는 어둠의 기운 안에 분리시켜버린 것 같았다. 그 상처에 묶여 있던 그녀는 20년 이상을 그 선생님과 비웃던 친구들을 용서하지 못했고, 그때의 억울한 감정은 풀리지 않은 채 가슴속에 응어리져 있었다.

용서하지 못하면 우리는 과거의 그때 그 자리에 발이 묶여 한 발짝도 앞으로 나아가지 못한다. 그녀에게 그때의 경험과 기억은 무의식중에 항상 남을 경계하고 마음을 열지 못하게 하였으며, 상사나 가르치는 사람을 믿지 못하게 했다. 용서는 상대를 용서하는 것이 아니라 자신의 가슴에 맺혀 있는 응어리를 풀어주는 것이라는 사실을 이해하게 된 그녀는 눈물을 흘리며 그토록 오랜 세월 다시는 상처받지 않으려 숨기만 했던 자신을 용서했다.

상처받은 마음은 모든 초점을 상처받은 자기의 감정에만 맞추고, 상처받은 마음의 눈을 통해 모든 사람을 판단하고 사물을 보려고 한다. 용서는 상처받은 고통의 응어리를 풀어준다. 하지만 용서는 스스로 자유롭게 상대를 용서할 수도 있고 거절할 수도 있는 자신의 선택 사항이지, 용서하기 싫은데 억지로 해야 하는 것은 아니다. 용서는 자신을 위한 자기만의 것이지, 상대를 위해서 하는 것이 되어서는 안 된다. 준비되지 않은 마음 상태에서 상대를 위해 용서하려고 하면 오히려 내면의 상처를 더욱 키울 수 있다.

용서의 뜻은 원래 '상대와 같은 얼굴을 한다' 또는 '상대와 같은 마음으로 맞춘다'는 뜻이며, 이는 상대에게 마음을 허용하고 상대를 수용하는 마음일 것이다. 삶에서 우리는 누구나 상처를 경험한다. 하지만 상처를 입은 사실 그 자체가 중요한 것이 아니라, 상처를 붙들고 상처를 입힌 사람을 용서할 수 없거나 용서하지 않으려는 마음이 진정 우리를 힘들게 하는 상처이자 고통이다. 우리가 진정으로 가장 많이 용서해야 할 대상은 다름 아닌 자기 자신일 수 있다. 삶이란 원래 모르기에 실수투성이게 마련이고 우리는 불완전할 수밖에 없다. 용서는 우리로 하여금 스스로 묶고 있는 죄의식과 죄책감, 분노의 굴레를 풀어주는 열쇠이다.

용서의 단계

1단계: 상처받은 마음의 분노 이해하기

용서를 하기 위해서는 가장 먼저 상대에게 받은 상처로 인한 자신의 실망과 분노가 얼마나 큰 것이었는지를 확인해야 한다. 우리는 자신의 고통에 대해서 정직해질 필요가 있다. 분노는 우리가 행동할 수 있는 동기를 부여하고, 잘못을 지적하려는 마음을 주며, 자존감을 바로 세워 문제를 바르게 보게 한다. 하지만 분노를 느끼면서 행동하지 않고 마음의 한이나 복수심에 사로잡히면 좋지 않다.

2단계: 용서하기로 마음먹기

용서는 자신을 위한 자발적인 과정이어야지 누구의 통제나 강요가 들어가면 안 된다. 용서하기 전에 용서하려는 자신의 의지가 어떠한지를 살펴보고 용서의 길을 선택하면 된다.

3단계: 용서의 행동

용서는 상대방도 역시 자신처럼 역할이나 이미지에 묶인 인간임을 이해하는 과정이다. 그들은 우리와 같이 실수투성이고 상처받기 쉽고 외롭고 정서적으로 불안했을 것이다. 상대가 어떤 동기와 어떤 상황에서 그런 행동을 할 수밖에 없었는지, 자기의 생각이나 입장이 아니라 상대의 입장을 이해해가는 과정 자체가 용서다.

4단계: 상처의 감정에서 벗어나기

용서는 가해자가 준 상처에서 벗어나게 할 뿐 아니라, 가해자를 자신의 삶과 마음에서 놓아보내고, 가해자를 만나지 않았다면 즐길 수 있었을 자신의 고유한 삶을 다시 살게 해준다. 용서는 내면의 잠긴 문을 여는 열쇠이다. 우리가 가장 많이 용서해야 할 사람은 바로 자기 자신이어야 한다. 과거에 자신이 잘못했다고 여겨지는 많은 일들과, 스스로 부족하다고 느끼며 판단했던 그 잘못된 죄책감과 자기비난의 고통으로부터 자유로워지는 길은 스스로를 용서하는 것이다.

우리는 모든 것을 알지 못하며 불완전한 존재이다. 우리의 모든 행동은 과거의 그때에는 어쩌면 최선의 선택이었는지도 모른다. 삶이란 문제투성이고, 우리는 실수도 하며 서로 상처주기도 하고 길을 잃어버리기도 한다. 그러기에 용서는 일생 동안 계속되어야 할 선택인 것이다.

치유의 말

치유에 관한 많은 말들이 있다. 그 중에서 '호오포노포노'에서 나온 "미안합니다, 용서해주세요, 감사합니다, 사랑합니다."와 같은 말들은 인간 본질의 밑바닥에 있는 집단무의식을 자극하여 자신뿐만 아니라 전체를 변화시키는 힘을 가진 말들이다.

자신이 쓰는 언어는 바로 그 사람이 내는 인격이며, 그가 창조한 자식들이다. 말은 보이지 않는 곳에서 스스로 힘을 가지고 상대방의 가슴과 심장으로 들어간다. 말에는 말하는 사람의 마음이 담겨 있다. 대화는 말하는 사람의 내면에 담긴 의도를 상대에게 전달하는 기술을 말한다. 그러기에 우리는 말을 생산하기 전에 자기 내면의 공간에 온전한 사랑과 생명의 지혜를 담을 필요가 있다.

주도하려는 성취의 말과 일의 효율성을 지나치게 강조하는 말들은 때때로 상대에게 폭력적으로 다가가는 경우가 많다. 성취와 일은 사람이 한다. 우리가 전하고자 하는 말을 듣고 있는 상대는 마음을 가진 사람이기 때문에 말이 상대를 배려하지 못하고 상처를 주게 될 때 갈등은 커지고 일은 늦어질 수밖에 없다. 배려와 사랑의 언어는 생명을 살리는 기운을 담고 있다. 우리는 누구나 사랑과 존중의 말을 듣는 것을 좋아한다.

"미안합니다"라는 말은 일어난 상황에 대해서 스스로 책임을 지겠다는 마음이며, "용서해주세요"라는 말은 무의식에 묶여 있던 상처와 관계에 대한 새로운 흐름을 만들어낸다. 또한 "사랑합니다"라는 말은 세상과 상대가 나와 분리되지 않은 원래 하나였음을 가슴에 새겨 온전함이 꽃피게 만들며, "감사합니다"라는 말은 삶을 누리게 만들어 풍요와 행복의 참 뜻을 알게 한다.

이외에도 나는 상담을 진행하면서 사람들에게 "괜찮아", "괜찮아"라는 말을 많이 사용하게 한다. 자신을 받아들이지 못하고 저항하거나, 비난하거나, 탓하는 많은 사람들은 자기부정과 자기한정의 말들로 자신에게 암시를 주고 습관적으로 자기최면에 들어가는 경우가 많다. 외부에 대한 비난과 자기부정이 일어날 때 스스로에게 하는 "괜찮아"라는 한마디는 우리를 자기부정이 만든 어둠의 암시에서 벗어나게 해준다.

고통의 문제를 가진 사람들은 계속적으로 문제에 집중하여 문제에만 집착하는 경우가 많다. 하지만 그래도 "괜찮다"고 자신에게 말하면 그는 그 문제와 싸우지 않고 그 문제를 허용하고 수용하겠다는 긍정적인 변화의 기로에 서게 된다. "괜찮다"는 말은 자신의 문제를 바르게 인식하게 만들고, 그 고통의 순간에 깨어 있게 만들어 새로운 선택을 쉽게 하게 해준다.

  강박신경증이나 현대의 불안을 겪는 사람들은 끊임없이 문제를 붙들고 생각으로 통제하려 하거나 반복되는 부정적 자기암시에서 벗어나지 못하고, 낡은 녹음테이프가 반복적으로 돌아가듯이 생각의 쳇바퀴에 빠지게 된다. 이때는 아무리 긍정적인 말들을 많이 해도 벗어나기가 쉽지 않다. 이런 경우에는 그냥 "괜찮다"고 자신에게 말하면서 현재의 상황을 허용하면 된다. "괜찮다"라는 말은 수용과 허용이 담긴 말이며, 부정적 자기암시를 깨부수는 말이다.

  무기력증과 자신감을 상실한 20대 후반의 종현 씨는 약간의 우울과 강박신경증이 있었다. 그는 자신이 가지지 못한 능력과 외모에 대해서 남들과 비교하면서 언제나 부정적으로 자신을 몰고 갔다. 스스로 결함 많고 자신을 받아들이지 못했기에 그의 인생은 언제나 변화 앞에서 물러서기만 하였고, 자신을 그렇게 만든 부모님을 많이 원망했다.

  종현 씨는 상담을 하면서 자신에게 "괜찮다"고 말하기를 배웠다. 부정적인 생각이 일어날 때마다 "그래도 괜찮아."라고 했으며, 이것이 없고 저것이 부족해도 "괜찮아, 그럼 어때."라고 했으며, 괜찮지 않을 때도 "괜찮지 않아도 괜찮아."라고 되뇌었다. 처음에는 힘이 없던 말이 시간이 지날수록 자신이 뭔가 괜찮게 느껴진다고 했다.

  "괜찮아"를 되뇌면서 그는 자신에 대한 긍정성을 배워가기 시작했다. 언어는 현실을 창조하는 힘이다. 삶의 자신감은 언어와 행동을 통해서 꽃피어난다. 자신이 쓰는 말은 바로 그 사람의 내면세계를 보여준다. 언어는 마음의 의도를 담고 있다. 자신이 쓰는 언어를 살펴봄으로써 스스로 사랑과 생명의 말들을 사용한다면 치유는 삶에서 저절로 일어날 것이다.

깨어 있는 마음

고통과 상처는 상대와 세상이 주는 것이 아니라, 세상과 상대에 대해 스스로 일으킨 반응과 기대로 일어난다. 내면의 상처로 인한 핵심감정과 왜곡된 사고를 알지 못한 채 상대와 세상을 바꾸려는 시도는 과거도 그랬고, 현재도 그렇고, 미래에도 언제나 불가능하다. 깨어 있는 마음이란 습관화된 생각에 물들지 않고, 외부와 상대를 자신의 이미지나 관념 등으로 애써 바꾸려 하지 않는, 세상과 사물을 단지 '있는 그대로' 보는 것을 말한다. 우리는 상처와 욕망이 투영한 역할과 이미지, 감정과 습관의 블랙독이 어떻게 내면에 습관화되어 있는지를 스스로 자각할 필요가 있다.

언젠가 누가 나에게 수수께끼를 하나 냈다.

"병 속에 작은 새 한 마리가 들어갔다. 병의 주인은 새가 좋아서 병 속의 새에게 모이를 주어 키웠다. 새는 병 속에서 잘 자랐다. 하지만 새가 커갈수록 '병 속의 새'는 갑갑해져만 갔다. 병의 입구는 좁아서 이제 커져버린 새가 나오거나 움직이기 어려워졌다. 좀 더 시간이 지나자 새는 병 속에서 살 수 없을 만큼 커져버렸다. 자, 이제 어떻게 하면 병을 깨뜨리지 않으면서 새를 죽이지 않고 병 속의 새를 자유롭게 풀어줄 수 있을까?”

어떤 대답을 할 수 있을까? 나는 이 질문을 들었을 때 많은 시간을 두고 이 질문의 해답을 찾으려고 노력했었다. 그리고 나름대로 이렇게 답변했던 기억이 난다. 우리네 삶은 병 속에 들어 있는 새의 신세와 같다. 처음에는 욕망과 물질의 삶이 자신의 에고를 채워주고 만족시켜주지만, 커져버린 에고의 갈망은 자신의 모든 삶을 함몰시키고 만다.

우리가 지닌 관념과 가치, 판단과 비교의 잣대로 만든 틀이 곧 병이라면, 작은 새는 우리의 본래 마음인 참 생명이요, 참 사랑은 아닐까? 본연의 사랑과 생명은 관념과 생각의 울타리 안에서 힘을 잃고 자신조차 잃어버리고 살아간다.

관념과 생각의 울타리는 본래 없는 것인데, 스스로 있다고 생각하면서 자신을 묶어놓는다면 누가 그것을 풀 수 있겠는가? 힘 듦과 두려움과 모자람은 원래 없지만 스스로 잣대를 만들고 저울을 세울 때, 그곳에 새겨진 경계의 선들은 자신에게는 실제가 되고, 그어진 선의 중앙 양쪽에서는 전쟁과 대립의 고통이 일어날 수밖에 없다.

어느 날 아침 눈을 떴을 때 나는 이미 새가 병의 바깥으로 나와 있는 것을 발견했다. 병이라는 틀은 원래 없었다. 새는 단지 눈만 떴을 뿐이다. 생각과 사고의 세계에서 끊임없이 방황하고 계획하며 미래를 걱정하는 많은 사람들이 불안과 우울과 스트레스에 시달리고 있다. 사고의 갈등 구조 속에는 생명이 숨 쉴 수 있는 공간이 없기에 끝없는 생각과 불안은 스스로 얽어맨 고통일 수밖에 없다. 자신을 묶고 있는 관념의 병을 올바르게 이해하고 그것을 깨버린다면 우리는 이미 자유로운 존재이다.

자각하는 것은 생명을 억압하거나 감추는 것이 아니라 사실을 사실 그대로 마주보고 스스로 만든 생각의 이야기에 속지 않는 것이다. 두려움은 자신이 실제 겪은 일이 아니라, 겪을 고통에 대한 염려와 걱정일 뿐이다. 우리는 어쩌면 실제의 삶을 보고 있는 것이 아니라, 과거에 겪은 경험이 만든 생각과 기억의 선입관에 빠져서 지난날의 생각을 보고 있는지도 모른다.

상담을 하는 동안 사람들이 지닌 수많은 고통과 갈등의 마음 구조를 보면서, 괴로움의 진정한 원인은 그 사람이 경험하는 직접적인 현실 자체가 아니라, 그것을 해석하고 있는 그 사람의 생각이라는 것을 자주 보게 된다.

'과거에 우리가 무엇을 경험했느냐'보다는 '현재에 자신이 선 자리에서 그것을 어떻게 바라보고 해석하느냐'가 그 사람의 행복과 불행을 결정한다. 깨어 있는 자각의 마음은 과거의 실패나 경험에 의지하는 것이 아니라 '지금 여기'에서 삶을 있는 그대로 수용하는 마음이다.

삶이 순간순간 선택이고 그 선택에 대한 책임이 우리의 삶을 결정한다면, 깨어 있는 마음은 그 선택의 순간에 깨어 있어 지난날의 습관적 패턴의 선택이 아닌 다른 방향을 향한 선택도 가능함을 아는 마음일 것이다.

마음이 어딘가에 스스로 관심을 집중하고 초점을 두면, 그것은 힘이 생기고 커지게 마련이다. 스스로 불행에 초점을 둔다면 불행이 찾아올 수밖에 없다. 하지만 자기 내면의 온전함과 따뜻함에 초점을 맞춘다면, 삶은 더욱 밝고 긍정적으로 흐르게 될 것이다.

자각할 때 우리는 선입관과 판단의 자기최면에서 벗어날 수 있다. 명확한 인식은 자신의 습관화된 감정패턴을 관찰하고 보게 함으로써 오래된 감정습관과 왜곡된 사고의 혼돈에서 벗어나게 한다. 우리가 생각에 힘을 실어주지 않으면 생각은 아무런 힘도 영향력도 없을 것이다. 그러기에 우리가 무엇을 보든지 간에 그것을 어떻게 보느냐에 따라 외부 삶은 달라진다.

무의식의 습관적 사고는 어릴 적 자신을 보호하고 생존하기 위해 스스로 만든 방어의 틀이자 오래된 체계이기에 쉽게 바뀔 수는 없다. 그리고 대부분의 습관적 사고는 긍정성보다는 부정성에 대해 자기를 보호하는 체계였기에 삶이 힘들고 어려워지면 자동적으로 방어막을 뚫고 나오게 된다. 그래서 우리는 습관을 정확히 인식하고 깨어 있을 필요가 있다. 하지만 인식하게 되더라도 무의식의 습관적 사고는 쉽게 변하지 않는다.

변화를 위해서는 자신을 향한 진정한 동기부여가 필요하다. 동기부여는 삶의 의미와 목적이며, 결국 삶을 스스로 책임지고 창조해나가는 과정이다. 삶은 지식의 앎이 아니라, 자기창조의 과정이자 기회의 장이다. 스스로 자신에게 무지하여 자기한정과 부정성으로 자신을 받아들이지 못하고 힘듦과 고통의 원인이 바깥세상에 있다고 느낄 때, 우리는 스스로 자신에게서 힘을 빼버리거나 자신을 무력하게 만든다.

깨어 있지 못하면, 우리는 상대와 세상이 나를 괴롭히거나 힘들게 하지 않는데도 피해의식의 구조 속에 빠져서 스스로 분리되고 분열된 마음으로 자신을 약화시킨다. 하지만 깨어 있는 마음은 스스로 책임감을 가지고 생명력을 온전히 쓸 수 있는 기회를 준다.

질병에 대한 치유는 결국 깨어 있는 마음으로 '생각하는 나'와 '실제의 나' 사이에 존재하는 어둠과 모름의 베일을 걷어내는 것이라고 할 수 있다.

치유는 자신을 알아가는 과정이다

소크라테스는 "너 자신을 알라."고 했다. 제자들이 그에게 "당신은 자신이 누구인지를 아십니까?"라고 물었을 때, 그는 "나는 내가 모른다는 사실을 알고 있다."고 대답했다. 인생은 알 수가 없다. 모르기에 삶은 탐구하고 배워가는 성장과 기쁨의 과정이다. 두려움과 불안의 실체는 단지 모르기 때문에 일어나는 불확실성일 뿐이다. 누구나 미래를 생각하면 불안할 수밖에 없다. 왜냐하면 미래는 우리가 아무리 계획을 세우고 통제하려 해도 알 수 없는 변수의 세계이기 때문이다.

우리는 때때로 사랑을 믿지 못하고 자신을 신뢰하지 못하기에 불안해하고 두려워한다. 두려워할 때 우리는 삶을 누리지 못하고 통제하려 하며, 외부에 좋은 직장과 많은 물질들로 포장하고, 다른 사람의 인정과 관심을 통해서 안전을 확보하려고 한다.

치유란 결국 자신이 누구인지를 알아가는 과정이며, 자신의 삶이 어디로 흘러가는지를 알고 선택하는 자기책임의 과정이다. 우리가 진실과 사랑을 잃어버리고 불안과 두려움으로 스스로를 한정하며 부조화의 마음을 만들어 외부에 투사하는 것이 모든 질병과 고통의 원인이다. 그러기에 증상과 고통은 내면의 부조화와 잊어버린 자신의 실체를 알아주기 바라는 영혼의 간절한 외침이기도 하다.

우리가 본래 사랑에서 왔으며 자신이 곧·사랑의 존재라는 사실을 잊어버리게 되면, 우리는 분리와 두려움을 만들고, 다시금 불안과 고통으로부터 자신을 지키기 위해서 더 많은 자기한정과 실체 없는 어둠을 창조하게 된다.

빛이 없는 곳에는 어둠이 내리듯이 사랑을 잃은 자리에는 두려움이 가득 차게 된다. 어둠으로 어둠을 해결할 수는 없다. 단 한 줄기의 빛만으로도 어둠이 사라지듯이, 단 한 조각의 사랑이 두려움을 녹여낸다. 사랑의 삶을 만들기 위해 우리가 해야 할 일은 단지 사랑을 믿고 선택하는 것뿐이다.

우리의 마음 안에는 두 마리의 개—사랑의 개와 두려움의 개—가 살고 있다. 우리가 관심과 먹이를 많이 준 개가 잘 자랄 것이다. 삶의 성장이란 내면에 있는 두려움을 향해서, 비록 그것이 무섭고 두렵지만 용기를 내어 앞으로 나아가는 것이다. 두려움은 외부에 있는 것이 아니라 우리의 마음 안에 있기 때문에 우리가 그것을 아무리 회피하거나 달아나려 해도 도망칠 수는 없다.

자신이 누구인지 안다는 것은 사랑이 무엇인지를 알아가는 과정이다. "진정한 행복과 기쁨은 자신을 아는 마음과 사랑을 알고 나누는 마음에서 생겨난다."고 예수님과 부처님 같은 성인들은 말씀하셨다. 하지만 우리는 자신은 보지 않고 남과 자신을 비교해서 남보다 더 나은 '나'가 되려 하거나, 내가 되고 싶은 '나'가 아니라 남들이 원하는 자기가 되려고 한다. 남과 비교해서 성격과 외모도 좋고 활발하며, 능력과 인정을 받길 원한다. 하지만 이러한 기준들은 현실의 그렇지 못한 자신을 한탄하고 정죄하며, 스스로의 감정과 느낌을 억압하여 주눅 들게 만든다. 삶의 당당함과 자신감은 힘없고, 외롭고, 초라하며, 보잘것없음이 존재하지 않는 곳에서 나오는 것이 아니라, 스스로 가진 것을 숨기지 않고 정직하게 드러내는 마음에서 나온다.

변화되어야 할 것은 세상이 아니라 자신이다. 세상에 존재하는 모든 고통과 갈등은 우리 마음이 가진 내면의 갈등이 외부로 투사된 것일 뿐이다. 세상은 유사 이래 언제나 갈등과 전쟁이 끊이지 않았다. 그것은 우리 자신이 바로 모든 갈등의 원인이자 또한 해답이라는 사실을 받아들일 준비가 아직 되지 않았기 때문일 것이다.

자신을 아는 것이 행복이며 사랑의 길이다. 자신을 알기를 포기하거나 거부하고 자신을 대신할 무언가를 찾을 때 우리의 내면에는 두려움이 자리 잡게 된다. 두려움은 부정성 속에서 스스로를 움켜쥐고 놓지 않으려 한다. 그래서 문을 닫아놓고, 내어주지도 않지만 받아들이지도 못하여 자기가 만든 한계 안에서 생명력을 썩게 만든다.

치유된다는 것은 단순히 몸이 질병에서 회복된다는 뜻이 아니라, 스스로 오랜 세월 사로잡혀 있던, 실체 없는 생각이 만든 두려움과 부정성의 최면에서 벗어나 자유로워지는 것이다.

무지란 지식이나 학습의 결여가 아니라 가치의 혼란과 갈등을 말한다. 우리가 외부에 인정과 권위를 세우려는 것은 자신의 알맹이가 가난하기 때문이다. 알맹이는 우리가 가진 사랑에 대한 신뢰와 경험일 것이다. 우리는 자신은 알지 못한 채 다른 사람이 가진 생각과 관념들을 소중히 붙들고 남을 흉내 내려고만 한다. 우리는 각자가 가진 가짜들이 무엇인지 모르기 때문에 당연히 진짜를 알 수가 없다. 남의 권위에 기대어 힘을 얻으려는 사람은 모방자가 되어 자기확신을 잃게 된다.

사랑을 알려는 사람은 먼저 자신의 두려움을 알아야 한다. 두려움은 실체가 아니며, 진실이 아니며, 신이 만든 것이 아니라 에고가 만든 환상이며, 생각에만 존재하는 망상이다.

옛날 중동에 살던 어느 젊은이가 자신의 결혼식에 쓰려고 신부가 착용할 다이아몬드 목걸이를 부자 이웃에게서 빌렸다. 젊은이를 신뢰한 부자는 그 목걸이가 자기 집안의 가보이며 가치로서는 따질 수 없으니 소중히 사용하고 돌려달라는 당부와 함께 목걸이를 내주었다. 결혼식은 성대하게 잘 끝났다. 하지만 결혼식이 끝난 후 신부와 젊은이는 목걸이가 없어졌음을 발견했다. 두려움에 휩싸인 그들은 부자 이웃을 피하여 야밤에 도주를 했다. 그리고 멀리 다른 도시로 이주하여, 잃어버린 목걸이의 값을 벌어 고향으로 돌아가기 위해 15년 동안 온갖 노력을 다했다.

그리고 드디어 그들은 목걸이 값을 벌어 고향으로 돌아가서 부자 이웃을 찾았다. 그들은 부자 이웃에게 용서를 구하고 값을 배상하려고 했다. 그러자 늙어버린 부자 이웃은 웃으면서, 그 목걸이는 진짜가 아닌 가짜라고 했다. 다이아몬드 목걸이는 자기 집안의 가보로 너무나 소중하기 때문에 진짜는 항상 숨겨두고 외부로 사용할 때는 가짜를 만들어 활용한다고 했다. 그리고 괜찮다고 했다.

부자 이웃으로부터 자신들이 잃어버린 목걸이가 진짜가 아닌 가짜였음을 들은 그들은 기쁘기보다 한순간 너무나 허탈하고 온몸에서 맥이 빠져나가는 느낌이 들었다. 그동안의 모든 삶이 오직 목걸이를 위해서 살아왔는데…….

젊은 부부의 가짜 목걸이 이야기와 같이 우리도 어쩌면 확인해보지도 않은 채, 스스로 세운 상처와 두려움을 붙들고 평생 그것에 매여, 죽을 때까지 진정으로 자신의 삶을 단 한 순간도 살지 못할 수도 있다. 어둠은 빛이 일어나면 사라지고 무지는 앎 속에 사라지듯이, 두려움은 사랑이 살아나면 없어진다.

우리는 어릴 때부터 가정 안에서 사랑을 물려받기보다는 부모님이 가진 두려움과 불안을 물려받았으며, 학교에서는 사랑을 배우는 대신에 두려움을 회피하기 위해서 외부에 갖추어야 할 방패와 갑옷으로 치장하는 법을 배웠다. 우리는 사회로 첫발을 내딛는 젊은이들에게 두려움을 가득 심어주어, 그들이 존재로서 꽃피워야 할 도전과 꿈을 잃게 만들고 안전 위주의 패배의식을 가르치고 있는 것은 아닐까? 자신을 잃은 채 사회의 틀에서 뒤처지지 않으려는 그들의 힘은 내면의 힘이 아니라 조직과 사회의 허울이 만든 투구와 갑옷(학력과 직업)일 뿐이다.

언젠가 조직과 사회가 준 그들의 갑옷과 투구가 벗겨지는 순간, 그들은 스스로 외면했던 엄청난 두려움에 노출되면서 무방비 상태가 되어버릴지도 모른다. 그러기에 그들은 힘들고 무겁지만 될수록 갑옷과 투구를 벗지 않으려 하고 그것을 붙들고 조직에서 떨어지지 않으려고 한다. 무력감과 자신 없음은 스스로 자유에 대한 고통을 회피하려는 마음이다. 그들은 자기 삶에 관한 문제에 책임지지 않으려 한다. 이때 그들이 느끼는 무력감과 자신감의 상실은 스스로 자신의 권리를 포기함에서 생겨나는 당연한 결과일 뿐이다. 신경증과 고통은 스스로 사랑으로 삶을 선택하기보다는 두려움으로 삶을 선택하고 있음을 보여주는 신호이다.

진정한 행복과 영혼의 성장을 위해서는 긍정심리학이나 성공학의 가르침과 같이 외부의 변화도 중요하지만, 그보다는 자기의 내면으로 돌아가 무의식의 어둠과 두려움을 얼마나 빛과 사랑으로 의식화했는지가 더 중요할 것이다. 내 안의 어둠과 상처가 만든 두려움은 거부하고 저항한다고 해서 해결되는 것이 아니라, 그것에 따뜻한 사랑과 이해와 관심을 가져줄 때 녹여진다. 이 세상과 신은 원래 사랑이기 때문에 용서받지 못할 것은 없다. 죄의식과 두려움은 인간 자신의 분리 의식이 만든 환상일 뿐이다.

우리는 사랑해야 할 부모와 자식 간이나 부부 사이에 두려움이 만든 높은 기준의 벽을 세우고 서로를 단절하고 있는 것은 아닐까? 두려움이 만든 생각의 벽을 치워버리면 상대를 있는 그대로 사랑하고 조건 없이 만날 수 있을 텐데, 우리는 자신이 세워놓은 높은 기준의 벽 한쪽에 서서 상대가 넘어올 때만 인정하고 받아들이려 한다. 두려움은 조건적인 사랑을 만들고, 조건적인 사랑은 상대에게 상처와 고통을 남길 수밖에 없다.

사랑은 언제나 조건 없이 빛나고 있다. 두려움의 최면에서 깨어나 사랑이 존재의 본질임을 아는 것이 배움이요, 행복이요, 기쁨의 길이다.

생명과 사랑이 온 누리에 그대와 함께 하길…….

나를 꽃피우는 치유 심리학

초판 1쇄 발행 2009년 12월 18일
     3쇄 발행 2013년 1월 15일
2판 1쇄 발행 2014년 11월 12일
     2쇄 발행 2022년 7월 5일

지은이 이승현

펴낸이 김윤
펴낸곳 침묵의 향기
출판등록 2000년 8월 30일, 제1-2836호
주소 10401 경기도 고양시 일산동구 무궁화로 8-28,
     삼성메르헨하우스 913호
전화 031) 905-9425
팩스 031) 629-5429
전자우편 chimmukbooks@naver.com
블로그 http://blog.naver.com/chimmukbooks

ISBN 978-89-89590-16-3 03180

*책값은 뒤표지에 있습니다.